Carl Joseph Anton von Mittermaier

Die Sprache der Bari in Zentral-Afrika

Grammatik, Text und Wörterbuch

Carl Joseph Anton von Mittermaier

Die Sprache der Bari in Zentral-Afrika
Grammatik, Text und Wörterbuch

ISBN/EAN: 9783743308442

Hergestellt in Europa, USA, Kanada, Australien, Japan

Cover: Foto ©ninafisch / pixelio.de

Manufactured and distributed by brebook publishing software
(www.brebook.com)

Carl Joseph Anton von Mittermaier

Die Sprache der Bari in Zentral-Afrika

DIE
SPRACHE DER BARI
IN
CENTRAL-AFRIKA.

GRAMMATIK, TEXT UND WÖRTERBUCH.

HERAUSGEGEBEN MIT UNTERSTÜTZUNG DER KAIS.
AKADEMIE DER WISSENSCHAFTEN IN WIEN

Dr J. C. MITTERRUTZNER,

CAN. REG. LATERAN., RITTER DES KAIS. ÖSTERR FRANZ-JOSEF-ORDENS,
ORD. MITGLIED DER DEUTSCHEN MORGENLÄNDISCHEN GESELLSCHAFT IN
LEIPZIG, DER AKADEMIE DER KATHOL. RELIGION IN ROM UND DES COMITE'S
DES MARIENVEREINS ZUR BEFÖRDERUNG DER KATH. MISSION IN CENTRAL-
AFRIKA ZU WIEN, GYMN. PROF. ZU BRIXEN.

BRIXEN, 1867.
Verlag von A. Weger's Buchhandlung.

Baba Hanna Kutuk-náculyeng Mitterrutzner

yeyékakin

kadólak kadének ko katodínak duma ti kulya jore

BERNARDO JÜLG
I INNSBRUKA,

FRIDERIKO MÜLLER
I VIENNA,

TEODORO BENFEY
I GÖTTINGA,

niena wuret, na awür lo na,

ko töwyli lo mömörökin ce.

I.

GRAMMATIK.

Inhalts-Verzeichniss.

(Grammatik.)

VIII

Einleitung.

I.

Das Land der Bari.

Nach Petermann's grosser Karte von Afrika [1] liegt das Gebiet der Bari — mit Ausschluss der Ngyang-Bara [2] — zwischen 3° 35' und 6° 5' n. Br. und erstreckt sich in seiner grössten östl. Länge v. Paris (am 5° n. Br.) vom 28° 50' bis 30° 17'. Die Gränzen bilden im Norden: die Dinka-Stämme der Elyab und Bor, im Osten: die Beri, im Südosten: die Madi, im Süden: die Koschi (n. Capt. Speke), im Westen: die Ngyang-Bara, im Nordwesten: „procurrentibus in contraria terris", die Mándari (ein Dinka-Stamm).

Fast mitten durch dieses Gebiet strömt von Süden nach Norden der majestätische Nil, von den Arabern: báhar-el-abiad (weisser Fluss) genannt, von den Bari einfach mit dem Namen: kare   Strom bezeichnet. Er bildet eine Unzahl von grössern und kleinern Inseln; erstere nennen die Bari: tikenyo, letztere: pípia. Eine der grössten liegt Gondókoro gegenüber, indem sich ein Arm des kare am Fusse des Logwek (4° 9') westlich abzweigt und nach einer langgestreckten Kurve nordwestlich von Gondókoro, Kújönök gegenüber (4° 43') unter dem Namen: Bérejen sich wieder mit dem Nile vereint. Die schönsten Nil-Inseln befinden sich

---

[1] S. Mittheilungen etc. Ergänz. Heft Nr. 11 (1863), Blatt 8.

[2] Die Araber sprechen: Yámbara, die Europäer schrieben: Jángbaru oder auch: Yanbara; gut barisch sagt man: Ngyang-Bara.

jedoch im nördlichern Gebiete, im Lande der Cir, die auch
zu den Bari gehören: es ist dort der fruchtbarste Boden,
daher auch die üppigste Vegetation und Dörfchen an Dörfchen gereiht.

Andere bedeutende Flüsse gibt es im Bari-Land nicht;
dagegen ist der südliche Theil reich an Gebirgen, und zwar
auf der westlichen Seite des kare von N. nach S. finden
sich: der Nyerkáni (gut barisch sagt man: Nyerköni),
von den Arabern: Djebel-el-hhadid (Eisenberg) genannt;
gegenüber der Missions-Station Gondókoro der Kungúfi
(Kungúpi); der Kerek (richtiger: Körök): der Veya.
Am östlichen Ufer, in der Nähe Gondókoro's: der Belenyan
(die Bari sprechen: Bili'ngang, während erstere Bezeichnung von den Arabern gehört wird) in Verbindung mit dem
Luri und Longe. Hinter diesen, noch mehr östlich und
südöstlich erheben sich die Berge von Lokoya und die der
Liria. Im Süden von Gondókoro ragt zwischen zwei
Nilarmen wie eine Pyramide der Logwek empor [1]).

Grössere Ortschaften oder Städte gibt es nicht,
wohl aber eine unzählige Menge Dörfer und Weiler, von
denen Gondókoro, als Missions-Station (4° 42' 42 ") [2])
am bekanntesten ist. In einem Umkreis von wenigen Stunden
sind die (auf der Karte nicht oder nicht richtig verzeichneten)
Dörfer: Kopájur (Kupájur), eine halbe ital. Meile nörd-
lich von Gondókoro, die Heimat Logwit's; etwas nörd-
licher: Kújönök, Juökir, Libu (nicht: Libo), wo im
Jahre 1853 der Missionär Angelo Vinco starb; Yamba
und Yamba-na-rudu (Y. im Walde, Dickicht). Südlich

---

[1]) Siehe Schilderungen aus Central-Afrika etc. von A.
Kaufmann, gewes. Missionär. Brixen. Weger. 1862. Logwit be-
hauptet, den zweiten Namen (Lamutat), den die Karte anführt, nie
gehört zu haben.

[2]) Messung und Angabe ist vom Hrn. Provikar Dr. Knoblecher,
welchen die kais. Akademie der Wissenschaften in Wien zu diesem
Behufe im Jahre 1850 (bei seiner Anwesenheit in der Residenz) mit
den besten Instrumenten versah.

von Gondókoro: Riö'ngun, Tókiman (dem Logwek gegenüber), Kit und Mókido (Mâkido).

An Produkten liefert das Bari-Land, und zwar an Mineralien: vorzügliches Eisen (besonders am Bili'ngang und Körök); ferner eine salzhaltige Erde, welche im Wasser gelöst und dann filtrirt wird. Durch Abkochen in einem irdenen Topf wird Salz gewonnen, dem man die Form von Zuckerhüten gibt und es gegen Getreide verkauft. S. Kaufmann a. a. O. S. 53.

Aus dem Pflanzenreich: Palmen, darunter: Hyphaene thebaica und Borassus Aethiopum; Mimosen, bes. die m. nilotica; Nabak (Rhamnus Nabeca); Ambac' (Aedemone mirabilis); Tabak; vorzüglich: Durah (Holcus durah), die Hauptnahrungsfrucht [1]) in Mittel-Afrika. Am meisten wird die rothe gebaut, da diese, weil bitterer als die weisse, von den zahllosen Vögeln sicherer ist. Ferner: Baumwolle; Tamarinden; Affenbrodbäume u. s. w.

Aus dem Thierreiche: Löwen, Leoparden, Guépards (Jagdleoparden) [2]), Hyänen, schwarze Wölfe; Elephanten (dah. Handel mit Elfenbein); Nil-Eidechsen, Krokodile und Flusspferde (beide Gattungen in grosser Menge); Büffel, Antiloppen und Gazellen: Strausse, Trappen, Fischadler, Marabú, Abumia [3]), Kronen-Kraniche, Löffelgänse, Pelikane, Schuhvögel (Abu-

---

[1]) Sie benützen dieselbe sowohl zu ihrem Brode (muntye) als auch zu einer Art Bier (yaua, arab. merissa).

[2]) Im Jahre 1856 brachte Herr Missionär Gostner vier lebende Prachtexemplare nach Egypten, welche ich dann am 10. Sept. dess. J. in Miramar dem durchlauchtigsten Herrn Erzherzog Ferdinand Max, jetzigen Kaiser von Mexico, im Namen der Mission zu übergeben die hohe Ehre hatte.

[3]) Kaufmann a. a. O. S. 42 nennt den „riesigen Abu-mia mit seinem rothen schublangen Schnabel und korallenartigen Ohrläppchen und gelbem Häubchen die Zierde der Sümpfe." Die Araber nennen jhn: Abu-mia, weil man das erste Exemplar, das nach Chartum kam, mit hundert (mia) Thalern bezahlte.

merkub); Ibis (schwarze und weisse); eine Unzahl von
Schlangen; die verschiedensten Arten von Fischen,
darunter der elektrische und Panzerfisch (S. Kaufmann
a. a. O. S. 21); Schildkröten (die Schalen der kleinen
werden als Löffel, die der grossen als Schüsseln und zu
Saiten-Instrumenten benutzt).

Von kleinerem Gethier erhielt ich aus Gondókoro
(vom Missionär A. Ueberbacher) einige Exemplare von
Iulus maximus; von Skorpionen: Buthus afer;
Androctonus occitanus; von Fangheuschrecken:
Empusa lobipes; E. gongylodes; Termes belli-
cosus; von Käfern: Euchroma gigantea; Steraspis
squamosa; Lampetis fastuosa; Phanaeus Palaeno;
Ph. asphaltinus; Catharsius Sesostris; Rhabdotis
sobrina; Pachnoda Savignyi; Sternocera castanea;
Prionetha coronata.

Ueber die Regenzeit, Erdbeben, Winde u. s. w.
S. Kaufmann S. 10 ff. Ich bemerke nur, dass das Thermo-
meter in Gondókoro im Jahre 1857/58 nie unter − 18° (im
September), und nie über −| 31° R. (Februar und März) ge-
standen, während der Abstand in Chartum oft an einem und
demselben Tage 20°, sonst zuweilen über 30° betrug.

II.

Die Bari-Neger.

Die Bari, welche nicht gleich den meisten Neger-
stämmen ein Nomadenleben führen, sondern feste Wohnsitze
haben, sind ein kräftiger, schöner Menschenschlag. Der
Missionär Ueberbacher schrieb mir: „Der Bari ist
schlank, proportionirt und stark gebaut. Er erreicht die
gehörige Mannesgrösse, ja man sieht nicht selten Gestalten,
die gewiss 6 Fuss messen. Die Gesichtszüge sind wirklich
oft edel. Der Neger ist durchaus unbekleidet, führt aber
immer Lanze, Bogen und Pfeile bei sich. Der flottere Neger
flicht Straussenfedern oder auch andere in seine Haare. Die

Lanze ist sein Gesetzbuch; mit dieser wird erlittenes Unrecht gezüchtiget und das Rachegefühl befriedigt. Die Wohnung des Negers ist ein rundes Häuschen (mede oder kádi, arab. tokul), meist aus hohem Schilfe gebaut, mit Lehm bestrichen und mit Stroh eingedeckt. Solche Häuschen gruppiren sich zu Dörfern. Die erwachsene Negerin trägt eine Schambedeckung (Rachat) entweder von Fellen oder auch hübsch geflochtenen Eisenkettlein. Sie raucht auch gleich dem Manne ganz gewandt ihre Pfeife. Bejahrte Leute habe ich nicht viele gesehen: aber Kinderlein von kaum einem Jahre spatziren schon festen Schrittes einher. Der Säugling wird nicht viel mit Windeln und Bändern und Wiege geplagt; in einem Winkel der Hütte ruht er, oder geht die Mutter aufs Feld, so steckt sie ihn in eine dupa (Ledersack, Ranzen) und hängt ihn während der Arbeit auf den nächst besten Baum." [1]

Missionär K a u f m a n n ergänzt diese Schilderung durch folgende Notizen. „Am meisten fällt (bei den Bari) die B e v ö l k e r u n g auf. Man sieht nichts mehr von jener Scheue und Furcht der Dinka, die vor den Fremden sich eilig zurückziehen; hier läuft vielmehr alles zusammen, den Schiffen zu. Da sieht man die Männer mit ihren Lanzen und Bogen, und Armringen von Elfenbein. Ihr Haupt ist mit weissen Federn geschmückt; ein schwerer Handring ziert die Hand, während ein breiter Streifen von Glasperlen ihre Lenden umgibt. Selbst an den Füssen glänzen kupferne enganliegende Ringe, die täglich geputzt werden. Man findet wenig eingeäscherte Gestalten (wie bei den Dinka), sondern etwas ganz neues; denn die Reicheren und Edleren lieben es hier sich vom Scheitel bis zur Fusssohle · mit Oehl und rother Ocker-Erde einzuschmieren. . . . Diese Farbe ist, wie sie sagen, nicht nur sehr schön, sondern das Oehl aus dem kuruleng [2] (wilder

---

[1] Bezüglich der Gegend von Gondókoro bemerkt Ueberbacher, dass ihm ausser Salzburg keine so sehr gefallen.

[2] Ein anderer Ausdruck für den wilden Oehlbaum ist: kulúngeri, Plur. kulúröng. A. d. V.

Oehlbaum) machet auch stark. Daher wird es allgemein, sowohl von Mann als Weib, und vorzüglich vom jungen Volke, als Toilette-Mittel gebraucht. Wohl thut es dem Auge, dass wenigstens das weibliche Geschlecht eine Art Kleidung trägt. Jedes Mädchen, selbst kleine, tragen das Rachat als Schamkleid, vorne von einer Menge feiner Eisenkettlein gebildet, während rückwärts eine grosse Quaste aus Baumwolle-Schnüren hinabhängt. Statt dieser Quaste tragen einige ein Paar etwa zwei Zoll breite Lederriemen, die bis auf die Knöchel hinabreichen, und beim Laufe dieser Schönen einem ausgestreckten Kuhschweif nicht unähnlich sehen. Die Weiber und Mädchen, wie auch Männer, tragen hier keine Ohrringe, sondern nur enganliegende Hand- und Fussringe, und zieren sich Hals, Brust und Lenden mit Glasperlen, wozu sie vorzüglich kleine von hochrother, blauer und weisser Farbe lieben. Die Weiber tragen über dem Rachat noch zwei Felle, die sie selbst gärben. . . . Die Männer, wenigst die angesehenern, haben einen dünnen Riemen um die Schultern, der einen doppelten Zweck hat, erstens um ihr kleines Sesselchen zu tragen, so dass sie sich jederzeit und überall daraufsetzen können, und zweitens, um als Geissel zu dienen, womit sie Weiber und Kinder züchtigen. Die Bari-Männer setzen sich nicht gern auf die blosse Erde; haben sie kein solches Sesselchen, so trägt mancher zu diesem Zwecke ein rund zugeschnittenes Leder mit sich. Selbst eine Art Sandalen aus Büffelhaut tragen sie in den trockenen Monaten, damit der zu heisse Boden ihrer Gesundheit nicht schade. Jenes $^3/_4$ Schuh hohe Sesselchen ist zierlich aus Einem Stück Holz geschnitten und geglättet. Die Tabakpfeife spielt bei den Bari eine noch bedeutendere Rolle als bei den Dinka; das Rauchen ist ihnen so zur Gewohnheit geworden, dass sie, wenn ihnen der Tabak fehlt, auch mit blossen Kohlen sich begnügen. Sie bereiten ihren Tabak nicht in Blättern, sondern in Kuchen, weil er so viel ausgiebiger ist. Der geschätzteste ist der Lokoya-Tabak, der eigentlich vom Stamme der Laúda (im Südosten) kommt. Ein Laib solchen

Tabaks kostet schon einen Hammel. Die Tabakpfeifen aus Thon machen die Weiber und zwar ziemlich zierlich und brennen sie auch gut." S. K. a. a. O. S. 150 ff.

In Bezug auf ihre religiösen Ansichten schrieb mir Ueberbacher wiederholt, dass die Bari in einer völligen Gottesvergessenheit leben. Sie haben zwar einen Namen für das höchste Wesen, nämlich: Ngun (nicht: Mun, wie die Missionäre männiglich schrieben), es sei aber nur gut und desshalb nicht zu fürchten, daher brauche man ihm auch nicht zu opfern. [1] Das Substantiv Ngun stammt von der einfach nicht mehr gebräuchlichen Verbal-Wurzel: ngun (gross sein), die aber in: tó'ngun (grösser sein, übertreffen, eig. „sich gross machen") vollständig erscheint und häufig gebraucht wird (s. Gr. §. 88 und das Wb.). Ist nun Jemand bei Jahren und scheuet den Tod, so fragt man ihn: do Ngun? bist du Gott? (d. h. willst du ewig leben?).

Auch für böse Geister haben sie einen Ausdruck: ajók, Pl. ajókan, oder: júek, Pl. júekön, die man durch Opfer (robangga, Pl. robänggajin) besänftigen müsse. Kaufmann bemerkt, dass einige alte Bari auch der schwarzen Viper-Schlange, „ihrer Grossmutter (yakanye)," Milch zum Opfer bringen.

Sie haben auch ihre Zauberer und unterscheiden gute und böse. Die ersteren (búnit, Pl. búnuk) seien im Besitze von Geheimmitteln, besonders bei Krankheiten. [2] Dazu rechnen sie auch die s. g. Regenmacher (búnuk-ti-kudu), die da behaupten, es stehe in ihrer Macht, es nach ihrem Belieben regnen zu lassen, dafür aber im voraus einen bedeutenden Tribut an Vieh einfordern. Das ist jedoch eine gefährliche Kunst; denn regnet es nicht zur richtigen Zeit, so wird der falsche Prophet aufgesucht und ihm mit der Lanze der Bauch aufgeschlitzt, damit er so den verhal-

---

[1] So mein schwarzer Lehrer Logwit.

[2] Eine häufige Krankheit sind die Blattern (diediéro), welche nach Angabe der Eingebornen die Araber in's Land gebracht haben

tenen Regen von sich gebe. Vor wenigen Jahren hat dieses Loos den durch die Missions-Berichte so bekannt gewordenen Häuptling Nighila ¹) auf dem Bili'ngang getroffen.

Die bösen Zauberer oder Hexenmeister, welche nur schaden, führen den Namen: demánit, Pl. demák.

Auf einen eigenthümlichen religiösen Ritus kam ich bei Erforschung der Wurzel: rat, anspritzen, besprengen.

Logwit sagte mir, dass Vater und Grossvater die Köpfe ihrer kleinen Kinder und Enkel zuweilen zwischen die Knie nehmen und den Scheitel derselben leicht mit ihrem Speichel bespritzen: das bringe den Kleinen Segen und Gedeihen.

Die Bari führen ein patriarchalisches Leben; sie haben keinen erblichen oder erwählten Häuptling. Der grössere Besitzer, besonders von Kühen, ist ein Häuptling: matat, Pl. kimák. Die ihm zunächst kommenden heissen: kwörinit, Pl. kwöriniko (Reiche), u.: litöt, Pl. lúy, Freie.

Ueber die Beschäftigung der Bari, ihre fortwährenden Kriege untereinander und mit den Nachbarstämmen, Wohnungen, Gerätschaften, Tänze u. s. w. s. Kaufmann a. a. O. S. 154 ff.

III.

Die Missionäre in Central-Afrika, bes. bei den Bari.

Am 11. Februar 1848 erreichte der Gründer und erste apostol. Provicar der kathol. Mission in Central-Afrika P. Maximilian Ryllo S. J. mit seinen Gefährten: Dr. Ignaz Knoblecher ²) und Angelo Vinco (aus dem Institute des hochverdienten Don Nicóla Mazza in Verona) die Hauptstadt des Sudan, Chartum, und gründete dort eine Missionsschule. ³)

---

¹) Die Bari nannten ihren Landsmann: Ngigilo, die Araber und Europäer: Nighila. Logwit sah seine Leiche.

²) S. Die Dinka-Sprache etc. von Mitterrutzner. Einl. S. XI.

³) Zwei andere Begleiter, welche aber nie bei den Bari wirkten, waren die Jesuiten: P. Eman. Pedemonte und Cajet. Jos. Zara.

Nachdem P. Ryllo in seinem kräftigsten Mannesalter am 17. Juni 1848 gestorben war, wurde Dr. Knoblecher Nachfolger desselben. Ryllo's kühnen Gedanken, noch tiefer in Afrika einzudringen und die obern Nil-Regionen zu besuchen, wurde von Knoblecher nie aus dem Auge verloren. Um ihn seiner Zeit auszuführen, zog er von den Negerknaben seiner Missionsschule und von Soldaten, welche aus südlichern Gegenden waren, genaue Erkundigung ein, und legte mit grosser Ausdauer Vocabularien über die dortigen Sprachen (der Schilluk, Dinka, Bari) an, um sich jenen Naturkindern verständlich zu machen.

Am 13. Nov. 1849 segelte Knoblecher, begleitet von Angelo Vinco, von Chartum ab; am 16. Jänner 1850 ankerte das Missionsschiff am Fusse des Logwek im Lande der Bari. Eine Niederlassung schien diessmal nicht thunlich. Am 16. März war die Espedition — stromabwärts — wohlbehalten wieder in Chartum eingetroffen.

Um für seinen grossartigen Plan die nöthigen Mittel zu finden, entschloss sich Knoblecher zu einer Reise nach Wien. Im Herbste 1850 kam er in die Residenzstadt und täuschte sich nicht in seiner Erwartung. Sr. Maj. der Kaiser Franz Joseph stellte die afrikanische Mission unter Oesterreichs mächtigen Schutz; die freundlich gesinnte hohe Pforte zu Konstantinopel ertheilte auf das hin einen wirksamen Ferman, und Chartum erhielt ein österr. Consulat. Ferner bildete sich in Wien aus hervorragenden Persönlichkeiten [1]) ein Comité an der Spitze des „Marienvereins" zur Beförderung der kathol. Mission in Central-Afrika. Knoblecher erhielt so die nöthigen Mittel, und was für ihn die Hauptsache war: es entschlossen sich fünf ausgezeichnete junge Priester, ihm als Missionäre zu folgen.

---

[1]) Wir nennen hier nur: Den Bischof A. Meschutar, Knoblecher's Landsmann, Präs. d. Comités; Moritz Graf Fries; Dr. C. F. Hock; Dr. Friedr. v. Hurter. Gegenwärtiger Präs. ist der Hochw. Bischof von Carré Joh. Kutschker, Vice-Präs. der um die Mission seit vielen Jahren hochverdiente Sektionsrath Aug. Freih. v. Spens-

Während Knoblecher sich in Europa befand, war
Angelo Vinco am 12. Jänner 1851 wieder zu den Bari
gezogen und dort über anderthalb Jahre geblieben. Seine
interessanten Notizen über Land und Leute finden sich im
zweiten Jahresberichte des Mar.-Vereins S. 20—33.
Die neuen Missionäre waren: Martin Dovjak aus
Krain, geb. 1821; Joh. Kociancic [1]) aus Krain, geb. 1826;
Matthaeus Milharcic aus Krain, geb. 1812; Otto Trabant aus Krain, geb. 1816 und Barthol. Mosgan aus
Kärnthen, geb. 1823. Am 29. März 1852 erreichten sie Chartum, wo Kociancic und Milharcic blieben; die übrigen
reisten im Dez. 1852 mit Dr. Knoblecher und mehreren
Laien (Handwerkern) in's Land der Bari, das sie im Jänner
1853 betraten. Nun wurde in Gondóķoro ein Grundstück
gekauft und für die Missionäre eine Wohnung und Kapelle
gebaut.

Im April 1853 kehrte Knoblecher nach dem Sudan
zurück, reiste dann nach Alexandrien, um Einkäufe zu be-
sorgen und die neu erwarteten Missionäre nach Chartum zu
begleiten. Diese waren: Lukas Jeran aus Krain [2]), Jos.
Gostner [3]), Ignaz Kohl, aus Nieder-Oesterreich, Jos.
Lapp aus Krain und Alois Haller [4]) aus Tirol, Diöcese
Brixen. Diesen Männern schlossen sich in Alexandrien zwei
ausgezeichnete Zöglinge aus dem Institut Mazza an: Don

---

[1]) Die Aussprache des „c" s. §. 9 der Grammatik.

[2]) Musste wegen Krankheit in Assuan nach Europa zurückkehren (auch ein zweiter Versuch scheiterte an demselben Hinderniss);
er hat aber seither in Europa der kathol. Mission ausgezeichnete Dienste
geleistet.

[3]) Geb. zu Völs in Tirol, Diöc. Trient, General-Vikar der
Mission, ein frommer, gelehrter und thatkräftiger Glaubensbote, arbeitete in Chartum, wo er am 16. April 1858 — 3 Tage nach Knoblecher — starb.

[4]) Dieser vortreffliche Missionär starb schon am 10. Juni 1854.
Eine „kurze Lebens-Beschreibung" desselben von Dr. Mitterrutzner erschien 1855 bei Wagner in Innsbruck.

Giovanni Beltrame und Antonio Castegnaro. Gostner und Kohl sollten zu den Bari ziehen, die übrigen in Chartum thätig sein. Als aber bei ihrer Ankunft in dieser Stadt Kociancic und Milharcic gestorben waren, musste Gostner in Chartum bleiben; Knoblecher begleitete Hrn. Kohl nach Gondókoro. Bei ihrer Ankunft waren Dovjak und Trabant auch schon dem Klima erlegen und Kohl selbst lebte nur wenige Wochen.

Glücklicher war die Missions-Expedition vom J. 1854: Matthaeus Kirchner aus Bamberg [1]), Anton Ueberbacher und Franz Rainer, beide aus Tirol. Am 28. Okt. erreichten sie nach einer mehr als dreimonatlichen Fahrt Chartum. Ueberbacher und Rainer wurden für die Bari bestimmt; jedoch letzterer starb schon im Dezember vor ihrer Abfahrt. Ersterer gelangte am 11. April 1855 nach Gondókoro, dem Orte seiner Bestimmung. Dieser Apostel der Bari wurde am 17. August 1827 zu Natz bei Brixen geboren. Seine Eltern, brave Bauersleute, schickten den talentirten Knaben im J. 1840 an das Gymnasium zu Brixen, das er, meist ausgezeichnet im Fortgang, durchaus musterhaft in den Sitten, im J. 1846 absolvirte. Nachdem Ueberbacher die philosophischen Studien in Innsbruck und die theologischen in Brixen vollendet hatte, wurde er am 25. Juli 1852 zum Priester geweiht und nach Schmirn (Seitenthal am nördl. Abhang des Brenners) dekretirt, wo er bei dem liebenswürdigen Kuraten Joseph Innerkofler durch zwei Jahre als Hilfspriester diente. Durch die Missionsberichte begeistert fühlte auch er den Beruf zu gleicher apostolischer Thätigkeit. Nachdem er sich hierüber mit dem frommen und ausgezeichneten Spiritual des Priester-Seminars zu Brixen. Joh. Ehart berathen, schrieb er an ein Comité-

---

[1]) Eingehende Berichte über das verdienstvolle Wirken dieses Missionärs und Missions-Vorstandes (nach dem Tode Knoblecher's) von 1854—1861 enthalten die Jahresberichte des Marien-Vereins über diese Zeit. S. auch: Die Dinka-Sprache etc. Einleit. S. XII und XIII.

Mitglied des Marien-Vereines (Mitterrutzner) um die Aufnahme in die Mission. Sie wurde ihm unverzüglich gewährt. Wie er am 11. April 1855 nach Gondókoro gekommen, haben wir oben erwähnt. Da arbeitete er nun fast drei Jahre hindurch — ein volles Jahr als alleiniger Priester — ungebeugten Muthes, voll Gottvertrauen in seinem schweren Berufe. Mein schwarzer Lehrer in der Bari-Sprache, Franz X. Logwit [1]), der bei Ueberbacher's Ankunft schon Missions-Zögling war, erinnerte sich oft mit gerührtem Herzen an diesen „heiligen Missionär," und sagte mir einmal: „lu akita burá, lu awandu parík, der arbeitete recht, der betete viel." Am 22. Februar 1858 nahm ihn Gott zu sich.

Von den vier Tiroler-Priestern, welche im J. 1855 als Missionäre nach Afrika zogen, musste Jos. Staller wegen Krankheit von Cairo aus heimkehren; Michael Wurnitsch starb auf der Reise zu Korosko, am Eingang in die nubische Wüste; Alois Pircher erreichte zwar seinen Bestimmungsort, Heiligkreuz bei den Dinka, starb aber dort nach wenigen Tagen; nur Franz Morlang, geb. zu Enneberg 1828 hielt 8 Jahre aus — über 4 J. bei den Bari, 2 J.

---

[1]) Franz Xaver Logwit-lo-Ladú, aus dem Stamme der Bari-Neger, geb. im J. 1848 zu Kopújur bei Gondókoro. Sein Grossvater, Namens Lútweri, der sich als erster erwachsener Bari taufen liess (14. Juni 1854), war Häuptling (matat) von Kopújur und verkaufte an Dr. Knoblecher das Grundstück für die Missionsstation zu Gondókoro. Logwit's Vater heisst Ladú. Seine Mutter starb, während Franz noch in der Heimat war. Als Missionsschüler (1853—1860) zeichnete sich der junge Logwit durch Talent und Frömmigkeit aus. Als die Missionsstation Gondókoro (1860) aufgelassen werden musste, zog der anhängliche Schüler mit dem Missionär Franz Morlang zu den Dinka nach Heiligkreuz und kam mit diesem am 25. September 1863 nach Brixen. Nachdem er mir da bei Bearbeitung der Dinka- und namentlich der Bari-Sprache die wesentlichsten Dienste geleistet hatte, fing er zu kränkeln an, und erlag im 19. Lebensjahre einem Lungenleiden am 27. Dez. 1866.

Logwit war ein frommer, talentirter Jüngling, voll Vertrauen auf die göttliche Vorsehung, zutraulich und dankbar. Rorómue molokótyo lóke (ave anima candida!).

bei den Dinka — und kehrte im J. 1863, von L o g w i t begleitet nach Europa zurück.

Im J. 1856 reisten A n t o n K a u f m a n n, geb. zn Mühlen bei Taufers in Tirol am 4. Juli 1821, J o s. L a n z, geb. zu Waalen in Tirol am 25. Febr. 1827 und L o r e n z G e r b l [1]) als Glaubensboten nach Mittel-Afrika. K a u f m a n n wirkte durch vier Jahre, theils bei den B a r i, theils in Heiligkreuz, während L a n z die ganze Zeit bei den Dinka thätig war. Im J. 1860 kehrte K. zurück. L a n z starb auf der Reise zu Chartum am 30. April im J. 1860.

Im J. 1857 reisten 5 Priester aus dem Institute M a z z a dahin, aber keiner wurde zu den B a r i gesendet [2]), weil damals U e b e r b a c h e r, M o r l a n g und K a u f m a n n dort waren.

Der letzte Missionär für die B a r i war A l o i s V i e h w e i d e r, geb. zu Virgl bei Botzen in Tirol. Er reiste im Juni 1858 nach Afrika, starb aber schon am 3. Aug. 1859 zu G o n d ó k o r o. Bald darauf wurde diese Station aufgelassen. [3])

---

[1]) Geb. im J. 1830 aus einer wohlhabenden und hochgeachteten Bürgerfamilie zu W a s s e r b u r g am Inn in Baiern starb der vortreffliche, rastlos thätige Missionär schon nach wenigen Monaten — 11. Juni 1857 — zu Chartum.

[2]) D. Gio. B e l t r a m e (das zweite Mal); D. D a n i e l e C o m b o n i; D. F r a n c e s c o O l i b o n i (gest. zu Heiligkreuz 26. März 1858); D. A n g e l o M e l o t t o (gest. zu Chartum 29. Mai 1859); D. A l e s s a n d r o D a l - B o s c o. Die Ueberlebenden kehrten nach ein Paar Jahren in ihre Heimat zurück.

[3]) Etwas später wurde auch die Station bei den Dinka aufgegeben. Der letzte Missionär zog im J. 1860 dahin, starb aber gleich bei der Ankunft. Er hiess J a c o b K o f l e r, von Natz, ein Vetter Ueberbacher's. Dermalen bestehen noch zwei Stationen: zu C h a r t u m und S c h e l l â l, beide von den F r a n z i s k a n e r n besetzt. Vorstand (in Chartum) ist P. F a b i a n Pfeifer aus Tirol; der zweite Pater ist B o n a v e n t u r a H a b e s c h i, ein schwarzer Zögling der Missionsschule; dann zwei Patres aus dem Institut della Palma in Neapel.

IV.
Die Erforschung der Bari-Sprache.

Obwohl Abuna Solimán (so nannte man den Dr.
Knoblecher vom Delta bis nach Gondókoro) auch ein
hervorragender Polyglott war und fremde Sprachen leicht
erlernte, so war es ihm dennoch bei dem jedesmal nur kurzen
Aufenthalt im Lande der Bari nicht möglich, von ihrer
Sprache ein klares Bild zu gewinnen und ihren innern Bau
zu erfassen. Das beweisen seine Manuscripte, die nach seinem
Tode (13. Apr. 1858) in die kais. Hofbibliothek nach Wien
kamen.

Ob Angelo Vinco in sprachlicher Hinsicht etwas geleistet habe, konnte ich nie erfahren.

Dem eifrigen Ueberbacher gebührt auch hier das
Verdienst, Bahn gebrochen zu haben. Logwit gab ihm das
Zeugniss, dass er sich grosse Mühe gegeben, die Sprache
der Bari zu lernen und dass er auch die „Bauern-
sprache“ verstanden habe. [1] Der sel. Freund schickte mir
in seinen langen Briefen — welche nur zweimal im Jahre
nach Europa gelangten und von Gondókoro bis Brixen
sechs Monate brauchten — viele Sprachproben, die ich
bei meiner vorliegenden Arbeit oft zu Rathe gezogen. Nach
genauerem Studium derselben mit meinem Logwit habe ich
die Entdeckung gemacht, dass das Sprachgehör [2] Ueberbacher's nicht das beste gewesen sein müsse, daher die vielen
Missgriffe in seinen Schreibweisen.

Mit gleichem Eifer verlegten sich Morlang und Kaufmann auf das Studium der barischen Sprache. Ersterer

---

[1] Auf meine Frage, wer denn bei den Bari die „Herren-
sprache“ rede, ob etwa die kimák und búnuk, gab mir Logwit
zur Antwort: „Wenn die Bari zornig sind, reden sie langsam und
deutlich, sonst aber gern in gekürzten Formen.“

[2] Card. Mezzofanti sagte mir oft (1846 und 1847): „Um die
Laute einer fremden Sprache richtig erfassen und sie dann
so niederschreiben zu können, braucht es ebenso ein Ohr
für die Sprachen, wie für einen Musikus ein Ohr für Musik.“

brachte eine Uebersetzung der Evangelien, Bruch-
stücke der biblischen Geschichte und barisch ge-
schriebene Predigten (die er in Gondókoro gehalten)
mit nach Europa. Kaufmann liess seine Manuscripte in
Afrika zurück, lieferte aber in seinem erwähnten Buche einige
recht brauchbare Beiträge (S. 156—163).

Msgr. Kirchner in Bamberg hat mir im J. 1863 mit
den dinkaischen Schätzen auch ein Heft Barica mitge-
theilt, welche, wie ich vermuthe, von Ueberbacher stammen,[1])
und brauchbares Materiale enthielten zu meiner barischen
Arbeit, wozu mich vorerst die so freundliche Anerkennung
meines Dinka-Buches von Seite der tüchtigsten Fachgelehrten
in Deutschland (eines Jülg, Benfey, Friedr. Müller[2])
und auch englischer Philologen[3]), dann die Aufforderung
Msgr. Kirchners[4]), der selbst dinkaisch und barisch
versteht, und endlich die Anwesenheit Logwit's bewog. Ich
machte mich rüstig an's Werk und fertigte mit meinem Lehrer

[1]) Die Handschrift ist die Hansal's, der im J. 1853 als Lehrer
der Mission nach Chartum kam und als Dr. Knoblecher's Sekretär
mit diesem auch Gondókoro besuchte. Gegenwärtig ist Hansal k. k.
Consulats-Verweser in Chartum.

[2]) S. Allgem. Lit. Zeitg. Nr. 19 1866, v. S. 160—162; Götting.
Gelehrt. Anz. 43. St. 1866 v. S. 1692—1704; Allgem. Zeitg. Beil.
8. März 1866.

[3]) S. Trübner's: American and Oriental Literary Ricord S. 277:
„This is the first Grammar of the Dinka language ever attempted and
a really valuable addition to African Philology. . . . We
note, with pleasure, that the Imperial Academy of Sciences of Vienna,
ever ready to aid the advancement of knowledge, has with characteristic
generosity, helped the author in bringing out his work."

[4]) Bamberg, 7. März 1866: „Es freut mich herzlich, dass Ihre
grosse Mühe endlich belohnt ist — durch den Erfolg. Alles ist (im
Dinka-Buch) so wohl gelungen, dass ich ganz erstaunt war. Was Sie
geleistet haben, können wohl nur wir beide, D. Beltrame und ich ganz
beurtheilen. Ich bitte Sie ernstlich: erbarmen Sie sich doch auch der
Bari-Sprache; Sie haben ja Logwit als lebendigen Dolmetsch zur
Seite. Jedenfalls ist es der Mühe werth, eine ganz neue
Sprache an's Licht zu ziehen."

vor allem das Wörterbuch. Logwit hatte sich bereits
ein Deutsch-barisches Vocabularium angelegt, das freilich
ein sehr primitives Aussehen hatte: bei Substantiven selten
das Geschlecht, kein Plural; beim Verb nur der Infinitiv
u. s. w. Nun wurde zuvörderst alles ergänzt (s. das Wörterbuch) und eine Menge neuer Wörter eingeschaltet. Dann
bildete ich mir Beispiele und unterbreitete sie dem Urtheile
Logwit's. Dabei gelangte ich zur Einsicht, dass dieser
seine Muttersprache vollkommen inne habe und jede Form
mit grösster Sicherheit angeben konnte. Um mich dessen
genau zu versichern, brachte ich ihm öfters mir verdächtig
scheinende Formen nach mehrern Wochen mit absichtlicher
Aenderung und in Beispiele gekleidet zur Begutachtung.
Jedesmal rügte Logwit die gemachte Veränderung und be-
harrte bei der früher gegebenen Form. Bei seinem ganz
feinen Gehör und sehr glücklichen Sprachorgan
war es mir möglich, nicht nur den Wort-, sondern auch
den Satzton genau zu fixiren.

Gleichzeitig revidirte Logwit mit Hrn. Morlang die
von diesem in Gondókoro gefertigte Evangelien-Ueber-
setzung, die ich mir dann als theilweisen Text für meine
Arbeit erwarb, aber mit Logwit wegen der Betonung etc.
einer neuen Revision unterzog.

Nach viermonatlichem eifrigen Studium war es mir
leicht, den kleinen Katechismus (kurzen christlichen Unterricht) in's Barische ¹) zu übertragen.

Die etlichen „Schnitzer" von meiner Seite wurden von
dem Praeceptor gebührend berichtigt. Ebenso liess ich mir
von ihm das interessante Thiermärchen der Bari: „Líkito"
erzählen, und übersetzte es dann mit seiner Beihilfe in die
barische Sprache.

Nach diesen Vorarbeiten benutzte ich nun die langen
Ferien des J. 1866 die Grammatik zusammenzustellen,
wobei mir das Werklein: „Die Sprache der Bari. Ein

---

¹) S. Todinet nádit u. s. w. im Texte.

Beitrag zur afrikanischen Linguistik. Von Dr. Friedrich
Müller etc. [1]) die erspriesslichsten Dienste leistete. Das
Büchlein enthält — gestützt auf den schon oben erwähnten
schriftlichen Nachlass Dr. Knoblecher's und einige Auf-
zeichnungen Ueberbacher's — von S. 1—15 die Grund-
züge einer barischen Grammatik, S. 16 — 33 eine
Auswahl von Bari-Lesestücken S. 34 — 62 ein Bari-
deutsches und S. 63 — 84 ein Deutsch-barisches
Glossar. Das Materiale enthält nun der Lücken und Mängel
gar viele: dagegen sind Dr. Müller's Bemerkungen und
Methode in der kurzen Grammatik so vortrefflich, dass ich
keinen Augenblick schwankte, ihm in der Anordnung des
grammatischen Stoffes zu folgen. Möge daher sowohl der
Verfasser, welcher dadurch meine Arbeit wesentlich
fördern half, als auch die kais. Akademie der Wissenschaften, welche mir Müller's Arbeit durch die Aufnahme
in ihre Sitzungsberichte zugänglich machte, meinen verbind-
lichsten Dank genehmigen.

So entstand nun vorliegendes Buch, an dem ich durch
zehn Monate mit eisernem Fleiss und steigendem Interesse
gearbeitet habe; hatte ich ja einen ganz tüchtigen Führer
und eine der wohlklingendsten Sprachen vor mir. —

[1]) Aus dem Jän. Heft des Jahrg. 1864 der Sitz. Ber. der phil.
hist. Kl. der kais. Akad. der WW. in Wien (XLV) bes. abgedruckt.
Wien 1864.

Lautlehre.

Erstes Kapitel.

Alphabet.

§. 1.

Die Bari haben keine eigene Schrift, wohl aber für dieses Wort einen Ausdruck, nämlich: wuret (von „wur", schreiben). Sahen sie also einen Missionär schreiben, so sagten sie: nge wuwur, er kratzt ein, zeichnet, schreibt. Die Glaubensboten bedienten sich dabei des lateinischen Alphabetes, welches ich, jedoch mit mehrfachen Modifikationen und Beifügung des teutonischen „w", beibehalte.

Das ganz vollständige Alphabet für die Bari-Sprache ist nun folgendes:

a. ä, â, å, b, c. d. e. é, ê, f, g, i, í. î, y, j, k, l. m, n, ng. 'ng. ny, o. ó, ô, ö, p, r, t. u. ú, û, w.

Anmerkung. 1) Die Buchstaben: h, q, s, x, z erscheinen darin nicht, weil die entsprechenden Laute im Barischen nicht vorkommen.

2) Das „y" setzen wir gleich nach „i", weil es bald als kurzes „i" dient, bald unser deutsches „j" vertritt.

Zweites Kapitel.

A. Die Vokale und ihre Aussprache.

§. 2.

a, ist. wie alle Vokale ohne Tonzeichen. durchaus ein reiner, heller Laut. meist mit halber Länge, z. B. in: kak, Erde; baka. aufhören; matat, Häuptling.

a, entspricht dem hochtönigen á (*á*) im Französ., Griechischen u. s. w. z. B. in: bárara, abholen; barándu, überströmen; adá? wie?

â, (selten) lautet gleich dem circumflektirten „a“ in andern Sprachen, z. B. in: dâk, Tabakpfeife; dâra, ermüdet sein; bongguât, Kleider.

å, kömmt nur in drei Wörtern vor: buryá sieben, (septem); går, schnarchen; logulàu, Hahn, und lautet wie das englische „a“ in: fall, all.

§. 3.

e, ein reiner, heller Laut, z, B. in: dep (dedep), heben, halten; dede, später, dann: denet, das Wissen.

é, ist gleich dem oxytonirten „e“ in andern Sprachen, z. B. dé, verstecken; delé, verstecke du; kelé, Zahn, kiacér, Schwester.

ê, das gedehnte „e“, z. B. in: dêru. Gras, Heu: ngê, essen.

§. 4.

i, hell und rein. z. B. in: jik (jijik), führen; gin (gigin), zerreissen; ying (yiying), hören.

í, das geschärfte „i“, z. B. in: möjí (möjíta), trinke (trinket).

î, gedehnt, z. B. in: likin, verlieren; lilik, trocken sein; kudik, wenig.

y, (als Vokal) immer ein ganz kurzes „i“, z. B. in: töwyli Herz; muryc, blau; nányet, ihr (Suff).

§. 5.

o, rein und hell zu lesen, z. B. in: lodoke, Kröte; lokokorít, Gränze; lom, Seite.

ó, geschärft zu sprechen, z. B. in: lóyur, traurig; lómurye, blau; lótor, roth.

ô, gedehnt zu lesen. z. B. in: dôk, einen Knäuel winden; gwôco, ähnlich, gleich, wie; mô (kontr. aus molu), später.

ö, entsprechend dem deutschen, magyar. oder türkischen
„ö", kommt häufig vor und ist genau festzuhalten, weil
eine Verwechslung mit „e" arge Missverständnisse verursachen könnte; z. B. ködini, Baum, Holz; töki,
wieder: köpuröt, Rauch; lupö, hineingehen (dagegen:
lupe, herauskommen); durjö (durjyö), wachsen (dagegen: durje, melken).

§. 6.

u, hell und rein, halblang, z. B. in: but, (bubut), schlagen;
buku, Schild; bugi, schimmeln.
ú, oxytonirtes „u", z. B. in: karútet, Tausch, Tausch-
sache; lukulúli, Fledermaus; lutú, Schwiegersohn.
û, gedehntes „u". nur in wenigen Wörtern, z. B. ûri,
pl. ûryö, Eber; kukûdi, Achselhöhle.
Anmerkung. Sogenannte Doppellaute, wie sie die
Grammatiker in andern Sprachen annehmen, findet man im
Barischen nicht, ausgenommen „au" in kau, Peitsche, Kauréleng, Augenschmalz, yaua, Bier (Merissa). Bei den übrigen
Wörtern mit „au", in denen „a" und „u" getrennt gesprochen
werden, setzen wir, um diess anzuzeigen, den Akut auf jenen
Vokal, der den Ton trägt; z. B. aúlue, auserwählt; aúrö
(awúrö), geschrieben; lóuye, f. náuye, nass, feucht. Ebenso
werden die übrigen Vokale, wenn deren zwei beisammen stehen,
immer getrennt gelesen, z. B. gei (geï) - ge-i: dotoet -
doto-et; diediéro di-e-di-éro.

B. Die Konsonanten und ihre Aussprache.

§. 7.

Die Konsonanten zerfallen nach den Sprachorganen,
womit sie hauptsächlich hervorgebracht werden — von hinten
nach vorne gerechnet — in folgende 6 Klassen:

I. **Gutturale:** g, k;
II. **Palatale:** c, j, y;
III. **Linguale:** l, r;
IV. **Dentale:** n, d, t;
V. **Labiale:** b, w, p, f, m;
VI. **Nasale:** ng, 'ng, ny.

4

I. Die Gutturalen.

§. 8.

g, hat durchweg den süddeutschen Laut, oder wie vor: a, o, u in den romanischen Sprachen. z. B. in: gap, schützen; gege, nie; gogok, die grosse Nil-Ente; gin, zerreissen; gugu. Getreidebehältniss.

Anmerkung. Stehen zwei „g" unmittelbar nacheinander (gg), so müssen beide gehört werden, z. B. in: kapenggo, grosser Sack; yanggo, Mutter; lies: kapeng-go, yang-go. Ueber den Nasalton „ng" s. unten §. 13, 2. 3.

k, entspricht genau dem deutschen „k" in: kalt, Keller, Kind, z. B. in: kak, Erde; ki, Himmel; kakwéyak, die Zeugen.

II. Die Palatalen.

§. 9.

c, immer. auch vor a. o, u — wie das ital. ge, gi, das englische „j" in jeer, jest, just. das deutsche „dsch", z. B. in: cape, Krug; car (cacar), richten: cókoro, Hennen; cubi, Wachs: sprich: dschape; dschar (dschadschar); dschókoro: dschubi.

j, noch viel weicher als „c", besonders bei den Pluralen auf „ji" und „jin", ähnlich dem arab. „dj" in hadji.

y, als Konsonant, ist gleich dem deutschen „j" in: jagen, jener; dem engl. „y" in: year, yes; z. B. yá? woher? yayu, sich bewegen (vom Wasser); yeyéju, denken, nachdenken.

III. Die Lingualen.

§. 10.

l und r, behalten ihre gewöhnliche Aussprache, wie sie im Deutschen, Italienischen, Englischen u. s. w. üblich ist.

IV. Die Dentalen.

§. 11.

n, hat den in andern Sprachen üblichen Laut.

t, lautet immer hart, wie das griech. τ und wird nie gequetscht.

d, gleich dem griech. δ, oder dem deutschen „d". Erscheint es doppelt, so ist es auch doppelt zu lesen, wie im engl. wedding, pudding. Steht es doppelt im Auslaut, so bildet das zweite „d" einen Aushalter des ersteren: z. B. in: kwadd   kwad-d, verehren.

V. Die Labialen.

§. 12.

b, hat meist einen sehr weichen Laut, zuweilen — namentlich vor „a" — in solchem Grade, dass es auch ganz wegbleiben kann. z. B. baláng ·· aláng, Salz; bang ang, Hofraum; baka — aka, authören.

w, 1) sehr weich zu sprechen oder auch ganz entbehrlich. z. B. wuju (wuwúju), nehmen; awúrö, geschrieben; dafür kann man auch: uju (uúju), und aúrö lesen und schreiben.

    2) Durch „u" ersetzbar, z. B. yitwe   yítue, zurückkehren; ciwa — ciua, Bienen; mudwe = múdue, dunkel.

    3) Etwas härter lautet es nach „g" oder „k", z. B. in: gwon (gwogwon), bleiben, wohnen; kogwon, weil; kwe, Kopf, Spitze; kwelen (kwekwélen), schön sein; kwóroko, Bein (vom Knie bis zum Knöchel).

p und **f,** erscheinen in einigen Wörtern für einander, z. B. fúrue oder púrue, aufwachen; fárana oder párana, Friede; ferok oder perok, . . . mal. Nur fungöt, nates, und furyö, ersticken, haben „f" allein. S. das Wörterbuch unter F.

m, hat seinen gewöhnlichen Laut.

— 6

VI. Die Nasalen.
§. 13.

Besonders wichtig sind die Nasalen, bei denen wir
nach dem Grade der Nasalirung — drei Klassen unterscheiden: 1) ny; 2) ng; 3) 'ng.

ny, der geringste Nasalton (so oft ein Vokal folgt), wie bei
Jemand, der von Natur aus durch die Nase spricht.
Das „y“ ist dabei fast unhörbar, z. B. in: nyanyar,
lieben; nyob, grüssen; nyu, dort.

ng, im In- und Auslaut, wie „ng“ in: Ding, jung, Zunge:
z. B. dingit, Zeit; yango, Aussatz; bunguán, neun;
beleng, zerbrechen; geleng, allein; lies: ding-it, yang-o,
bung-uán (die Endsylben: it, o, uán als Enklitica zu
lesen).

'ng (ng im Anlaut), im Inlaut der ausgeprägteste Nasalton,
z. B. ngá, (ngálo)? wer (welcher)? ngecu (nge'ngecu),
essen: ngo'ngólija, betteln; ngö'ngögu, erzählen. [1]

Drittes Kapitel.

a) Apostroph. Diäresis.

§. 14.

Der Apostroph erscheint im Barischen äusserst
selten und ist nur bei folgenden Wörtern eigentlich nothwendig,
nämlich in: l'yá (lo yá), wo ist er? und n'yá (na yá), wo
ist sie? (s. d. Wb.) In den übrigen Fällen könnte man die
apostrophirten Wörter auch vollständig schreiben; z. B.
d'apo (auch: do apo), du bist gekommen; ko t'améle (ko ta
améle), wenn ihr gesehen habt; takíta nan, n'amét ko
n'ayíng ta kune, saget mir, was ihr gesehen und was ihr
gehört habt.

[1] Nur das Pronom. nge (er, sie) ist als Enklitikon, wie der
sanftere Nasalis „nye“ zu lesen.

Anmerkung. Was das Apostrophzeichen (die Koronis) vor „ng" im Inlaut eines Wortes für eine Bedeutung habe, s. §. 13.

Die Diäresis gebrauchen wir bei „i" (ï), um anzudeuten, dass dasselbe von dem vorausgehenden Vokal getrennt gelesen werden müsse, z. B. in: aïn, nicht, lies: a-ín; geï, gebrauchen, lies: ge-í.

b) Quantität und Ton.

§. 15.

Die Vokale: a, e, i, o, u sind in der Regel halblang, kommen aber auch zuweilen gedehnt vor, in welchem Falle wir sie mit dem Circumflex bezeichnen: â, ê, î, ô, û, weil dann auch der Ton immer auf dieser Sylbe ruht. Beispiele s. §. 2—6.

Die Vokale: a, e, o, u können auch kurz sein; das kurze „i" bezeichnen wir durch „y". S. §. 4.

Soll nun ein halblanger oder kurzer Vokal beim Lesen oder Sprechen hervorgehoben werden, so kennzeichnen wir ihn durch den Hochton (Akut), und unterscheiden dabei einen Wort- und einen Satzton.

a) Der Wortton.

§. 16.

Hier gelten nun folgende Regeln:

1) Es gibt im Barischen eine Menge ein-, zwei- und mehrsylbiger Wörter, deren Vokale insgesammt die gleiche Tonhöhe haben, und da jeder Vokal hell und rein ausgesprochen werden muss, so sollte über jedem der Akut stehen, z. B. de == dé; dede == dédé: aconok == ácónók; fafaracak == fáfárácák. Um diese Tonzeichen nicht übermässig zu häufen, lassen wir sie in dem Falle alle weg.

2) Dagegen gibt es manche Ausdrücke und Wortformen, in denen Eine Sylbe besonders hervortritt, namentlich

bei allen Imperativen, z. B. adá, wie? mucála, drei: adé, hat gepflückt; agí, gezwungen; lóbut, f. nábut, gut; kujú, gehörlos: gubará (gubaráta), wirf (werfet) herum; koré (koréta), theile (theilet); lungí (lungíta), rufe (rufet): biú (biúta), küsse (küsset).

Anmerkung. 1. Der Vokal „ö" — in der Regel mit halber Länge — ist meist unbetont, nur der Imperativ einiger Verba ist auch ein Oxytonon im Singular, ein Paroxytonou im Plural; wir unterlassen aber hiebei die Setzung des Tonzeichens; z. B. durjyö (durjö), wachsen, Imperat. durjyo, Pl. durjyöta; juruddyö, untersinken, Imp. juruddyö, Pl. juruddyöta.

2) Der unmittelbar folgende Vokal ist, namentlich wenn er allein eine Sylbe bildet, sehr kurz zu lesen, z. B. in: níelo, fem. niena, dieser da — fast wie: nilo, nina;. níylu (níilu), fem. niynu (níinu), jener dort — fast wie: nilu, ninu.

β) Der Satzton.

§. 17.

Der Satzton im Barischen erinnert an die Enklitika im Griechischen.

1) Folgt nämlich auf ein Oxytonon *α*) ein einsylbiges Wort, oder *β*) ein zweisylbiges, dessen erste Sylbe kurz (oder halblang) und die zweite nicht betont ist, so werden diese ein- oder zweisylbigen Wörter als förmliche Enklitika gelesen; z. B. tí nan, gib mir; dongé lo (na), vertreibe ihn (sie); lies: tínan, dongélo (dongéna); delé mugun, verstecke dich; nyaré mu'ngi, liebe deinen Vater; lies: delémugun, nyarému'ngi; í kiko (aber auch: í kiko), auf dem Wege.

Anmerkung. Im Grunde ist der Pluralexponent des Imperativs: „ta" (ihr) wohl auch ein solches Enklitikon. S. §. 42.

2) Der Artikel: lo (lu), na, ti, sowie die Präpositionen: i, ko, ku, die Konj. on und andere monosyllaba werden unter den oben „α" und „β" angegebenen Verhältnissen meist oxytonirt, daher das unmittelbar folgende Wort als Enklitikon gelesen: z. B. lú Monye ló ki ló kak,

Er ist der Herr Himmels und der Erde: kadi ná Ngun.
das Haus Gottes: molokótyo ló ngutu, die Seele des
Menschen: molókojin tí [1]) ngutu, die Seelen der Menschen: í kadi ná Ngun, im Hause Gottes; í lor, am
Tage; í ki, im Himmel; í kak, auf Erden; í jame-
ilot, nach deinem Worte: kó do [2]), kó ta, kó ce, mit
dir, mit euch, mit ihnen; kó mugun, mit dem Leibe;
kó ngutu, mit Leuten: kú ta, bei euch; kú baba, beim
Vater; kú ngote, bei der Mutter.

3) Mehrere zwei-, besonders aber mehrsylbige unbetonte
Wörter erhalten im Kontext, falls das oben unter 1
a. β angeführte Verhältniss eintritt, auf ultima den
Akut und dadurch die Kraft, das folgende Wort als
Enklitikon an sich zu ziehen; z. B. nan rurúg do, ich
gehorche dir; lóbut nyanyár Nguu, der Fromme liebt
Gott; Angélojin totodupyén Ngun, die Engel dienen Gott.

Anmerkung. Folgt auf ein solches einsylbiges Enklitikon ein zweites einsylbiges Wort, so wird nicht wie im
Griechischen auch das zweite oxytonirt, sondern der Akut
haftet in der Regel auf seiner frühern Sylbe, (wenn etwa
nicht auf dem zweiten der Nachdruck liegt, wie unten [2]),
was besonders bei „ti" (tí) oft vorkommt) z. B. nan tintín do
ling, ná dek do, ich gebe dir alles, was du verlangst.

---

[1]) Auch das negirende „ti" (s. §. 41) hat diese Eigenschaft;
z. B. nge ti bulö, er (sie) kann nicht.

[2]) Liegt der Nachdruck auf dem Pronomen, so erhält dieses
den Ton; z. B. ko dó, ko tá nan tutu? mit dir, mit euch soll
ich gehen?

Lese-Uebung.

Likíkiri-lo-kíjakua	Ein Thiermärchen [1]
(í jur ló Bari).	(im Bari-Lande).

Líkito.

Dyet kú ngote, kú monye-
lónyet améddya í mede
níynu. Ngote ajölö, nge
ajambú ko nguro-nakwau :
meté bura kó mu'ngi! Amä
dyet akó met burá; monye
gwón ko magor.

Ná ngote ayítue, monye agwé
alócok; cunána ngote aríkörö
dyet i yöbu kó kupö duma,
anyan doya kiténi. Nge apó
i ködiní duma. Níelo ködiní
lo kíjakua: ama kíjakua
awaláji.

Der Hase.

Ein Mädchen lebte mit seiner
Mutter und seinem Vater
in demselben Hause. Die
Mutter verreiste und sprach
zur Tochter : schaue recht
auf deinen Vater! Allein
das Mädchen schaute nicht
recht auf ihn ; der Vater
litt Hunger.

Als die Mutter zurückkehrte,
war der Vater abgemagert ;
da jagte die Mutter das
Mädchen mit einem grossen
Korb in den Wald, damit
es Sykomoren suche. Es
kam zu einem grossen
Baume. Dieser Baum ge-
hörte den Thieren; allein
die Thiere waren abwesend.

---

[1] In den „Kinder- und Hausmärchen" von den Brüdern
Grimm, Göttingen, 1850, 6te Ausg. wird S. XXIX der Vorrede erzählt,
dass sich unter den (vom Missionär Casalis) gesammelten Märchen der
„Betschuanen in Südafrika" auch ein merkwürdiges Thiermärchen be-
finde, in welchem der Hase die Rolle des Fuchses spielt, „wenn," wie
Grimm bemerkt, „dieser nicht wirklich gemeint ist und hier nur ein
Missverständniss waltet." Nun bei den Bari ist dasselbe der Fall.
Logwit wusste den Hasen vom Fuchse genau zu unterscheiden: also
hier wenigst kein „Missverständniss."

Dyet atojóre kupö ko konyén
ti ködiní. Edeayítue kíjakua
kótyang: ce aríe dyet ngyú
i ködiní ki. Ce alíöngön
parík, kogwón ceayen lókore
wuwúju. kó ce kokó dyet
níena.

Kíjakuakulye adí: aïn cunáua.
ama koyure yi nge'ngecú ua.
Ko-ná kíjakua ling adóto
i ködini kak. óu dyet da-
náji.

Kwajye líkito apúrue, nge
akíja i ködiní ki. nge apí
dyet. kode dedek pót. kode
dedektuán.Dyetadek popót.

Likito adí: kó nau luöluök do,
dotín uau ngyo? Dyet adí:
nan tintín do ling, ná dek do.

Likito arugö: náu dek kónut
cókoro.. Dyet atakíu nge:
do dedek cókoro mudá?
Líkito arugö: jore, jore.
Dyet adí: inke, kó nau
popó mede.

Cunáua muréke akíwe kak,
ce atú mede ná dyet. Edé

Das Mädchen füllte den Korb
mit Früchten des Baumes.
Abends kehrten dann die
Thiere zurück und fanden
das Mädchen noch auf dem
Baume. Sie freuten sich sehr,
weil sie hofften, Fleisch zu
bekommen, wenn sie das
Mädchen fressen würden.
Einige Thiere sagten: nicht
jetzt, sondern morgen früh
wollen wir es verspeisen.
Damit also das Mädchen
nicht entwische, schliefen
alleThiere unter demBaume.
Des Nachts erwachte der Hase:
er stieg auf den Baum und
fragte das Mädchen, ob es
leben oder sterben wolle.
Das Mädchen wünschte zu
leben.
Der Hase sprach: wenn ich
dich befreie, was gibst du
mir? Das Mädchen sagte:
ich gebe dir alles, was du
begehrst.
Der Hase erwiderte: ich verlange von dir Hennen. Das
Mädchen sprach zu ihm:
Wie viele Hennen verlangst
du? Der Hase entgegnete:
viele, viele. Das Mädchen
sagte: ja, sobald ich nach
Hause komme.
Nun stiegen beide herab und
gingen in das Haus des

dyet atin líkito cókoro jore,
téng ko nge alïöngön. Líkito
awúju cókoro, nge ayitö i
yöbu.

Ngyú nge adung cókoro, nge
abuk rima-kace i kalabá
nádit. Ná nge a'ngecu téng
ko yimönö, nge apó töki i
ködiní, nge adukun lunga
kalabú ko rima.

Ede adumun rima, nge abobod
kutuk ná gworong ko mújin-
kace: edé nge atu doto.

Koyure ling apúrue, líkito
geleng adóto aká: amá nge
ayíng ling. Kíjakua akulya
lele ko lele; cunána yi
dedek ugecu lókore!

Ama lókore aïn! Ling apija:
lókore atu dá? Edé ce
a'ngí líkito, ce apí: lókore
n'yá? Líkito adi: nán ti
den: ama diri gworong
a'ngecú na; gworong ko
rima í kutnk ko mújin.

Kíjakua kulye awóran kó
gworong, ce agwút nge:

Mädchens. Dann gab das
Mädchen dem Hasen (so)
viele Hennen, bis er zu-
frieden war. Der Hase nahm
die Hennen und kehrte in
den Wald zurück.
Dort schlachtete er die Hennen
und goss ihr Blut in eine
kleine Schüssel. Nachdem
er gefressen hatte, bis er
satt war, kam er wieder zum
Baume und nahm auch die
Schüssel mit dem Blute mit.
Hierauf nahm er das Blut und
bestrich damit die Schnautze
der Hyäne und ihre Klauen:
dann ging er schlafen.
Des Morgens erwachten alle,
der Hase allein schlief scheinbar; allein er hörte alles.
Die Thiere sprachen zu
einander: jetzt wollen wir
das Fleisch fressen!
Allein das Fleisch war ver-
schwunden! Alle fragten: wohin ist das Fleisch gegangen?
Dann weckten sie den Hasen
und fragten: Wo ist das
Fleisch? Der Hase sagte:
ich weiss es nicht; aber
gewiss hat es die Hyäne
gefressen: die Hyäne hat
Blut an Schnautze und
Klauen.
Einige Thiere ergrimmten über
die Hyäne, und schlugen sie:

ama kulye akó yup. Ede
líkito adi: yi kokondya dili
nágulu ko nágalang, ngin
kimang; kijakua ling lalang
kimang, ce dodóro, ko meri.

Ling alang lele bot lele, amá
ling adóro. Ama líkito akó
lang; nge adanáji i yöbu
ko lïöngön, kogwon lokong.

I yöbu nge arúm ko gwöre.
Ce muréke adoya konyén
ti ködini. Ködini lo monye
lele. Na nielo apo wuwúju
konyén ti ködini, nge aríe
kudik. Nge kó-dije kolák
akokoyá ce. Ko-ná nge
, adek tojong kulo, kó ce
popó töki.

Nge agwéja ngímuye ná meme,
nge atogwidikin na i ködiní
ki. Kwajye töki apo líkito
ko gwöre, anyán ce ngecu
konyen. Ce améle dyet i
ködini ki.

Líkito akíja ki: amá dyet
ayínga táling. Líkito abut
dyet, ama mókotji-kányet

allein andere glaubten das
nicht. Dann sprach der Hase:
wir wollen eine tiefe und
breite Grube machen, darin
ein Feuer; alle Thiere sollen
über das Feuer springen;
diejenigen, welche hinab-
fallen, sind schuldig.
Alle sprangen nacheinander
hinüber, aber alle fielen hinab. Allein der Hase sprang
nicht hinüber; er floh in
den Wald, erfreut über
seine List.
Im Walde begegnete er dem
Fuchs. Beide suchten nun
Baumfrüchte. Der Baum
aber gehörte einem andern
Herrn. Als dieser kam, die
Früchte des Baumes zu
pflücken, fand er (deren)
wenige. Er glaubte, Diebe
hätten sie gestohlen. Diese
wollte er nun fangen, wenn
sie wieder kämen.
Er formte also eine Mädchen-
figur aus Gummi und stellte
sie auf den Baum hinauf.
Des Nachts kamen Hase
und Fuchs wieder, um
Früchte zu fressen. Sie
sahen das Mädchen auf dem
Baume.
Der Hase stieg hinauf; allein
das Mädchen war ganz still.
Der Hase schlug auf das

adebba kó meme. Edé nge awongon: köli nan! köli nan! Amá dyet ako kölökín nge.

Edé nge alung gwöre. anyan ngarakín lo. Ede gwöre lunga akíja ki; amá nge lunga adebba. Cunána líkito ajambú ko gwöre: kómonye ködini popo. kó nge bubút yi, do kokondya ngyo?

Gwöre adí: nan wowongon. Líkito adí: ko wongon parík. ama kudík. kudík, ede tonongí mugun, anyán nge kó-dije do átuan.

Monye ködini apo koyure, nge arie muréke i ködiní ki. Cunána nge akíja ki, nge abut muréke; gwöre awongon parík téng ko tuan: ama líkito awongon kudík. edé nge atonanga aká.

Edé monye adumún ce, nge adé konyen, nge atin i kupö ko konyén ko kíjakua muréke, nge adoggú kupö mede í kwe. I tu líkito apúrue, nge adek lunga

Mädchen, allein seine Pfoten blieben am Harze kleben. Dann schrie er: lass mich los! lass mich los! Allein das Mädchen liess ihn nicht los. Dann rief er den Fuchs zu Hilfe. Nun stieg auch der Fuchs hinauf; allein auch er blieb kleben. Nun sprach der Hase zum Fuchs: wenn derEigenthümer desBaumes kommt und uns prügelt, was wirst du thun? Der Fuchs sprach: ich werde jammern. Der Hase sagte: jammere nicht viel, sondern nur gar wenig, dann stelle dich todt, damit er glaube, du seiest todt. Des Morgens kam der Eigenthümer des Baumes und fand beide auf dem Baume. Nun stieg er hinauf und prügelte beide; der Fuchs jammerte sehr, bis er krepirte; der Hase aber jammerte (nur) ein Bischen, dann stellte er sich scheinbar todt. Dann nahm sie der Eigenthümer, pflückte Früchte und legte sowohl die Früchte als die beiden Thiere in den Korb und trug den Korb auf dem Kopf nach Hause. Beim Gehen er-

ngíju gwöre: ama gwöre
átuan.

Ede líkito a'ngecu konyen jore
í kupö, ngé töki atonónga.
Monye ayenggá mede, nge
aríe konyen kudík: nge akó
den adá.

Cunána monye atin kíjakua
murék. ko böriköt ko kupir,
i cape duma, anyán ce
dedéra. Ná piom papé,
líkito agubará cape, alabún
í piom, nge awökön. Monye
aríkörö nge, ama kana.

wachte der Hase und wollte
auch den Fuchs wecken;
allein der Fuchs war todt.
Nun frass der Hase viele
Früchte im Korbe und
stellte sich wieder todt. Der
Eigenthümer kam heim und
fand nur wenig Früchte;
er wusste nicht, wie.
Nun legte der Eigenthümer
beide Thiere, mit Haut und
Haar, in einen grossen
Topf, damit sie gekocht
würden. Als das Wasser
heiss wurde, zersprengte
der Hase den Topf, sprang
heraus und entfloh. Der
Eigenthümer verfolgte ihn,
aber umsonst.

Wortlehre
(mit syntakt. Regeln und Beispielen).

Erstes Kapitel.

Wort- und Verbal-Wurzel.

§. 18.

Bei der Dinka-Sprache haben wir §. 42, S. 29 bemerkt, dass Wurzel und Wort gar oft identisch seien und erstere als Verb, Substantiv, Adjektik, ja selbst als Präposition gebraucht werde. Die Sprache der Bari ist schon viel ausgebildeter. Zwar ist die Verbal-Wurzel (der Stamm) nicht selten wie in andern Sprachen als Substantiv gebräuchlich, z. B. kulya, „reden" und „das Reden, die Sprache"; don, „abfallen" (von Blüten) und „das Abfallen": döju, „Handel treiben" und „der Handel": jedoch in gar vielen Fällen hat das Bari für das Nomen aus der Wurzel eigenthümliche Bildungen entwickelt. besonders nomina actionis und abstracta, sowie aus allen Wurzeln oder Stämmen, die ein Passivum haben und wohl auch manchen andern, nomina agentis; z. B. yol-o, „singen"; yol-et, „Gesang, Lied"; ka-yol-o-nit. „Sänger, Sängerin": car, „richten": car-et. „Gericht"; ka-car-a-nit, „Richter"; rek (rerek), „fesseln"; reréket, „Fessel": ka-rek-a-nit. „Fessler."

Form der Wurzel.

§. 19.

„Wurzeln, die aus einem einzigen Vokal ohne konsonantische Stütze bestehen. wie sie das Indogermanische in der Wurzel „i" besitzt, hat das Bari nicht. Ist die Wurzel einsylbig (in der einfachsten Form), so sind Vokal und Konsonant mit einander verbunden und zwar geht letzterer immer voraus, z. B. bí, „saugen“: bó, „berühren“; cá, „ausreissen“: có, „abwischen“; có. „stechen“: dé, „verstecken“: dú, „beugen“; kó, „beissen“ u. s. w. [1]) Allein der Imperativ dieser Verbal-Wurzeln und zuweilen auch das Passivum zeigen den Wegfall eines dritten Radikal-Buchstaben, eine Unterdrückung des konsonantischen Auslauts: denn die Imperative etc. lauten: bijé (bijéta); bolé (boléta); passiv. bólo: cané (canéta); cené (cenéta): coné (conéta); delé (deléta), passiv. déla; dulé (duléta). passiv. dúle; kojé (kojéta). Die vollständigen Wurzeln würden also sein: bij, bol, can, cen, con, del, dol, dul, koj.

Der erwähnten Wurzelform zunächst — sie ist eigentlich mit ihr identisch — steht diejenige, wo auf den Vokal noch ein Konsonant folgt, also die Wurzel mit einem Konsonanten anlautet und mit einem Konsonanten schliesst; z. B. bok, „graben“: but, „schlagen“; car. „richten;“ den, „wissen“; gin, „zerreissen“; kon, „machen“ u. s. w.

Ferner müssen hier Wurzeln in Betracht kommen, die zwei- oder mehrsylbig sind und schon desshalb diesen Namen eigentlich nicht verdienen. Sie sind aus den einsylbigen zum Theil durch Erweiterung, grösstentheils aber durch Komposition entstanden.

Erweiterung der Wurzel durch Reduplikation.

§. 20.

Die Wurzeln werden durch verschiedene Mittel zu Stämmen umgestaltet. Das wirksamste und fast in allen Sprachen des Erdkreises wiederkehrende ist die Reduplikation. Im Barischen dient dieselbe hauptsächlich zur Bezeichnung des Durativ (Präsens und Futur) im Gegensatz zum Aorist: z. B nan nge'ngecu, ich esse. (bin mit Essen beschäftigt): Ngun gwogwón i ki. Gott wohnt (dauerhaft) im Himmel; do wuwur, du schreibst. Dagegen im Aorist: ngé gwon (nge agwon) kú ta, er (sie) war bei euch: nan a'ngecu, ich habe gegessen; do awur, du hast geschrieben.

Anmerkung. 1) Mehrere verba behalten die Reduplikation auch im Aorist. S. §. 34.

2) Als extensive Verstärkung erscheint die Reduplikation bisweilen bei der Steigerung der Adjektive oder Adverbien. S. §. 89 β.

Zweites Kapitel.

Wortbildungs-Elemente.

§. 21.

„Neben (im Gebrauche auch mit) der Reduplikation treten verschiedene Elemente auf, welche zur Erweiterung der Wurzeln und Umbildung derselben zu Stämmen dienen. Je nachdem sie der Wurzel folgen oder vor dieselbe treten, sind sie Suffixe oder Präfixe." [1]

A. Suffixe.

§. 22.

a) **Einfache.** Die wichtigsten davon sind:

a, z. B. bak-a, aufhören, fertig sein: dan-a, sich verstecken; dâr-a, sich ermüden, abmühen.

Anmerkung. Obige Formen sind aber in der That nur passiva oder reflexiva der nicht mehr gebräuchlichen primitiven Wurzeln: bak, dan, dâr.

e, z. B. kiw-e, steigen; lup-e, herausgehen; mel-e, sehen; muc-e, dunkeln.

i, z. B. kud-i, schauen, gucken; kwel-i, wachen; kwen-i, lachen; pur-i, jucken.

---

[1] S. Dr. Friedr. Müller a. a. O. S. 5.

Anmerkung. Kud-i ist gekürzt aus: kud-ya; kwel-i, kwen-i und pur-i sind kürzere Formen für: kwel-iu, kwen-in und pur-iu; denn kud-i hat im Imperativ: kudié (kudyé), die drei andern: kweliné, kweniné und puriné.

o, z. B. dom-o, traurig sein: dot-o, schlafen: yol-o, singen.

Anmerkung. Auch diese verba auf „o" sind gekürzte Formen statt: dom-on, dot-on, yol-on; ihre Imperative sind: domoni, dotoni, yoloni.

ö, z. B. bul-ö, können; gwör-ö, kaufen; jöl-ö, reisen.

Anmerkung. Auch die Imperative dieser verba lauten: bulöni, gwöröni, jölöni.

u, z. B. beg-u, einrammen, bur-u, bereuen; cul-u, anfangen.

Anmerkuug. Begu hat im Imperativ: begi, dagegen cul-u bildet: culuné, bur-u buruni.

an, z. B. mer-an, sich berauschen: 'yuk-au, ruhen, rasten; rom-an, begrüssen.

en, z. B. yul-en, unzufrieden sein: kwel-en, schön sein; my-en, krank sein.

Anmerkung. En mit dem Nasalton „eng" kömmt nur im Worte: bol-eng, zerbrechen, vor.

ri, mit der Bedeutung des deutschen: ver.... ent..., weg... z. B. böngö-ri, vergessen; gwörö-ri, weggeben, verkaufen; wögö-ri, entführen.

rö, mit derselben Bedeutung wie: ri, z. B. bukö-rö, weggiessen; rikö-rö, verjagen.

et, bildet nomina actionis und abstracta; z. B. rom-et, Gruss (roman, grüssen): wan-et, Gebet (wan-du, beten); rut-et, Erbschaft (rudya == ruddya, pass. rut-a, erben); car-et, Gericht (carau, richten).

on (ong), z. B. rok-on, abbalgen; wong-on, schreien. jammern; gwolong, wohnen, bleiben.

ön, z. B. dir-ön, ertrinken; ju-ön, furzen; tur-ön, sich anlehnen.

un, meist mit der Bedeutung „her“ (wohl auch: „hin“: vergl. die Partikel: yu); z. B. guk-un, einladen, herladen; lung-un, herrufen (lung rufen); pec-un, rauben, an sich reissen.

ba, z. B. deb-ba, kleben bleiben; dib-ba, einen Herd bereiten. Vergl. oben das Suffix „a“.

bu, z. B. göm-bu, einzäunen; jam-bu, reden; löm-bu, beschimpfen, entgegen schimpfen; rem-bu, tödten.

du, z. B. baran-du, überströmen; barin-du, scheren: bön-du, bewegen; gwad-du, anspritzen.

ya (dya), z. B. bij-ya, saugen (Wurzel: bi bij. s. §. 19): do-ya, suchen; du-ya, sich bücken; kon-dya, machen.

yö, z. B. bir-yö, spielen (wie die Kinder); fur-yö, ersticken (intrans.); nidd-yö, schmieden.

yu, z. B. mo-yu, bitten; pe-yu, backen: pu-yu, reiben, streichen; wa-yu, furchtbar sein.

ji. in Verbindung mit dem vorausgehenden „a“ oder „ö“ als Zeichen des Passivum oder Medium mit reflexiver Bedeutung; z. B. rat-a-ji, fliegend sich fortbewegen; wal-a-ji, spatzieren, „sich ergehen“; wör-ö-ji, sich wegmachen.

jya (ja), z. B. der-jya (der-ja), kochen; dir-jya (dir-ja), betrachten; staunen: ki-ja, steigen: li-ja, seihen.

jyö (jö), z. B. dur-jö), wachsen; mi-jö, schmelzen: wiwi-jö, spinnen.

jyu. z. B. car-jyu, richten; dur-jyu, traurig sein; ru-jyu (ru-ju), begiessen.

ju, z. B. mu-ju, drücken; ca-ju, ausreissen; co-ju, spiessen.

kin. mit der Bedeutung: einem (für einen) etwas thun u. s. w., z. B. „sagen“, schlechthin: ta-kin, einem sagen: moyu (Wurzel: mó, Imperat. molé, passiv. mólo, bitten); molo-kin, einen um etwas oder für einen etwas bitten; gwörö, kaufen; gwö-rö-kin, für Jemanden etwas kaufen.

Anmerkung. Zuweilen bedeutet: kin auch: ein . . ., au . . ., z. B. rucun, ausziehen (ein Kleid); rucu-kin, ein Kleid anziehen.

nit (anit), entstanden aus dem pronomen: nge (er, sie),
und mit „t‥" wiederkehrend im Suffix sing. m. u. f.:
ló-nit (gewöhnlicher: ló-nyet) f. ná-nit (gewöhnl. ná-nyet),
sein, ihr: oder auch in: ká'ngit, bei (von) ihm, ihr.
Als Beispiele dienen eine Unzahl von nomina agentis.
S. das Wb. von: kabía-nit bis: kawírö-nit.

A nm e r k u n g. 1) Alle verba, die ein eigentliches Passiv
oder eine passive Form haben, bilden diese nomina agentis.

2) Statt des Auslauts: nit im Singular erscheint im
Plural durchaus: **k**, welches wohl im Plural des pronomen
demonstrat.: kulo, f. kune zu suchen ist.

§. 23.

b) Zusammengesetzte. Diese bestehen aus zwei
der oben angeführten einfachen Suffixe: z. B. bi-un-dya,
küssen; kiw-un-dya, steigen, hersteigen; gwör-un-dyö.
kaufen; mörö-kin-dya. Jemanden danken.

B. Präfixe.

§. 24.

a. dieses Präfix, das wegen seiner Wichtigkeit auch als
selbstständiges Wort geschrieben werden könnte, dient

1) als copula; z. B. Ngun adúma (a duma), Gott ist
   gross; babá-lio alóbut (a lóbut), yanggo anábut (a
   nábut), mein Vater ist gut, meine Mutter ist gut;
   cilo kaden arígwo (a rígwo), diese Bäume sind
   gerade;

2) als Verbale im Aorist sowohl passiv als aktiv, mit
   der Bedeutung: ist ... oder: hat .... z. B. wur,
   schreiben, Aor. awur, hat geschrieben, pass. awúrö,
   ist geschrieben (worden); gwé, werden, Aor. agwé,
   geworden; tuán, sterben, Aor. átuan, ist gestorben.

Anmerkung. In dieser Form vertreten die Aoriste zuweilen die Stelle eines Adjektivs oder Particips; z. B. mugun
átuan ko yinget oïn, ein todter Körper hört nicht, ganz

wörtlich: Körper ist todt mit Gehör nicht; abelengo, gebrochen, von beleng, zerbrechen; agwáta, bespritzt, von gwaddu, bespritzen.

3) Bildet es aus Substantiven Adverbien: z. B. lutáten, die rechte Hand. alutáten, rechts, „zur Rechten"; ríma, Blut, aríma, blutig; mérete, Seite. amérete, seitwärts.

ló und ná, dienen als Genus-Präfixe vieler adjectiva, deren einfache Wurzeln ungebräuchlich sind; z. B. lóbut, f. nábut, gut: lócok, f. nácok. mager; lóngon, f. náugon, schlecht.

to, dieses Suffix bildet verba transitiva von intransitiven und doppelt transitive Verba von bereits transitiven; z. B. díniki, lernen, todínikin, lehren; dínet. Lehre (im aktiven), hingegen: todínet, Lehre (im passiven Sinne-Unterricht); kadínanit. Schüler. katodínanit, Lehrer. Rígwökö, erschrecken, sich fürchten; torígwökö, Jemanden erschrecken. Biáju, genesen, tobiáju, heilen, kotobíanit, Arzt. Yuran, traurig sein, toyúran, traurig machen.

tu, seltenere Form für „to"; z. B. tubáka (statt: tobáka), fertig machen: tuja, Eckel verursachen, erbrechen machen. [1]

k (ka), bildet mit dem Aor. pass. oder reflex. und dem Suffix „nit" verbunden nomina agentis. S. oben §. 22 unter: nit.

---

[1] „Tu" als Präfix bei Substantiven, welche auch als Adverbien gebraucht werden, gibt denselben vorzüglich adverb. Bedeutung; z. B. kotyang, Abend, (Abends), túkotyang, Abends: kwaje, Nacht, (Nachts); túkwaje, Nachts.

Die Redetheile.

Drittes Kapitol.

Das Pronomen.

Wir unterscheiden: a) persönliche; b) besitzanzeigende: c) hinweisende; d) beziehende; e) fragende: f) unbestimmte Fürwörter.

§. 25.

a) Persönliche Fürwörter.

α) Einfache:

Singular.	Plural.
nan. ich;	yi, wir;
do, du;	ta, ihr;
nge (lo, lu), er;	ce (kulo, kulu), sie m.
nge (na, nu), sie;	ce (kune, kunu), sie f.

Dieses pronomen wird nicht flektirt, sondern bleibt in allen Verhältnissen unverändert. So bedeutet: nan sowohl „ich" als auch: „mir, mich": nge (lo, lu) sowohl: „er", als auch: „ihm, ihn" u. s. w. Jedoch ist zu bemerken:

1) dass zuweilen statt des pronom. person. das possessivum gebraucht wird; z. B. yi rerembu kadijik mucála, geleng a inot, wir wollen drei Hütten bauen, Eine für dich (wörtlich: Eine ist dein, die Deinige — daher auch das femin.. weil kadi fem. ist).

2) dass nach der Präposition: ku [1]) (bei, zu, von), welche aber dabei auch eine dreifache Metamorphose durchmacht und in: kö, kó oder ka (ká) übergeht. die obigen

---

[1]) Nicht „ko", mit; denn hier sagt man: kó nan, kó do, kó nge u. s. w.

— 24 —

Formen, die 3. plur. ausgenommen, in folgende aus den Possessiven herübergenommene übergehen:

Singular.   Plural.

I. Person: kö-yö. bei (von.   ka-yang (kayang). bei (von.
zu) mir;   für, zu) uns;
II. Person: kó-nut (kónut),   ka-cu (kacu). bei (von. zu)
bei (von, zu) dir;   euch;
III. Person: ká'ngit, bei   ka-ce (kace), bei (von. zu)
(von, zu) ihm (ihr).   ihnen.

Anmerkung. Mehrere barische verba werden mit „ku‟ oder „ko‟ konstruirt und desshalb die eben angeführten Formen statt der einfachen pronom. person. gebraucht; z. B. kune ling, na nyár ta kune, ngutu kondya kacu (ka-cu), konéta kace (ka-ce) lunga! alles das, was ihr wollet, dass euch die Leute thun, das thuet auch ihr ihnen!

§. 26.

Syntaktische Regel und Beispiele.

Kömmt in einem Satze das pronomen person. im Dativ vor, so geht dieser dem etwaigen Akkusativ regelmässig voraus.

Beispiele.

Nan atin lu muntye; ich habe ihm Brod gegeben. Nan tintin do piom; ich gebe dir Wasser. Yi í kak ni, anyán yi dedén Ngun, anyán yi rurúg lu (lo. nge). anyán yi nyanyár lu (lo, nge); wir sind hier auf Erden, damit wir Gott erkennen, damit wir ihm dienen, damit wir ihn lieben. Ti nan piom, nan momoyú do; gib mir Wasser, ich bitte dich. Nan kitakindyá do, ich arbeite für dich. Nan agwörökin ta le; ich habe für euch Milch gekauft. Kajye diong akó tu (ce)? hat euch (sie) gestern der Hund gebissen? Inke, kajye nge akó yi (ce); ja, gestern hat er uns (sie) gebissen. Nan agwon kó-nut (ká'ngit); ich war bei dir (ihm, ihr). Nan dedek kó-nut cókoro mucála; ich verlange von dir drei Hennen. Tumatyan-inot popo ka-yang ni; dein Reich komme zu uns.

§. 27.

Die zurückbeziehenden persönlichen Fürwörter: mich, dich, sich — drücken theils schon gewisse verba aus, theils setzt man im Singular statt: nan, do u. s. w. das Wort: mugun. Leib, Körper, im Plural statt: yi, ta, ce den Plural von mugun: berik; jedoch kann auch im erstern Falle mugun oder berik als Pleonasmus gebraucht werden; z. B. Nan lilik (mugun), ich trockne mich; ce lilik (berik), sie trocknen sich. Nge laláju (mugun), er (sie) wäscht sich; ce laláju berik, sie waschen sich. Tijí (tiní) mugun, on kondya cine, hüte dich, das zu thun; tijíta (tiníta) berik, on kondya cine, hütet euch, das zu thun. Nan wiwíd mugun, ich drehe mich; ce wiwíd berik, sie drehen sich. Lu adé mugun, er verbarg sich. Adam ko Ewa adé berik, Adam und Eva versteckten sich.

§. 28.

β) Zusammengesetzte:

Singular.	Plural.
nan-geleng, ich allein;	yí-kade, wir allein;
do-geleng, du allein;	tá-kade, ihr allein;
nge-geleng, er (sie) allein;	cé-kade, sie allein;
nan-lopeng, ich selbst;	yi-lope'ngat, wir selbst;
do-lopeng, du selbst;	ta-lope'ngat, ihr selbst;
nge-lopeng, er (sie) selbst;	ce-lope'ngat, sie selbst.

Anmerkung. 1) Statt „lopeng" kann man auch: mugun, und statt „lope'ngat" auch: berik unterstellen: nán-mugun, dó-mugun u. s. w. yí-berik, tá-berik, u. s. f.
2) Das genus ist bei allen commune.
3) Die syntakt. Regel von §. 26 gilt auch hier.

§. 29.

b) Besitzanzeigende Fürwörter.

Diese pronomina erscheinen, und zwar am häufigsten, α) als Suffixe, β) als selbstständige possessiva.

4 *

a) **Suffixe.**

Singular.	Plural.
..lio, f. ...nio, mein, meine;	..kwe, f. ...kwe, meine;
..ilot, f. ...inot, dein, deine;	..kulök. f. ...kunök, deine;
..lónyet,f. ...nanyet,sein,ihr;	..kányet, f. ...kányet, seine, ihre;
..likang, f. ...nikang, unser;	..kang. f. ...kang, unsere;
..lócu, f. ...nacu, euer;	..kacu, f. ...kacu, eure;
..lóce, f. ...náce, ihr.	..kace, f. ...kace, ihre.

Anmerkung. Die Formen: lónyet, nanyet und kányet lauten zuweilen fast wie: ló'ngit, ná'ngit und ká'ngit.

Syntaktische Regel und Beispiele.

Das Suffix richtet sich in Geschlecht und Zahl nach dem vorausgehenden Substantiv.

Beispiele.

Nan yuyúran lungacér-lio átuan kaje, ich betraure meinen Bruder, welcher gestern gestorben ist.

Ngoté-nio atadú nan i Tirol, meine Mutter hat mich in Tirol geboren.

Lungacér-ilot adirön kare, dein Bruder ist im Flusse ertrunken.

Deket-inot gwegwé, dein Wille soll geschehen.

María momoyú ko yi (moloki yi) kú tore-lónyet i ki. Maria bittet für uns bei ihrem Sohne im Himmel.

Gor-nányet nátun, seine Lanze ist stumpf.

Babá-likang i ki, unser Vater ist im Himmel.

Tí yi muntye-njkang, gib uns unser Brod.

Jur-lócu kó ngutu jore, euer Land hat viele Leute.

Ngote-nácu ko nguájik puök, eure Mutter hat zehn Kinder.

Dupyet-lóce (dupyet-náce) átuan, ihr Knecht (ihre Magd) ist gestorben.

Kó do tutu Bili'ngang, romé-roman i karín-kwe ko jú-lio Ngigilo, wenn du auf den B. gehst, so grüsse ja in meinem Namen meinen Freund Ngigilo.

Cókoro-kwe yungue jore, meine Hennen legen viele Eier. Jamyat-kulök alórok, deine Reden sind böse. Karín-kunök kwákwaca, dein Name werde gepriesen. Kijuk-kányet alócok, seine (ihre) Kühe sind mager. Kölökí yi torónyetji-kang, vergib uns unsere Missethaten. Lungacírik-kacu (kiacírik-kacu) témejik, eure Brüder (eure Schwestern) sind gross. Nguájik-kace alókong, ihre Kinder sind verständig.

§. 30.

Eine theilweise Abweichung vom Gebrauche obiger Suffix-Formen bieten: ba (baba) ¹). Vater, monye, Vater. Herr, und yanggo (ngote) Mutter. Das genaue Schema ist folgendes:

Singular.

Vater	Mutter
ba (baba), mein	yanggo (ngoté-nio), meine
mu'ngi, dein	nguti, deine
monye, sein (ihr)	ngote, seine (ihre)
bá-likang (babá-likang), unser	yanggo-kang, unsere
mu'ngi-lócu, euer	nguti-kacu, eure
monye-lóce, ihr	ngote-kace, ihre

Plural.

Vater	Mutter
kóbaba-kang, unsere	koyanggo-kang, unsere
kómu'ngi-kacu, eure	kó'nguti-kacu, eure
kómonye-kace, ihre	kó'ngote-kace, ihre

Anmerkung. Auch bei: lungacér-ilot (dein Bruder) kann das Suffix wegbleiben; dann muss aber das Wort: lungöcúr lauten.

¹) Ba (baba) bedeutet zunächst den natürlichen Vater und bedarf desshalb, wenn der Redende von seinem Vater spricht, keines Suffixes; jedoch kann man auch: babá-lio gebrauchen.

§. 31.

a) Selbstständige possessiva.

Die obigen Suffix-Formen können auch als selbstständige possessiva erscheinen, zuweilen ohne, meist aber mit dem voranstehenden Verb „a".

Syntakt. Regel und Beispiele.

Geschlecht und Zahl des possessivum richtet sich nach dem bezügl. Substantiv.

Beispiele.

‚Nielo dupyet a lio (a ilot, a lónyet (ló'ngit), a likaug, a lócu, a lóce), dieser Sklave ist mein (dein, sein. u. s. w.).
Niena wuret a nio (a inot, a nányet (nä'ngit) u. s. w., dieses Buch ist mein (dein. sein u. s. w.).
Nan (masc.) ilot (a ilot), nan (fem.) inot (a inot), ich bin dein.
Cine ling a kwe, diess alles gehört mir (ist mein).
Tore ló Ngun apó i ká'ngit (kanyet), der Sohn Gottes kam in sein Eigenthum.

§. 32.

c) Hinweisende Fürwörter.

a) Einfache:

lo, f. na, Plural: cilo (kulo), f. cine (kune), dieser, diese u. s. w.
lu, f. nu, Plural: cilu (kulu), f. cinu (kunu), jener, jene u. s. w.

Anmerkung. Von den vier Formen des Singular ist nur „lo" als demonstrativum gebräuchlich und erscheint da als Präfix, z. B. i lólor ki adnör, heute (an diesem Tage) ist der Himmel trüb. Lókinga gwón kö duma, heuer (dieses Jahr) war ein grosser Krieg. Um so öfter erscheinen die erwähnten Formen als pronom. personal., und ló, f. ná als Geschlechts-Index bei Adjektiven. S. Gr. §. 25 und 85, b.

Syntakt. Regel und Beispiele.

Ein demonstrativum, in Verbindung mit einem
Substantiv, geht diesem im Nominativ von Hauptsätzen regelmässig vor; in Neben- und abhän-
gigen Sätzen, sowie in casibus obliq. kann es
auch nachstehen.

Beispiele.

Cilo (kulo) kölipinök kíkita, ama eine (kune)
wäte gwogwon kana; diese Knaben arbeiten, aber diese
Mädchen sind müssig.

Cilu (kulu) lian ko góro, cinu (kunu) nguájik ko
capya tí piom: jene Männer tragen Lanzen, jene Mädchen
Wasserkrüge. — Andere Beisp. s. im Text.

§. 33.

3) Zusammengesetzte:

nielo, f. niena, Plur.: cíloni (kúloni), f. cíneni (kúneni),
dieser da u. s. w.

luyu (lu-yu), f. nuyu (nu-yu), Plur.: cílu-yu (kúlu-yu),
f. cínu-yu (kúnu-yu), jener dort u. s. w.

niilu (níylu), f. niinu (níynu), Plur.: cilu (kulu), f.
cinu (kunu), derselbe (idem, eadem).

Die syntakt. Regel von §. 32 gilt auch hier.

Beispiele.

Nielo lalet alóbut, niena nakwan anáron, dieser Mann
ist gut, dieses Weib ist böse.

Yi rurug nielo Yesu Kristi, lo acón Ngun Baba lo,
wir gehorchen dem J. Chr., welchen Gott der Vater gesandt hat.

Cíloni (kúloni) kimák kaliöngök kó ngutu ling,
diese Häuptlinge hier sind mit allen Leuten freundlich.

Cíneni (kúneni) ködyji yeyema kó loron budök bot,
diese Mädchen werden in (nach) 8 Tagen heirathen.

Nan amok cílu-yu comot ling ko yeje, ich habe alle
jene Fische dort mit dem Netze gefangen.
Lungacér ko kiacér i níilu kiko ¹) ayengga mede,
Bruder und Schwester erreichten auf demselben Wege das Haus.

§. 34.

d) Beziehende Fürwörter.

Das pronomen relat. ist im Barischen, wie auch in
andern Sprachen, mit dem demonstrativum identisch, jedoch
werden die Formen, besonders im Akkusativ, häufig wiederholt und dabei im Plural die des Singular mit der entsprechenden des Plural gebraucht. Das Schema ist folgendes:

Singular.	Plural.
Masc. lo (lu); lo... lo;	ce (cilo, kulo); lo (ce)... kulo;
Fem. na; na... na.	ce (cine, kune); na... kune.

Syntakt. Regel und Beispiele.

Im Singular erscheinen die Doppelformen:
lo...lo, na...na nur im Akkusativ, im Plural
aber: lo (ce)... kulo etc. auch im Nominativ. In
beiden Fällen bildet der erste Theil den Anfang,.
der zweite den Schluss des Relativsatzes.

Beispiele.

Nguu. lo (lu) atogwé ling, ko-ná lulungu katogwéanit,
Gott. welcher alles erschaffen hat, wird desshalb Schöpfer
genannt.
Dyet, na apó ni, kiacér-nio, das Mädchen. welches
hieher gekommen ist, ist meine Schwester.
Kulo, ce aköbbú nge, alungu karúkök, diejenigen.
welche ihm nachfolgten. hiessen Jünger.

---

¹) Oder auch: i kiko níilu.

Mönít na kune ¹), ce popo molu, die Furcht vor dem,
was kommen wird (vor der Zukunft).

Lele kata kacu kiden, ló ti dén ta lo, es ist einer
unter euch, den ihr nicht kennt.

Sakramento kweyet, na memét yi na, ama na jajakín
yi doket ná Ngun, na ti met yi na, ein Sakrament ist ein
Zeichen, das wir sehen, welches aber uns eine Gnade Gottes
gibt, die wir nicht sehen.

Yi dedek takín ngutu, lo acunundye yi kulo, wir
wollen denjenigen, welche uns gesandt haben. Antwort bringen.

Takíta Yoannes, na amét, na aying ta kune, saget
dem J., was ihr gesehen und was ihr gehört habt.

Kune ling, na nyár ta kune, alles, was ihr wollt.

§. 35.

e) Fragende Fürwörter.

1) Nga (ngá), wer? Der Plural heisst: kó'nga (kú'nga),
gen. comm.

Syntakt. Regel und Beispiele.

Diese Formen stehen am Anfange des Satzes, α) wenn
sie den Nominativ bilden, β) wenn als Verb nicht
„a" erscheint.

Beispiele.

Ngá akon coua? wer hat so gehandelt? Ngá tu ngerot?
wer geht voraus? Kó'nga ngutu akorju? wer (welche Leute)
hat geackert? Dagegen: Yeyeji burá, anyán do dedén, do
atín gor ngá; denke recht nach, damit du dich erinnerst,
wem du die Lanze gegeben hast: Ngun a ngá? wer ist Gott?

Anmerkung. Die Genitive und Dative werden meist
durch die Formen li'nga (m.), ní'nga (f.) und pl. ti'nga ²) (c.)

¹) Die neutra plur. werden im Barischen immer durch das gen.
femin. ausgedrückt. S. die Beisp.: Takita Yoannes und kune ling (am
Ende dieses §.)

²) Aus: ló nga, ná nga, ti nga.

mit dem Verbal-Präfix „a" ausgedrückt, und stehen am Ende des Satzes; z. B. níelo kocó alí'nga? wem gehört dieser Tabakbeutel? Wuret aní'nga? wem gehört das Buch? Wúretji ati'nga? wem gehören die Bücher?

2) Ngálo, f. ngána, Plural: ko'ngálo (ku'ngálo), f. ko'ngána (ku'ngána), welcher, welche?

Anmerkung. Der Plural kann auch: kó'nga (kú'nga) — gen. c. — lauten. Die Stellung im Satze ist wie oben sub 1.

Beispiele.

Ngálo wowongon? welcher schreit? Dagegen: lu wowongon, a ngálo? Ngána apo? (na apó, a ngána?) welche ist gekommen?

Ko'ngálo lian i kö? Welche Männer sind im Kriege? Ku'ngána ngutu gwégweja capya? Welche Weiber machen Krüge?

3) Ngyo (i'ngyo), was? Es steht immer am Ende des Satzes; z. B. Nan akondya ngyo? Was habe ich gethan? Do dek ngyo (i'ngyo)? Was willst du? Do a'ngecn i'ngyo? Was hast du gegessen? Lu atín do ngyo? Was hat er dir gegeben?

4) Das Interrogativum: „was für ein" wird durch folgende gekürzte Formen ausgedrückt: lón, f. nán, Pl.: kúlon, f. kúnön [1]).

Anmerkung. Dafür kann auch: ngálo, ngána u. s. w. gebraucht werden.

Syntakt. Regel und Beispiele.

Bezüglich der Stellung im Satze gilt die Regel, dass: lón, nán u. s. w. am Anfange des Satzes stehen, sooft das Verb „a" nicht ausdrücklich gesetzt wird; in diesem Falle steht „a nán" am Ende

---

¹) Lón — ló-nga; nán — ná-nga; kúlon — kulo-nga; kúnön == kune-nga.

des Satzes, sowie für: lón die Form: a ngálo etc.
gebraucht wird und somit auch am Ende steht.
Dieselbe Stellung hat: kó'nga (c.) und ko'ngána.

Lón nielo nguro? Was ist das für ein Knabe? Nán
niena nguro? Was ist das für ein Mädchen? Ebenso richtig
sagt man: Nielo nguro a ngálo? Niena nguro a nán?
Kúlon cilo nguájik? Was sind das für Knaben?
Kúnön cine nguájik? Was sind das für Mädchen? Oder
auch: Cilo nguájik kó'nga? Cine nguájik kó'nga (ko'ngána)?

Anmerkung. Steht: nán mit einem Substantiv und
einer Präposition in Verbindung, so hat es seine Stellung hinter
beiden; z. B. i dingit nán do atadúe? Wann (in welcher Zeit)
wurdest du geboren? I pirit nán do gwogwon? Wo (an
welchem Platze) wohnest du?

5) Die Frage: warum? lautet barisch: ngyo? (s. unten 6);
z. B. Ngun agwéja ngutu ngyo? Warum hat Gott die
Menschen erschaffen? Do rerénya ngyo? Warum
läugnest du?

6) Die Fragwörter: womit? wodurch? woran? werden
durch: ko ngyo? ausgedrückt, und wie „ngyo" im
Satze gestellt; z. B. Kömyru momók ngutu ko ngyo?
ko kutuk; womit packt der Löwe die Menschen? mit
dem Rachen.

Yi popó ki ko ngyo? kó yi dedep yökietji tí Ngun:
wodurch werden wir in den Himmel kommen? dadurch, dass
wir die Gebote Gottes halten.
Ködini alóbut do dedén ko ngyo? ko konyen: woran
erkennst du einen guten Baum? an den Früchten.

§. 36.

f. Unbestimmte Fürwörter.

Dem latein. unus et alter (alter ... alter) entspricht
genau: lele, f. nene, Pl. kulye, f. kunye; z. B. lele bot lele,

f. nene bot nene, einer nach dem andern etc. Kulye kölípinök doggu lipólon, kulye doggu woro, einige Bursche tragen
Ziegel, andere tragen Mist.

Für das alleinstehende „alter" kann auch lege (legé).
Pl. legelok (c.) gebraucht werden; z. B. kó dek tolyen ná
monye lege (auch: lele), du sollst nicht begehren eines andern
Herrn Gut.

Der Begriff: Niemand, keiner, wird durch Zusammensetzung von: lele, geleng (ein einziger), ngutu (Mensch) und
der Negat. Partikel: an (aïn, baïn) ausgedrückt und zwar so:
an-geleng (c.) nicht Einer, gar keiner; z. B. an-geleng
lócu pipí nan: dó tu dá? Keiner von euch fragt mich: wo
gehst du hin? lele-an, f. nene-an, Pl. kulye-an, f. kunye-an,
Niemand, keiner; baïn-lele, f. baïn-nene, Pl. baïn-kulye, f.
baïn-kunye, nicht Einer, keiner.

Beide: murék (muréke): z. B. yi, ta, ce muréke, wir,
ihr, sie beide.

Einige: kulye, f. kunye,

Viele: lödír. Im Singul. und in Verbindung mit Substantiven gebraucht man gewöhnlich: jore.

Alle: ling.

Ganz (alles): ling.

Etwas: ugo.

Nichts: an, aïn, baïn.

Anmerkung. Statt: lele-an ist auch: ngutu - an gebräuchlich.

Viertes Kapitel.

Das Verb.

§. 37.

Eintheilung der verba.

Ueber die Verbal-Wurzeln, ihre Form, Erweiterung etc. haben wir oben §. 18—24 das nothwendige bemerkt. Auf Grund dieser Bemerkungen theilen wir alle barisch. verba in folgende 10 Klassen:

I. **Verba mit primitiven auf einen Vokal auslautenden Wurzeln;** z. B. mé, treiben; mó, bitten, po, kommen.

II. **Verba mit primitiven auf einen Konsonanten auslautenden Wurzeln:** z. B. kor, theilen; kut. blasen; lok, binden.

III. **Zwei- oder mehrsylbige verba auf „a";** z. B. kita, arbeiten; kókoya, stehlen; pipíuga, pfeifen.

IV. **Zwei- oder mehrsylbige verba auf „e";** z. B. ríe. finden; dúrue, traurig sein: mörökindye, danken.

V. **Zwei- oder mehrsylbige verba auf „i";** z. B. puri. jucken; kukudi, kitzeln: böngöri. vergessen.

VI. **Zwoi- oder mehrsylbige verba auf „o":** z. B. doto. schlafen; togo, stärken: wereyo, versickern.

VII. **Zwei- oder mehrsylbige verba auf „ö":** z. B. bulö, können; jölö, reisen; tokúörö, verkünden.

VIII. **Zwei- oder mehrsylbige verba auf „u";** z. B. culu, anfangen: laláju. sich waschen; gwulúngedu, purzeln.

IX. **Zwei- oder mehrsylbige verba auf einen Konsonanten,** z. B. dulan, fliessen; gwalak, zerbrechen: môbur, stinken.

X. **Verba defectiva;** z. B. agí, gezwungen sein, müssen: adí, gesagt (haben); kata, haben.

Alle Themen der ersten IX Klassen sind Infinitive.

§. 38.

Die Zeiten und ihre Bildung.

„Der Bau dieses Redetheils ist im Barischen äusserst einfach. Er beruht, wie auch in andern Sprachen, auf dem Gegensatze einer bereits abgeschlossenen vollendeten, und dem einer nicht vollendeten, sich entwickelnden Handlung. Wir nennen kurzweg erstere die Aorist- — letztere die Durativ-Form. Erstere wird durch die Wurzel (Infinitiv), letztere durch Reduplikation gebildet. Soll der Aorist als eine reine Form der Vergangenheit näher bestimmt werden, so wird demselben das verbum substantivum „a" vorgesetzt. [1])

Hiezu ist folgendes zu bemerken:

1) Im Durativ (Präsens) ist die Reduplikation nur dann nothwendig, wenn eine wirkliche Fortdauer dessen, was das Verb besagt, angedeutet werden soll, was besonders von den verbis der III.—IX. Klasse gilt. So heisst z. B. nan ngecu, ich esse; will ich sagen, dass ich beim Essen sitze und noch weiter esse, so werde ich richtiger die Form: nan nge'ngecu anwenden. Bei den einsylbigen Wurzeln (Kl. I. und II.) gebraucht man meist entweder die Reduplikation, oder, falls eine erweiterte, resp. zusammengesetzte Wurzel vorhanden ist, wohl auch diese; z. B. wur heisst „schreiben," kon, „machen"; die erweiterte Wurzel von letzterm: kondya. Ich werde also sagen: nan wuwur, ich schreibe; nan kokon, oder: nan kondya (wohl auch: kokondya), ich mache, thue.

2) Aus dem obigen ergibt sich, dass diese reduplicirten Formen eigentlich ein Futur bezeichnen; und wirklich gebrauchen sie die Bari als solches. Wollen sie aber die Zukunft ganz bestimmt ausdrücken, so setzen sie dem Verb das Wörtchen „de" (dann, später) vor, oder

---

[1]) Dr. Friedr. Müller a. a. O. S. 9.

„molu" (hierauf, dann) nach; z. B. nán de kíkita (nan
kíkita molu), ich werde später arbeiten; ugé de nge'ngecu
(nge nge'ngecu molu), er wird später essen.

3) Der Aorist (praeteritum) wird allerdings dadurch gebildet, dass man dem Infinitiv ein „a" mit der Bedeutng:
ist, hat — als Präfix gibt; jedoch hat diese Form im
Aktivum zuweilen auch die Präsens-Bedeutung; z. B.
nge améran heisst: er hat sich berauscht, aber auch:
er ist noch rauschig. Im Passiv hat diese Form immer
die Bedeutung des Präsens und Präteritum, wie etwa
im Latein: amatus est, doctus est.

§. 39.
Die Reduplikation.

Die Reduplikation besteht darin, dass man die erste
offene Sylbe des Verb diesem unmittelbar noch einmal vor-
setzt; z. B. kó, beissen = kokó; der, kochen = = deder; lung,
rufen = lulung; gweja, formen = gwégweja; tojóre, anfüllen = totojóre; gwöröri, verkaufen = gwögwöröri ¹).

Es gibt aber mehrere verba, welche die Reduplikation
nicht nur im Durativ, sondern auch im Aorist, Imperativ,
Passivum und bei der Negation beibehalten. Die wichtigsten
sind (aus Kl. III.): bobólija, zu lachen machen; dudungga,
eitel sein; kukúdija, kitzeln; lilíma, leise regnen; mamála,
närrisch sein; ngo'ngólija, betteln; oója, schauckeln; pipiuga,
pfeifen; tetendya, ausbessern; (aus Kl. IV.): totóre, zerstreuen; (aus Kl. VII.): lilinggö, glasiren; wiwijö, spinnen;
(aus Kl. VIII.): babágn, anfüllen; yeyéju, nachdenken; juju,
brüten; laláju, sich waschen; titibu, tätowiren; (aus Kl. IX.):
lilik, trocken sein; lulur, rund ausschneiden; ririg, ausbessern; teten, bereiten; titik, schliessen.

Die Verbindungen: ya, ye, yo, yu, uö, ua bilden nur
Eine Sylbe, werden also ganz reduplicirt; z. B. uyar, lieben

---

¹) Dass die Reduplikation bei der Negation regelmässig
nicht Statt findet, s. §. 41.

nyanyar; nyérun, aufgehen (v. d. Sonne) — nyenyérun;
ryok. mit Füssen treten ryoryok; nyumbö. wählen
nyunyumbö; luök. befreien luöluök; tuán, sterben
tuátuan.

§. 40.
Die Betonung.

Wir haben §. 16 bemerkt, dass es im Barischen viele
zwei- oder mehrsylbige Ausdrücke mit gleicher Tonhöhe aller
Sylben gebe; darunter sind auch viele verba, z. B. milön,
untertauchen; molokin, für einen bitten etc.; togorja, spähen
u. s. w. Dagegen haben andere Eine Sylbe betont, z. B.
tó'ngun, übertreffen; toyúkan, rasten machen; tuán sterben.
Hier gilt nun die Regel 1) dass der Ton des Durativ
auch im Aor. und Futur auf derselben Sylbe haftet; z. B.
ató'ngun, totó'ngun; atoyúkan, totoyúkan. Ausgenommen:
tuán, Aor. átuan. fut. tuátuan. 2) Ein tonloses Verb erhält
zuweilen durch die Reduplikation einen Ton und dieser kann
auch auf die Reduplikations-Sylbe fallen, z. B. meddya,
sehen, leben mémeddya. Im Aor. tritt dieser Ton auf
die Wurzel oder verschwindet ganz: améddya (ameddya).
Ueber die Betonung des Imperativs s. §. 42.

§. 41.
Die Negation.

Das barische Verb hat sowohl für den Durativ als
den Aorist eine eigene Negations-Partikel, für den
erstern: ti (tí), für den letztern: ko (ako). [1] In erstern
Falle setzt man dem Infinitiv — ohne Reduplikation, mit
Ausnahme der §. 39 aufgezählten verba — die Partikel „ti"
vor; z. B. nan nge'ngecu, ich esse; nan ti ngecu, ich esse

[1] Eine Ausnahme im Durativ machen die verba: a und gwon
(sein), ersteres auch, wenn es weggelassen wird; man gebraucht für:
ti (tí) die Partikel: an; z. B. nan ko köbylu kunye, ná gwon an i
nielo goro, ich habe noch andere Schafe, die nicht aus diesem Schaf-
stalle sind; nge án ni. er (sie) ist nicht hier.

nicht: mugun tuátuan, molokótyo tí tuan, der Leib stirbt, die Seele stirbt nicht: nan búbulö, ich kann; nan tí bulö, ich kann nicht; nan deden, ich weiss: nan tí den, ich weiss nicht; dagegen: lilíma, es regnet leise: ti lilíma, es regnet nicht leise: nge yeyéju, er (sie) denkt nach: nge ti yeyéju, er (sie) denkt nicht nach.

  Anmerkung. Bezüglich der Betonung von: ti (tí), s. §. 17. 2.

Im **Aorist** erscheint als **Negations-Partikel**: **ko** (kó), jedoch mit dem Präfix: **a**   ako (akó) [1]); z. B. nan ayup, ich glaubte; nan akó yup, ich glaubte nicht; do aden, du wusstest: do akó den, du wusstest nicht; nge amörökín nan, er (sie) hat mir gedankt; nge ako mörökín nan, er (sie) hat mir nicht gedankt.

  Anmerkung. 1) Ueber die Betonung von ako (akó) s. §. 17.

  2) Die Negation beim Imperativ s. §. 52.

§. 42.
Der Imperativ.

A. Der bejahende.

Die Imperative aller barischen verba — nur 6 ausgenommen — schliessen im Singular mit einem **oxytonirten Vokal**. Der Plural wird gebildet, indem man dem Singular die Sylbe: ta (ihr) anhängt, wodurch diese Formen **Paroxytona** werden.

Für die 3. sing. u. 1. u. 3. plur. gebraucht man

α) entweder einfach das Futur; z. B. nge wawandu, er (sie) soll (wird) beten u. s. w.

β) oder: anyan, damit: z. B. anyán ce wawandu, sie sollen beten;

γ) oder endlich (selten): tí, gib dass.. z. B. ngá ku cúö, tí nge ying, wer Ohren hat, der höre!

---

  [1]) Diess: a ist Verbal-Präfix, erscheint also beim Verb dann nicht mehr. S. Dinka: aci.

Will man den Imperativ potenziren, d. h. einen **Kraft-Imperativ** anwenden, so setzt man zur einfachen Imperativform (im Singul. und Plural) noch ein Mal die Wurzel (Infinitiv); z. B. molé-mo, (moléta-mó) bitte (recht kräftig) etc.; luöki-luök (luökíta-luök), erlöse uns (doch) etc.

Nebst den §. 39 aufgeführten verbis können auch einige andere im Imperativ die Reduplikation annehmen; z. B. kwöddu, sammeln, lesen kwöddi oder: kwökwöddi.

§. 43.

Verba der I. Klasse.

Wir haben §. 19 bemerkt, dass von der Wurzel dieser verba der dritte Radikal-Buchstabe (Konsonant) weggefallen sei; denn dieser erscheine im Imperativ. Solche Konsonanten sind: j, l, n; z. B. bí, saugen: jú, schleifen: dú, biegen: ké, braten; kú, verwunden: rú, begiessen. Die volle Wurzel ist: bij, juj; dul, kel; kun, run.

Alle diese verba erhalten nun im Imperativ zur vollen Wurzel: é, Pl.: éta, nur einzelne: i, Pl.: íta, also: bijé, bijéta; jujé, jujéta: dulé, duléta: kelé, keléta: kuní, kuníta: runé, runéta.

Anmerkung. 1) Ausser kuní haben folgende den í-Imperativ: gají, (gä, vertheidigen); janí (jä, sich erbrechen); kwöní (kwö, sich baden); nginí (ugí, sich aufrichten); paji (pä, verlassen).

2) Ganz unregelmässig sind die Imperative von: tu, gehen, und: po, kommen; ersteres hat: ití (itíta), letzteres: pó (póta).

3) Der Ton der Wurzel geht jedesmal im Sing. auf ultima, im Pl. auf penultima über.

§. 44.

Verba der II. Klasse.

Naturgemäss bilden die verba dieser Klasse den Imperativ wie die der I. Kl.; z. B. bék, schlagen — beké (bekéta); yup, glauben yupé (yupéta); kon, machen koné (konéta); wur, schreiben wuré (wuréta).

Hiebei ist zu bemerken:

α) Die auslautenden Wurzel-Konsonanten: b, d. g gehen im Inlaut [nach dem Hinzutritt des: é (éta)] in die entsprechenden härtern: p. t, k über; z. B. kob, auffangen - kopé; rab, bedecken == rapé; bud, dämmern buté: wid. im Kreise drehen - - wité: rug, gehorchen ruké.

β) Einige auf: n, z. B. con, schicken; gin (ken) zerreissen (zu unterscheiden von: kén, zählen — dieses hat: kené); tau, berühren, nehmen vor dem: é des Imperat. ein: y und lauten also: conyé, ginyé (kenyé), tanyé. Die verba: lin, bestreichen, und: ngin, gärben, nehmen statt: ny den harten Nasalis: ng, also: li'ngé und ngi'ngé (wohl auch: nginé).

γ) Die verba: leng, aufs äusserste kommen und tong, zwicken, haben eine doppelte Imperat. Form: lengé oder: lenggí; tongé oder: tonggí.

δ) Das Verb: kwadd, ehren, nimmt statt: kwaddé die Form: kwacé oder auch: kwaddí an.

ε) Gwon. wohnen. bleiben, hat: gwé (gwéta).

Jedoch mehrere verba dieser Klasse haben auch den í-Imperativ, besonders diejenigen mit dem Vokal: ö; z. B. bön. erschüttern; böt, schinden; kör, stören; köt, verwunden, mön, warten: kin, schliessen; lur. schläfrig sein; rob, bezahlen: also: böní, bötí, körí, köti u. s. w.

Anmerkung. 1) Die auf: g auslautenden verdoppeln dasselbe im Imperativ; z. B. dog, beschenken; leng (s. oben *γ*), ton (s. oben *γ*); mang, falsch anklagen; und: wang, kosten; also: doggí, lenggí, tonggí, manggí, wanggí.

2) Das Verb: kek, treffen, erweicht seinen Endlaut: k in: g == kegí.

3) Tin, geben, bildet den Imperativ: tí (títa).

6 *

§. 45.

Verba der III. Klasse — auf: a.

Diese Klasse ist nebst der II. und IX. die reichste und bietet auch gar verschiedene Formen des Imperativs. Wir versuchen ihre verba auf folgende Weise zu gruppiren:

1) Die zweisylbigen — meist mit reflexivem oder passivem Charakter — erhalten im Imperativ ein angefügtes: ní; z. B. baka, vollendet sein (aufhören) bakaní; bora, erzürnt fortgehen boraní; cida, sitzen (gesetzt sein) — cidaní: dana, sich verstecken danani: dâra, sich abmühen daraní; dula, sich bücken dulaní; yéma, heirathen (von Mädchen — duci) yemaní: tela, besiegt sein telaní.

2) Andere, meist zwei- oder auch mehrsylbige auf: ba, ga verändern das auslautende: a in: é (éta); z. B. dibba, einen Herd bereiten - dibbé; todéba, anzünden -- todepé (s. §. 44, α): buga, stolz sein -- bugé; piga (figa), empfaugen (concipere) - pigé; pipiuga, pfeifen — pipiugé.

3) Jedoch andere zweisylbige dieser Art, besonders wenn dem: ba, ga noch ein Konsonant vorausgeht-, verwandeln das: a in: í; z. B. boṅgga, aufblicken boṅggí: cegga (cega), versickern ceggi; debba, kleben bleiben -- debbí; demba, verzaubern dembí; domba, beschleichen -- dombí; yemba, heirathen (vom Manne) -- yembí.

4) Die verba auf: ka, la, ma hängen im Imperativ: né an; z. B. yoka, husten == yokané: tubáka, vollenden - tubakané; wálala, sieden walalané; towálala, sieden machen -- towalalané; yama, gähnen == yamané; toríma, blutig machen — torimané. Ausgenommen: wala, spatzieren == walani.

5) Die zweisylbigen auf: ja verwandeln das: a theils in: é, theils in: í; z. B. kija, steigen -- kijé; lija, seihen - lijé; pija (fija), fragen pijé: dagegen: gweja.

formen - gwejí: gwoja, tanzen -- gwojí; loja, leuchten
(von der Sonne) - lojí; oója, schauckeln == oojí.

6) Die verba auf: ya (das sich an die Wurzel schliesst)
ändern diess in: í (ï); z. B. doya, suchen == doï;
kókoya, stehlen -- kokoï: roya, kratzen roï: teya,
siegen teï; weya, salben weï.

7) Die verba auf: dya verwandeln das: a theils in é, theils
das: dya in: dí; z. B. biundya, küssen biundyé;
domundya. schleichen domundyé; yengundya, her
kommen yengundyé; kiwundya, steigen kiwundyé;
kakindya, melden - kakindyé; dagegen: godya,
loben godí; jotdya, bauen (fabricare) -- jotdí: kendya.
zählen - kendí: kondya, machen kondí.

8) Die Erweiterungs-Sylbe: jya (ja) wird im Imperativ
regelmässig: jí; z. B. derjya, kochen -- derjí; kojya.
beissen kojí; mojya. beriechen -- mojí; morjya,
sich vermengen - morjí; ngerjya, scheren == ngerjí.
Ausgenommen: bijya. saugen --- bijé; dirjya, betrachten -- dirjé.

9) Die verba. au deren Wurzel sich die Sylben: ara
schliessen, behalten diese Form im Imperativ, nur werden
die verba oxytona (im Pl. paroxytona): z. B. bárara,
abholen --- barará; dúkara, schieben - dukará; gúbara,
schleudern gubará. Ausgenommen: todára, ermüden --- todarané.

§. 46.

Verba der IV. Klasse — auf: e.

Diese Klasse — mit den zwei folgenden — bietet nur
wenige verba, welche aber den Imperativ dennoch auf verschiedene Weise bilden; denn

a) einige nehmen zur Wurzel oder zum Stamme die Sylbe:
né; z. B. bírue, verschmachten biruené; fúrue, aufwachen furuené: yitue. zurückkommen yituené :

kiwe, steigen == kiwené¹): mele, sehen -- melené;
tojóre, anfüllen == tojorené; totóre, zerstreuen
totorené; tule, brennen == tulené.
b) Andere erhalten statt des: né ein: ní; z. B. dúrue,
traurig sein == duruení; yungue, Junge werfen --
yunguení; muce, dunkeln == mucení: rie. finden --
riení; rúdue, träumen == rudueni.
c) Die zwei verba: durje, melken, und lupe, herauskommen,
haben im Imperativ: durjé und lupé.
d) Mörökindye, danken, hat: möröki (von mörökin).

§. 47.
Verba der V. Klasse — auf: i.

Die meisten verba dieser Klasse nehmen zum Infinitiv
die Sylbe: né; z. B. bugí, schimmeln == buginé; cidaki,
sich setzen == cidakiné; kweli, wachen -- kweliné; kweni,
lachen == kweniné; puri, jucken == puriné; waláji, spatzieren
== walajiné; wöröji, fortgehen -- wöröjiné (wohl auch:
wöröjí).
Davon weichen ab:
1) Die dreisylbigen auf: ri, welche im Imperat. ohne
weitere Veränderung die letzte Sylbe betonen; z. B.
böngöri, vergessen; gwöröri, verkaufen; wögiri, ent-
laufen: böngörí, gwöröri, wögirí.
2) Ebenso oxytonirt: gei, gebrauchen, die letzte Sylbe == geï.
3) Das Verb: kudi (statt: kudya), schauen, hat: kudyé.
4) Môriri (aus: mon und: riri), wohlriechen, hat: moné-
riri u. s. w.

§. 48.
Verba der VI. Klasse — auf: o.

1) Die verba auf: gwo, jo, ko, no, ro nehmen in der Regel
zum Infinitiv: né; z. B. togwo, tauschen == togwoné;

¹) Statt: kiwené ist auch: kiwé gebräuchlich, besonders in Verbindung mit: kak; z. B. kiwé kak, steige herab.

tojo. fertig machen   tojoné: yoko. frei geben
yokoné: mono, sklavisch behandeln - - mononé; doro.
fallen   doroné: todóro. stürzen (fallen machen)
todoroné. Ausgenommen: yako, das Ziel verfehlen
yakolé.

2) Die verba auf: go. lo. mo. to nehmen: ní; z. B. donggo,
sich entleeren   donggoní; yolo, singen ··- yoloní;
domo, traurig sein   domoní: doto, schlafen - dotoní.
Ausgenommen: togo. stark machen   togolé.

§. 49.

Verba der VII. Klasse — auf: ö.

1) Diejenigen verba, deren Endbuchstaben die Sylben: yö.
kö, lö. nö. pö, rö. tö bilden. fügen zum Infinitiv: ní;
z. B biryö. spielen; furyö, ersticken; köpukö, straucheln;
bulö, können: jölö. reisen: kujönö, sich fürchten; gwörö.
kaufen: kurö, sich schämen: lupö. hineingehen; ringitö,
kräftig sein: biryöní, lupöní u. s. w. Ausgenommen:
wiyö. Gefahr suchen   wiyení; tikö, sich anlehnen
tikení: bukörö. vergiessen ·- buköré. Die verba: ríkörö,
verjagen, und tukúörö, verkünden oxytoniren nur das:
ö am Ende. Turö (apokopirte Form aus: turön), blühen
turöné.

2) Die verba auf: bö, gö. jö (jyö) verwandeln das: ö in:
é (éta): z. B. nyumbö, wählen   nyumbé: toyumbö,
wohlthätig sein - toyumbé: dunggö, sägen   dunggé;
yökijö, befehlen   yökijé; mijö, schmelzen   mijé;
turjyö, einstürzen   turjé.

Anmerkung. Mehrere erhalten statt: é ein oxytonirtes
ö, z. B. durjyö, wachsen; lilinggö, glasiren; mugö, zudecken;
rugö, antworten; wiwijö, spinnen.

3) Die verba auf: dyö verwandeln das: ö in é; z. B.
gwörundyö, kaufen   gwörundyé; köpundyö, folgen
(sequi)   köpundyé.

Anmerkung. Xiddyö, schmieden und juruddyö, untersinken, erhalten statt des: é ein betontes: ö,

§. 50.

Verba der VIII. Klasse — auf: u.

1) Die zahlreichen verba dieser Klasse auf: bu, du. gu, ju, jyu bilden den Imperativ durch Verwandlung des: u (resp. yu) in: í; z. B. jambu, reden ·= jambí; nyömöddu, begleiten ·= nyömöddí; begu. einrammen ·= begí; coju, spiessen = cojí; carjyu, richten ·= carjí. Ausgenommen: dudu, Kopf über stürzen dudulé; gogu, aufhalten ·= goké (von der Wurzel: gok); juju, verbieten ·= jujué; ngudu, einwickeln ·· ngudulé; rembu, tödten ·= remé (von der Wurzel: rem); tudáraju, abhetzen ·= tudarané; worju, abhaaren ·= woré.

2) Rupu, lauern; buru, bereuen; duru. traurig sein. haben: rupuní, buruní, duruní.

3) Culu, anfangen ·= culuné.

4) Yoyu, singen, nimmt seinen Imperativ von: yolo, also: yoloní; yöyu, besuchen ·= yöï; moyu, bitten ·= molé (von: mó); peyu, backen ·= pelé (von der einfach nicht gebräuchl. Wurzel: pel); puyu, reiben ·= puyuné; toyu, ausbrüten ·= toï oder: tolé; wayu. furchtbar sein ·= waï.

5) Tótu (gekürzt aus: tó-tuan), tödten ·= totuné.

§. 51.

Verba der IX. Klasse — mehrsylbige auf einen Konsonanten.

Diese Klasse zählt die meisten verba. Die Imperative werden auf folgende Weise gebildet:

1) Die verba mit dem Suffix: kin, werfen — ohne Ausnahme — einfach den Endbuchstaben: n ab und accentuiren das nun auslautende: í; z. B. bunyekin, Jemanden ertappen ·= bunyekí; gapákin, einem etwas aufladen ·· gapaki; jakin, einem etwas bringen ·· jakí: takin. einem etwas sagen ·= takí.

2) Die verba auf: un werfen gleichfalls das: n ab und
betonen dann das auslautende: ú; z. B. biun, küssen
= biú; cúun, spiessen = cuú; gukun, einladen --
gukú u. s. w. Ausnahmen: lungun, herrufen
lungí; tobunun, zaubern · tobuní; totun, abstumpfen
= totu'ngé.

3) Die verba auf: an werfen — mit Ausnahme eines einzigen — diese Sylbe ab und nehmen: é dafür; z. B.
bucan, gerecht sein; dulan, fliessen; gwodan, stehen;
yuran, trauern; roman, grüssen: bucé, dulé, gwodé u. s. w.
Ausnahme: tuán (tuátuan), sterben, hat: tuané
(tuatuaní).

4) Die meisten verba dieser Klasse bilden den Imperativ
durch ein suffigirtes: é; z. B. beleng, brechen; gwalak,
zerbrechen; karut, tauschen: belengé, gwalaké, karuté.
Nur: kunyar, acht haben, hat nebst: kunyaré auch:
kunyár.

Dabei ist zu bemerken:

α) dass manche Endkonsonanten, sobald sie durch das:
é in den Inlaut treten, sich verhärten (s. §. 44, α);
z. B. kalab, umrahmen -- kalapé; karab, unter die
Flügel nehmen =- karapé; ririg, ausbessern =
ririké.

β) Dass einzelne vor dem: é den kurzen Vokal: y, andere
ein: g einschalten (s. §. 44, β); z. B. keren, zerreissen =- kerenyé; toron, schlecht machen =
toronyé; kwelen, schön sein = kwelenyé; rokon, abbalgen (einen Vogel etc.) =- rokongé.

γ) Dass ein Paar einen Mittelvokal ausstossen; z. B.
myen, Schmerz empfinden = miné; ngion, aufstehen
== nginé.

Ausnahmen: a) burön, faulen buré; dirön, ertrinken =- diré; yulen, unzufrieden sein =- yulé; rumön,
brüllen rumöní; wökön, weglaufen == wöki; b) iit, mit
der Angel fischen, bildet: itú (von: itun); c) lulur, rund

48

· ausschneiden: luök. erlösen: tukör. verderben: tuliöng, erfreuen, haben: í, also: luluri, luökí u. s. f.: d) poïn, niedersitzen ·= poï: môbur, stinken   monébur: wongon, jammern wongé.

§. 52.

B. Der negirende Imperativ.

Der Italiener bildet bekanntlich diesen Imperativ im Singular dadurch, dass er dem Infinitiv die Negations-Partikel: non voranstellt: non fare, non credere u. s. w. Aehnlich macht es der Bari: er setzt dem Infinitiv: ko (ku) voraus, nur bildet er auch noch den Plural durch das Suffix: ta (ihr). Wir geben ein Beispiel aus jeder Klasse:

I. Bí, saugen: ko bí (ko bíta). sauge (sauget) nicht.
II. Car, richten: ko (ku) car. (ko, ku) carta. richte (richtet) nicht.
III. Dára, sich abmühen: ko (ku) dára, ko (ku) dárata. mühe dich (mühet euch) nicht ab.
IV. Kiwe, steigen; ko kiwe (ko kíweta). steige (steiget) nicht.
V. Danáji, fortlaufen; ko (ku) danáji. ko (ku) danájita. laufe (laufet) nicht fort.
VI. Dóro, fallen: ko dóro (ko dórota). falle (fallet) nicht.
VII. Bukörö, vergiessen; ko bukörö (ko bukoröta). vergiesse (vergiesset) nicht.
VIII. Ngecu. essen; ko ngecu (ko ngécuta). iss (esset) nicht.
IX. Burönökin, verrathen; ko burönökin (ko burönökinta). verrathe (verrathet) nicht. ¹).

Anmerkung. Der negirende Imperativ der 3. sing. und pl. wird entweder durch: on (damit nicht), oder durch das negirende Futur (s. §. 41) ausgedrückt; z. B. töwyli-lócu on yuran, on kújönö, euer Herz sei nicht traurig, nicht furchtsam; ló ti kita, ti ngecu, wer nicht arbeitet, soll nicht essen.

¹) 1. Aus diesen Beispielen ist ersichtlich, dass der Ton des Infinitivs nie wechselt.
2) Ganz gleich wird dieser Imperativ im Passiv gebildet.

§. 53.

Die ko- und ku-verba.

Es gibt im Barischen mehrere verba, welche im negirenden Imperativ statt: ko auch: ku vorsetzen. Die wichtigsten sind:

Aus der I. Klasse:

já, sich erbrechen:
ngá, öffnen;
pá, verlassen:
tá, sagen, reden.

Aus der II. Klasse:

car, richten:
kör, verschwenden (zerstören);
köt, verwunden;
kwö, sich baden:
lak, lösen;
lam, schimpfen:
man, hassen;
mang, falsch anklagen:
mön, warten;
nang, beohrfeigen:
tan, berühren;
wang, kosten.

Aus der III. Klasse:

bárara, abholen;
dâra, sich abmühen:
karapa, ausbrüten;
mamála, närrisch sein;
wala, spatzieren:
wálala, sieden.

Aus der IV. Klasse:

mörökindye.

Aus der V. Klasse:

böngöri, vergessen:
danáji, fortlaufen;
gwöröri, verkaufen:
ratáji, fliegen;
waláji, spatzieren:
wöröji, weggehen.

Aus der VI. Klasse:

dóro, fallen.

Aus der VII. Klasse:

mörö, sich zanken;
nyömörö, begleiten.

Aus der VIII. Klasse:

barandu, überströmen:
caju, entkleiden;
yöyu, besuchen:
kambu, rudern;
kwöddu, auflesen:
möju, trinken;
möndu, warten;
nyömöddu, begleiten:
nögu, saugen;
öddu, schlachten;
waddu, schwimmen.

Aus der IX. Klasse:

carakin, hinterlassen:
gapákin. auflegen;

gwalak. zerbrechen;
gwörökin, für einen etwas
    kaufen;
jakin, bringen;
kölökin, lassen, erlassen:
löpuk. kehren, wenden:
luök, erlösen:

mörökin, einem danken;
ngarákin, Jemand unter-
    stützen;
ngökin, falsch anklagen;
nyar, lieben;
takin, einem sagen;
wökön, weglaufen.

§. 54.

Verba defectiva (X. Klasse).

Diese sind:

1) Adi [1]) — es entspricht dem latein.: ait oder: inquit, ist nur in 3. pers. sing. et plur. Aorist gebräuchlich: z. B. nge akulya adá? nge adi... wie hat er (sie) gesagt? er hat gesagt...; Yudaei arngö, ce adí..., die Juden antworteten und sprachen...

2) Agi, sollen, müssen, gezwungen sein, nur im Präsens gebräuchlich: z. B. yi agí wandu ngyo? warum sollen wir beten? Do agí nyar lunga cilo, ce mamán do: du musst auch diejenigen lieben, die dich hassen.

3) A'ngyóna, nahe sein, nur im Präsens üblich, im Aorist erhält es: gwon (agwon) voraus, im Futur: gwogwon. S. gwon im Wb.

4) Apori (apo-ri), Aor. von: po, kommen und: ri weg. d. h. weggekommen, fortgegangen; z. B. julin ko ngecu bot apori, die Freunde sind nach dem Essen fort-gegangen.

    Anmerkung. Zuweilen gebrauchen es die Bari auch transitiv in der Bedeutung: verlassen; z. B. nan yiyitö kö-yö mede, n'apori nan nu, ich will in mein Haus zurückkehren, das ich verlassen habe.

5) Dije, meinen, nur in Verbindung mit: ko und im Präsens üblich: nan (do, nge) kó-dije, ich (du, er) meine etc.

---

[1]) Die: copula „a" s. §. 23. 1. 2.

6) Igó. Pl. igóta, gehe (gehet) weg!

7) Kata, nur im Präsens und ohne Reduplikation mit der Bedeutung: haben, und: es gibt: z.B. Tirol kata lelya jore. Tirol hat viele Berge. Ngun geleng kata. es gibt nur Einen Gott.

8) Képoro, eine andere Form für: kepoddu, nachfolgen, nur im Präs. üblich.

9) Móriri (mon und riri), wohlriechen; nur im 3. pers. sing. et plur. gebräuchlich.

10) Tíben, nicht wollen, nur im Präsens anwendbar: die andern Zeiten und modi nimmt man von: dek (tí dek). nyar (tí nyar), oder: bé (tí bé) — welche alle drei: wollen. wünschen — bedeuten.

§. 55.

Das Passivum.

Die Bari haben ein vollkommnes Passivum aller transitiven verba und bei den reflexiven meist eine passive Form.

Alle Passiva — nur 6 verba ausgenommen — enden auf einen der Vokale: a (grösstentheils). e (selten), i, o, ö oder: u; z. B. bé. wünschen. pass. béla: kó, beissen, pass. kóa: kon, machen, pass. kóna: dú, bringen. pass. dúle: todínikin, lehren, pass. todíniki; bó, berühren, pass. bólo: gwut. prügeln, pass. gwutö: lungun, rufen, pass. lungu.

Alle diese Formen sind eigentlich participia pass. und heissen also deutsch: gewünscht, gebissen, gemacht. gebogen u. s. w.. allein in dieser Form kommen sie nur äusserst selten und dann nur als Infinitive oder Imperative vor.

Da die Bildung der passiva von besonderer Wichtigkeit ist. durchgehen wir die einzelnen Klassen der verba.

§. 56.

Verba der I. Klasse.

1) Bei den Wurzeln, deren dritter (versteckter) Radikal-Buchstabe: l ist, erscheint dieser jedesmal und erhält

als Charakteristikon des Passivum einen der Vokale
a. e, o oder: ö suffigirt.

Die wichtigsten dieser verba sind:

a) Mit dem Suffix: a
bé (bel). wünschen. pass. béla:
dé (del). verstecken, p. déla:
dó (dol). suchen, pass. dóla:
yá (yal). bewegen. pass. yála:
ri (ril), zersprengen: p. rila.

β) Mit dem Suffix: e
dú (dul). biegen. pass. dúle.

γ) Mit dem Suffix: o
bó (bol). berühren. pass. bólo:
ké (kel). braten. pass. kélo:
mó (mol. bitten, pass. mólo:
tó (tol). würgen. pass. tólo.

δ) Mit dem Suffix: ö
jú (jul), läuten. pass. júlö;
tú (tul). bohren. pass. túlö.

2) Dagegen wird: n (in gleicher Eigenschaft wie: 1) nie
sichtbar: dafür fügt man an die Wurzel-Vokale: a, e, i
die Sylbe: ya. und an den Wurzel-Vokal: u die Sylbe:
yu: z. B. tá (tan), sagen. passiv. taya: cé (cen), abwischen, pass. ceya: mé (men). treiben. pass. meya:
pí (pin). fragen. pass. piya (oder auch: pía); ku (kun)
verwunden, pass. kuyu: ru (run), begiessen. pass. ruyu.

Ausnahmen. *α*) Die verba: cá (can). entkleiden. und
ngá (ngan). öffnen. behalten diese Formen statt: caya und
ngaya: *β*) pé (pen). schiessen, pass. péa (statt: peya):
γ) gwí (gwin). benennen. pass. gwiö: ri (rin), gerade machen.
pass. riö.

3) Die verba mit dem versteckten Radikalen: n und dem
Wurzel-Vokal: o setzen zu diesem ein: a: z. B. gwó
(gwon). stampfen, p. gwóa: ló (lon). trocknen. p. lóa.

Ausnahme. Có (con), stechen. pass. cúe.

4) Ist der dritte (unsichtbare) Radikal-Buchstabe ein: j,
so wird er im Passivum durch die Sylbe: ya ersetzt:
z. B. gá (gaj). vertheidigen, pass. gaya: pá (paj). verlassen. pass. paya: bí (bij), saugen, p. biya (auch: bía).

Ausnahmen. Jú (juj). schleifen. pass. jüö: mí (mij).
schmelzen. pass. míö.

§. 57.

Verba der II. Klasse.

1) Die Mehrzahl dieser verba bildet den Imperativ durch
ein an die Wurzel gefügtes: a: z. B. bok, begraben,
pass. bóka: der, kochen, pass. déra: yur, anzünden,
pass, yúra: wang, kosten, pass. wanga u. s. w.

Anmerkung. 1) Die Bemerkuugen von §. 44, *a* und *β*
gelten auch hier, daher: rab, bedecken, pass. rápa; rob, bezahlen, pass. rópa; dog, beschenken, pass. dóka; gin, zerreissen, pass. ginya: tan, berühren, pass. tanya.
2) Got, zuspitzen, p. gotta; kwadd, verehren, p. kwáea.

2) Folgende Wurzeln erhalten als Suffix den Vokal: ö

bön, erschüttern, pass. bönö:	kit, zerschneiden (kämmen),
böt, schinden, pass. bötö:	pass. kítö;
buk, giessen, pass. búkö:	kör, verschwenden, pass. körö;
but (gwut), schlagen, p. bútö:	köt, verwunden, pass. kötö;
gör, kreuzen, pass. görö:	mön, warten, pass. mönö;
yik, ausfüllen, pass. yikö:	muk, bedecken, pass. múkö:
yuk, Wind machen, p. yúkö:	pik, führen, pass. píkö;
yup, glauben, pass. yúpö:	tur, einstürzen (tr.), p. túrö:
jik, führen, pass. jikö:	wur, schreiben, pass. wúrö.

Anmerkung. Die verba: lin, bestreichen, rug, gehorchen, wid, im Kreise drehen, haben nach §. 44: li'ngö,
rúkö, witö.

3) Statt: a oder: ö erhalten das Suffix: o

bék, schlagen, pass. béko.	pot, putzen, pass. póto;
dong, vertreiben, pass. dongo:	rot, abstreifen, pass. róto:
gok, aufhalten, pass. góko;	tok, klopfen, pass. tóko;
môr, verspotten, pass. móro:	wor, schaben, pass. wóro.

4) Con, schicken, hat: conyo; jon, bringen: júe; kin,
sperren: kínu: luk, ziehen, zerren: lúku; lung, rufen:
lungu; ngin, gärben: ngi'nga: tin, geben: tí (wie im
Imperativ).

§. 58.

Verba der III. Klasse.

1) Die zweisylbigen verba dieser Klasse sind theilweise eigentliche passiva, oder haben als reflexiva eine passive Form; z. R. yéma, heirathen (von Mädchen) ist das Passivum von yemba, heirathen (vom Manne); dâra, sich abmühen, ermüdet sein, das Passivum von der einfach nicht mehr gebräuchlichen Wurzel: dâr. Hieher gehören alle verba, welche wir §. 45, 1 erwähnt haben.

2) Die durch: dya, jya (ja) oder: ga erweiterten verba bilden das Passivum meist von den einfachen Wurzeln; z. B. ken-dya, zählen, pass. kéna, kon-dya, machen. pass. kóna; kut-dya, blasen, pass. kúta; der-jya, kochen, pass. déra; dir-jya, betrachten, pass. dira; pi-ja, fragen. pass. pía (piya); pe-ja, schiessen, pass. péa; bong-ga. aufblicken, pass. bonga; yingga, hören, pass. yinga. Ausnahme. Jot-dya, bauen, hat: jotda.

3) Bei denen mit der Endsylbe: ba, sooft diesem: m voransteht, geht: b im Pass. verloren; z. B. demba, verzaubern, pass. déma; domba, beschleichen, pass. dóma; yemba, heirathen, pass. yéma. S. oben 1.

Geht dem: ba ein Vokal voraus, so wird das: b in: p verhärtet; z. B. deba, erziehen, pass. dépa (s. §. 44, α). Auch: bb wird = p.; z. B. dibba, einen Herd bereiten, pass. dípa.

4) Die dreisylbigen Themen auf: ara hängen diesem: ji an und werden paroxytona; z. B. bárara, abholen, pass. bararáji; dúkara, schieben, pass. dukaráji; gúbara. schleudern, pass. gubaráji.

5) Godya, loben, hat: góta; yega, bringen == yéka; rondya, entblättern == ronya. Bezügl. góta und yeka s. § 44, α.

6) Ganz unregelmässig sind: yaka, ausspucken, p. yákaki; ludya, dolmetschen, pass. lúdyaki; tubáka. vollenden, pass. tubakalá.

§. 59.

Verba der IV. Klasse.

Diese Klasse umfasst kaum über 20 verba, und davon
sind die meisten intransitiv und ohne Passivum. Ein solches
haben nur folgende :

1) durje, melken, pass. dúrö;
2) mele, sehen, pass. méta;
3) rie, finden, pass. rie (riye);
4) tojóre, anfüllen, pass. tojóre (tojóro) ;
5) totóre, zerstreuen, pass. totoreya.

§. 60.

Verba der V. Klasse.

Auch diese wenig zahlreiche Klasse zählt mehrere
reflexive verba ohne Passivum; diejenigen, welche ein solches
haben, bilden es so:

1) Die ri-Themen: böngöri, vergessen; gwöröri, verkaufen;
   wögiri, entführen, nehmen als Suffix: kin == böngörłkin,
   gwörörłkin, wögirłkin (vergl. §. 55 und 64, 1. Ausn.).
2) Topuri, Rauch machen, hat: topuryö.
3) Geï, gebrauchen, macht: gelári.
4) Kudi, schauen, bildet: kudílö.

§. 61.

Verba der VI. Klasse.

1) Die verba: yolo, singen; todóro, fällen, und tojó, fertig
   machen, behalten diese Form — aber als paroxytona —
   auch im Passivum: yólo, todóro, tójo.
2) Boro, den Boden mit Lehm bestreichen, und mono, als
   Sklave behandeln, bilden: borya u.: monya.
3) Togo (togó), stark, hart machen, pass. togólo; yako,
   das Ziel verfehlen --- yakólo.
4) Togwo, tauschen, hat: togwa, u. yoko, frei geben == yúkue.

§. 62.

Verba der VII. Klasse.

1) Wir haben §. 56 und 57 gesehen, dass mehrere verba
der I. und II. Klasse ihr Passivum auf: ö bilden.
Kommen nun dieselben Wurzeln e r w e i t e r t wieder vor, so bilden
sie in der Regel das Passivum nach der einfachen
Wurzel; z. B. mi-jö, schmelzen, pass. miö; dung-gö,
sägen, schneiden, pass. dungö; nid-dyö, schmieden,
pass. nitö; wiwi-jö, spinnen, pass. wiwiö. Dahin kann
man auch rechnen: mugö (muk-gö), zudecken, pass.
mukö; rugö (ruk-gö), antworten, pass. rukö; nyumbö, wählen, pass. nyumö.

2) Ebenso nehmen Wurzeln mit doppelter Erweiterung das
Passivum von dem erstern Suffix; z. B. gwör-un-dyö,
kaufen, pass. gwörue (von: gwör-un, wornach sich auch
das einfache: gwörö richtet).

3) Einige behalten ihre Form im Passiv bei; z. B. bukörö,
vergiessen; lilinggö, glasiren; toyimönö, sättigen; tofuryö,
ersticken (machen); auch im Passiv: bukörö u. s. w.

4) Andere auf: örö verwandeln die Sylbe: rö in: jí; z. B.
nyömörö, begleiten, pass. nyömöji; tukúörö, verkünden,
pass. tukuöji. Die Passiva sind oxytona.

§. 63.

Verba der VIII. Klasse.

1) Auch für diese Klasse gilt, was wir §. 62, 1 bemerkten,
nämlich dass das Passivum meist aus den einfachen
Wurzeln gebildet wird; z. B. bön-du, bewegen, pass.
bönö; co-ju, spiessen, pass. cúe; göm-bu, umzäunen,
pass. gömö; gör-ju, kreutzen, pass. görö; yo-yu, singen,
pass. yólo.

2) Die verba: jambu, reden, und kambu, rudern, bilden:
jáma u.: káma; dagegen: rembu, tödten == rémo, zum
Unterschied von: remba, bauen, pass. réma.

3) Abweichende Passiva bilden:

barindu, scheren, p. barinú;
culu, anfangen, pass. cúlua;
yuddu, atzen, pass. yútu:
yugu, hüthen, pass. yúku;
kur-ju, anbauen, pass. kúru;
kwöddu, sammeln, lesen, p.
kwötö;
laláju, sich waschen, p. lalá;
möju, trinken, pass. máta;
tumaddu, tränken, p. tumáta;

ngudu, einwickeln, p. ngúdula;
nyömöddu, begleiten, pass.
nyömöji;
ödlu, schlachten, pass. ötö;
rupu, lauern, pass. rupú;
titíbu, tätowiren, pass. titípu;
tótu, tödten, pass. tútua;
uju (wuju), nehmen, pass. uyu
(wuyu).

§. 64.

Verba der IX. Klasse.

1) Die zahlreichen verba auf: kin werfen im Passivum einfach den Endvokal: n ab, ohne Veränderung des Tones; z. B. burönökin, Jemanden verrathen, pass. burönöki; capakin, etwas versenken, pass. capaki; gwörökin, für einen etwas kaufen, pass. gwöröki; takin, einem sagen, pass. taki. Ausnahmen. Likin, verlieren, behält das: n bei == likin; z. B. tito líkin, res perditae. Von: piga (figa), empfangen (concipere) lautet das Passivum: pikarikin (conceptus, concepta). Giran, ausweichen, bildet: giraríkin (evitatus, evitata). S. §. 55 und 60.

2) Die verba auf: un verwandeln dieses: n — mit geringer Ausnahme — in: e und werden proparoxytona; z. B. biun, küssen, pass. bíue; cúun, aufspiessen, pass. cúue; déun, pflücken, pass. déue; pecun, rauben, pass. pécue; tó'ngun, übertreffen, pass. tó'ngue. Ausnahmen. Kóun, herbeissen, pass kóa (auch; kóe); lungun, rufen, pass. lungu.

3) Die andern verba dieser Klasse fügen zum Infinitiv einen der Vokale: a, o, ö oder: u, und zwar:

6*

a) „a" die verba:

gwalak, zerbrechen, passiv.
gwálaka;
kalab, umrahmen, p. kálapa [1]);
karab, schützen, p. kárapa [1]);
karut, tauschen, pass. karúta;
keren, zerreissen, p. kerenya[2]);
kunyar, acht geben, pass.
kunyára;
mucuk, drücken, p. múcuka;
nyar, lieben, pass, nyára;
nyukwak, ergreifen, passiv.
nyúkwaka;
pepen, sammeln, p. pepéna;

rerek, fesseln, pass. réreka;
ririg, ausbessern, p. ririka [1]);
ryok, mit Füssen treten, p.
ryóka;
toyn, beruhigen, pass. toyna;
tojong, fangen, p. tojonga;
tolig, abkühlen, p. tolíka [1]);
tolilik, trocknen, p. tolílika;
tumat, tränken, pass. tumáta;
topot, versorgen, p. topóta;
towor, erzürnen, p. towóra;
toron, schlecht machen, pass.
toronya [2]).

β) „o" erhalten die verba: beleng, zerbrechen; yorot.
pressen; rokon [2]), abbalgen; todupyen, dienen (einen
Diener machen); toteyon, ausdörren; also: belengo,
yóroto u. s. w.

γ) „ö" erhalten die verba:
löpuk, kehren (verrere), p.
löpúkö;
luök, befreien, pass. lúökö;
titik, sperren, pass. títikö;
tobur, faul machen, p. tobúrö;
tojurut, versenken, passiv.
tojúrutö;

topir, mästen, pass. topírö;
torígwök, erschrecken, pass.
torígwökö;
tukör, verderben, p. túkörö;
tuliöng, erfreuen, p. tuliöngö.

δ) „u" erhält: lulur, rund ausschneiden, pass. lulúru.

§. 65.

Der Imperativ im Passivum.

Dieser hat in der Regel keine eigene Form: seine
Participalform mit der Reduplikation vertritt dessen Stelle;

---

[1]) S. §. 44, *a.* [2]) S. §. 44, *β.*

man sagt also z. B. einfach: do rorómue, sei gegrüsst! (s. das Passivum: rómue von roman, grüssen); do gwugwútö, du sollst geprügelt werden, wörtlich: du wirst geprügelt werden (s. gwútö, pass. von gwut).

Nur die passiven und reflexiven verba, welche gleichsam eine aktive Bedeutung haben, bilden einen Imperativ, indem sie dem Iufinitiv die Sylbe: ni anhängen; z. B. yéma (pass. von yemba), hat: yemaní. Dahin gehören alle verba, welche wir §. 45, 1 aufgezählt haben.

§. 66.
Der Infinitiv.

Wir unterscheiden einen aktiven und passiven Infinitiv; ersterer besteht aus der einfachen oder erweiterten Wurzel. Die Erweiterung geschieht hauptsächlich durch die Reduplikation, welche bei gewissen verbis (s. §. 39) allzeit, bei denen der I. und II. Klasse gewöhnlich eintritt, bei den längern (zusammengesetzten) Formen (verba der III. — IX. Kl.) Platz greifen kann; z. B. nan agí ngo'ngólija, ich bin gezwungen zu betteln; nge tí bulö kokon (kondya, kokondya) cinc, er (sie) ist nicht im Stande, das zu thun: ce adek molokín (momolokín) nan, sie wollten für mich etwas erbitten (fürbitten).

Einen infinitivus pass. streng genommen gibt es nicht; denn die dafür gebräuchliche Form ist eigentlich das participium pass.; z. B. Ngun yöyökijö ngutu ling nyanyára, Gott befiehlt, dass alle Menschen geliebt werden [amari ‒ amatos (esse)].

Paradigma.

Nachdem wir die einzelnen Formen der verschiedenen verba, besonders die Imperative und Passiva genau dargestellt haben, geben wir das Schema eines Verbs der II. Klasse.

§. 67.

A. Activum.

Infinitiv:

car (cacar), richten.

Durativ:

Singular:			Plural:
nan do nge	} cacar, ich richte u. s. w.	yi ta ce	} cacar, wir richten u. s. w.

Aorist:

nan do nge	} acar, ich richtete u. s. w.	yi ta ce	} acar, wir richteten u. s. w.

Futur:

nan do nge	} (de) cacar, ich werde richten u. s. w.	yi ta ce	} (de) cacar, wir werden richten u. s. w.

Imperativ:

caré, richte du;   caréta, richtet ihr;
(anyan) nge cacar, er (sie)   (anyan) ce cacar, sie sollen
soll richten.   richten.

§. 68.

B. Passivum.

Infinitiv:

cára (cacára) gerichtet (werden).

Durativ:

Singular:			Plural:
nan do nge	} cacára, ich werde ge- richtet u. s. w.	yi ta ce	} cacára, wir werden gerichtet u. s. w.

Aorist:

nan do nge	acára, ich wurde ge- richtet u. s. w.	yi ta ce	acára, wir wurden gerichtet u. s. w.

Futur:

nan do nge	(de) cacára, ich werde gerichtet werden etc.	yi ta ce	(de) cacára, wir werden gerichtet werden etc.

Imperativ:

do cacára, du sollst gerichtet werden;
(anyan) nge cacára, er (sie) soll gerichtet werden;

ta cacára, ihr sollt gerichtet werden;
(anyan) ce cacára, sie sollen gerichtet werden.

Alle verba der IX Klassen werden nach diesem Paradigma gebildet; nur bei den im Präsens nothwendig reduplicirenden (§. 39) erscheint die Reduplikation auch im Aorist und Imperativ, sowie im Futur das: de vorgesetzt werden soll; z. B. nan yeyéju, ich denke nach; nan ayeyéju, ich dachte nach; yeyejí (yeyejíta), denke (denket) nach; nán de yeyéju, ich werde nachdenken.

Anmerkung. Gleich wie der neg. aktive wird auch der passive Imperativ mit: ko (ku) gebildet. S. §. 52 und 53.

─────

Fünftes Kapitel.
Das Substantiv.

§. 69.

Hier kommen folgende Punkte zu betrachten: 1) Geschlecht; 2) Zahl; 3) Fälle.

A. Geschlecht.

Jedes barische Substantiv ist entweder männlichen oder weiblichen Geschlechtes, oder hat — seiner Natur nach — das genus commune (c.). Zur Unterscheidung des genus dient der

Artikel.

Sowie der Spanier seinen Artikel: el, der Italiener: il, der Franzose: le aus dem latein. pronomen: ille genommen, so hat der Bari das pronomen demonstrat.: lo, f. na (s. §. 32) als Artikel für den Singular verwendet. Im Plural gebraucht er für beide Geschlechter: ti (tí). Dieser Artikel steht nun allerdings nicht v o r, sondern, wie z. B. im Rumänischen [1]) oder Albanesischen n a c h seinem Substantiv und hat nebst der Angabe des Geschlechtes desselben noch die besondere Funktion anzuzeigen, dass das unmittelbar folgende Wort im Genitiv steht.

Beispiele.

Tore ló Ngun, der Sohn Gottes; jur ló Bari, das Land der Bari; kadi ná Ngun, das Haus Gottes (Kirche); gor ná Bari, die Lanze der Bari; ngutu ló Bari, der Bari-Neger; ngutu [2]) ná Bari, die Bari-Negerin; ngutu tí Bari, die Bari-Neger; i karín tí Ngun, im Namen Gottes; kulya [3]) tí Bari, die Sprache der Bari.

§. 70.

Allgemeine Regeln über das Geschlecht der Substantive.

Männlich (lo) sind
1) alle Substantive, welche einen M a n n oder etwas M ä n n -
l i c h e s bezeichnen; z. B. baba, Vater; lungacér, Bruder;
mananye, Muttersbruder; kacáranit, Richter; mönig,
Männchen; duöd, Stier (Ochs).
Ausgenommen: mekor (na), Büffel.

---

[1]) S. Tentamen critic. in originem etc. Linguae Romanae vulgo valachicae. Auctore A. T r e b o n i o L a u r i a n o. Viennae 1840, p. 223· De loco Articuli.

[2]) Ngutu ist gen. comm.

[3]) Karín und kulya sind Plurale.

2) Die Jahreszeiten: leme, Hitzemonat; meling, Sommer
(ganze Zeit der Hitze); rid, Zeit der Reife (Herbst);
kicér, Beginn der Regenzeit. Jawe, Zeit des Regens
und Wachsthums ist weiblich.

Die übrigen masculina lassen sich schwer gruppiren;
wir verweisen desshalb auf das Wörterbuch, worin das genus
genau verzeichnet ist.

Weiblich (na) sind:

1) alle jene Substantive, welche ein Weib oder Weib-
chen bezeichnen; z. B. ngote, Mutter; kiacér, Schwester; dyet, Mädchen; kíteng, Kuh u. s. w.

2) Die abstracta und nomina actionis mit der Endsylbe:
et oder: (ít); z. B. burúet (burít), von buru, die Reue;
metet (von: meddya), das Leben; molet (von: mó), die
Bitte; kwacet (von: kwadd), die Verehrung; kwelit (von:
kweli), das Wachen, die Wachsamkeit.

Ausgenommen und männlich sind: yolet (von: yolo),
Gesang, Lied; yuket (von: yukan) Athem; joket (von: jok),
Faustschlag.

3) Die Infinitive, welche als abstracta gebraucht werden;
z. B. yukan, ruhen, und: das Ruhen; tuán, sterben, und:
das Sterben, der Tod.

4) Die Substantive, deren Singular sich vom Plural nicht
unterscheidet; z. B. lin, Rus; kwokwo, Mehl; ugo, ein
Etwas, Sache, Ding.

5) Alle Plurale der Substantive, die keinen Singular haben.
Ihr Verzeichniss s. §. 73.

Das genus commune haben:

1) Viele nomina agentis auf: nit; z. B. kayínganit (lo und
na), Zuhörer, Zuhörerin; kayólonit, Sänger, Sängerin;
kajúenit, Bothe, Böthin.

2) Mehrere Sammelnamen; z. B. dupyet, Knecht, Magd;
kengge, ein männlicher oder weiblicher Zwerg; kikiji,
eine Waise; ngörini, ex sorore nepos (neptis); nguro.
Kind (Knabe oder Mädchen).

B. Zahl.

§. 71.

Es gibt eine **Ein-** und eine **Mehrzahl.** Wenn die Grammatiker in der arabischen Sprache 28 **plurales fractos** aufführen, so bietet die Sprache der Bari eine fast noch grössere Anzahl verschiedener Plural-Formen.

Zur leichtern Uebersicht theilen wir alle barischen Substantive in folgende 8 Klassen:

    I. **Substantive, deren Plural dem Singular gleich ist.**

  II. **Substantive mit einem Plural ohne Singular.**

 III. **Substantive mit einem Singular ohne Plural.**

 IV. **Substantive mit stammerweiterndem Plural.**

  V. **Substantive mit gekürztem Plural.**

 VI. **Substantive, bei denen Singular und Plural gleich viel Sylben haben.**

VII. **Substantive, welche durch das Präfix: ko gebildet werden.**

VIII. **Substantive mit dem Plural aus einem andern Stamm.**

§. 72.

I. Klasse,

(Substantive, deren Plural dem Singular gleich ist).

Dahin gehören:

kurúduet, Zwilling;	huru, Dunst, Nebel;
kwokwo, Mehl;	ngo, Sache, Ding:
lin, Rus;	ngutu, Mensch.

Anmerkung. Hieher gehören auch alle als Substantive gebrauchten Participalformen der verba passiva oder reflexiva; z. B. wögirikin, Sklavin (Sklavinen) — eigentlich: eine Entführte; cára, ein Verurtheilter (oder mehrere).

§. 73.

II. Klasse.

(Substantive mit einem Plural ohne Singular).

Zu dieser Klasse zählen:

gwarút, Schiesspulver;
gwecin, Farbe;
gworot, geronnene Milch;
yana, Bier (merissa);
kamulák, Speichel;
kapira,Rachat(Schamschürze);
karín, Name;
ki. Himmel;

kigwo, Brühe, Suppe;
kudu, Regen;
kulya. Sprache;
kurön (kurök). Asche;
lirin, Rus;
lotole, hohe Grasart;
tiat, Saft;
utöt. Eiter.

§. 74.

III. Klasse.

(Substantive ohne Plural).

Solche sind:

ci. Honig;
dabor, Morgenstern;
dekan, Wille;
dyang. Hungersnoth;
fafaracak, Mondschein;
faran, Mittag;
fárana, Friede;
gwê, Scherz;
gwo'ngáli, Butter;
yuyúlue, Jubel;
yulön, Donner;
yure (yuré), Osten;
jawe, Regenzeit;
kacirököti, Abendstern;
káputat, gesottenes Fett;
kak, Erde;

kauréleng, Ohrenschmalz;
kelun, Morgendämmerung;
kepot, Hautausschlag;
kicer, Regenzeit;
kiden, Mitte;
kóbubud, Morgendämmerung;
korírt, Nachmittag;
kunyitat, Gehirn, Mark;
kwacet, Verehrung;
kwelit, das Wachen;
leme, der Hitzemonat;
lidingi, Tinte (Schwärze),
lobod, Norden;
loki. Süden;
lomucukat, Faust;
lúluet, Jammer;

lutáten, die rechte Hand;   myene, Schmerz;
lutútu, Sturm;   mudú, Leichengeruch;
madâk, Abendröthe;   muri, Fieber;
meling, Sommer;   rid, Zeit der Reife;
milyö, Schwur;   tumatyan, Herrschaft, Reich.

Anmerkung. Hieher gehören alle Infinitive, die als Substantive gebraucht werden können; z. B. yúkan, ruhen, und: das Ruhen (die Ruhe); liöngön, sich freuen, und: die Freude; lungu, gerufen (werden) und: der Ruf: pepéta, geordnet und: Ordnung.

Ausgenommen ist: kulya, sprechen, und Sprache — diess ist nur im Plural gebräuchlich: kulya ti...

§. 75.

IV. Klasse.

(Substantive mit stammerweiterndem Plural).

Die Substantive dieser Klasse bilden den Plural dadurch. dass sie dem Singularstamm eines der folgenden Suffixe beifügen:

a, z. B. bar, Strom; gorom. Mauer; lodek. Dach; Plural: bara, góroma, lodeka.

Anmerkung. 1) Die Subst. auf: e, dem eine liquida: l oder: r vorausgeht, verwandeln das: e in: y; z. B. gele, Schulterbein; kene, Ast; kare. Fluss; Pl.: gelya, kenya, karya.

2) Ngedeb, Zunge ngédepa; gwele, Gastmahl gwelyat.

e, z. B. déru, Gras: muku. dunkler Wald; Pl.: dérue. múkue.

Anmerkung. Görigöri, Regenbogeu, hat: görigörye (auch: görigöryet).

o, z. B. dop, Genick; gober, Haut. Leder; gor, Lanze; Pl.: dopo, góbero, goro.

ö, z. B. bibi, Käfer; buku, Schild; cubi, Wachs; Pl.: bibiö (bibyö); búkuö; cúbiö (cubyö).

an, z. B. gwang, Katze: gwolokok. Kropf; reréket. Fessel; Plural: gwangan, gwolókokan; reréketan.

at (åt), z. B. kapenggo, grosser Sack; kungu, Knie: lurú Hügel; Plural: kappengoat. kunguàt, luruàt.

Anmerkung. 1) Einzelne auf: o verwandeln dieses vor dem Suffix in: u; z. B. bonggo, Kleid; bódo, Handwerker; Plural: bongguàt, boduàt.

2) Jame, Gespräch, hat: jamyat.

en. z. B. dingit, Zeit; yukít, die Schmiede; kujukit, Mörser; Plural: dingíteu, yukíteu, kujukíteu.

Anmerkung. Mönig, Männchen, hat: mönyken.

et, z. B. abúri, Gazelle; lukulúli, Fledermaus; lulúpi, Fenster; Plural: abúriet, lukulúliet, lulúpiet.

in, z. B. aláng, Salz; dang, Bogen; diong, Hund; Plural: alángin, daugin, diongin.

Anmerkung. Duöd, Stier, hat: duönin; gworong, Hyäne gwúrungin.

on. z. B. jur, Land; lor, Tag: pipídit, Tropfen, Punkt; Plural: juron, loron, pipíditon.

ön. z. B. digit, Wolf; liöngít, Freude; tur, Stadt; Plural: dígitön, liöngítön; turön.

öt. z. B. búduru, Strick; yöbu, Wald: yödu, ein schwarzer Stein; Plural: budúruöt, yöbúöt, yödúöt.

ji, jin, ki, kin, z. B. caret, Urtheil; doket, Geschenk; yolet, Gesang; calet, Ofen; dupa, Ledersack; gwea, Familie; kupö, Korb; dome, Masse, Haufen; gure, Taube; kwara, Zange; Plurale: cáretji, dóketji, cáletji; dupájin, gweájin, kupöjin; dómeki, gúreki, kwáraki.

Anmerkung. Ji erhalten im Plural alle §. 22 unter: et erwähnten abstracta und nomina actionis; jin und ki (kin) meist Substantive, die auf einen Vokal auslauten.

Uebrigens ist: ji und jin, (wie Dr. Fr. Müller a. a. O. S. 11 richtig vermuthet) aus: ki (kin) entstanden, indem der Gutturale in den Palatalen erweicht, sich nun in dieser Form als Plural-Exponent darstellt. Ein Beweis hievon: lite, Bündel, Plural: líteki und líteji. Vergl. auch die pronomina: oilo — kulo. oine — kune.

la, z. B. yapa, Mond; kipya, Blitz; maca, Maulschelle; Plural: yapála, kipyála, macála.

lan, z. B. bicó, Scheibe; kiko, Weg; muntye, Brod; Plural: bicólan, kikólan, muntyélan ¹).

len, z. B. gwöre, Fuchs; logerí, Kreuz; lugögörí, Spinne; Plural: gwörélen, logerílen, lugögörilen ²).

lo, z. B. dako, Gaumen; diko, Wolke; gworo, Gurgel; Plural: dakolo, dikolo, gworolo.

lö, z. B. mörikö, Narbe; lubulö, Darm; Plural: mörikölö, lubulölö.

lön, z. B. budú, Hochzeit; búruö, Aas; lungguö, Schnecke; Plural: budúlön, burnölön, lungguölön.

Sporadisch erscheinen auch noch andere Suffixe; z. B. kadi, Haus, Plural: kadí-jik; köjí, Stall, Plural: köjí-nö; kidó, Brust, Plural: kidó-ni; komong, Gesicht, Plural: komocíkan; kwe, Kopf, Plural: ku-jík u. s. w. Wir verweisen hier wieder auf das Wörterbuch.

§. 76.

V. Klasse.

(Substantive mit gekürztem Plural).

Es findet sich gar oft der Singular gegenüber dem Plural durch gewisse Suffixe ausgezeichnet, die nichts anders als die im Worte liegende Anschauung als Einheit hervorheben sollen.

Die wichtigsten dieser Singular-Suffixen sind:

at, z. B. kujirat, Augenwinkel; reat, Eisen; Pl.: kujir, re.

et, z. B. dupyet, Knecht (Magd); morínet, Finger: mújinet, Klaue (Pfote); Plural: dupi, morín, mújin.

---

¹) Einige nehmen bald: lu, bald: lan als Suffix; z. B. denggele, Galle; pilya, Spitze; Plural: denggeléla oder: denggelélan; pilyála (pilyálan).

²) Das Suffix: lin findet sich nur bei: ju, Freund (Freundin): Plural: julin.

1, z. B. dumöddi, Kupfer; jómani, Affe; Pl.: dumödd, joman.

yo. z B. kakatyo, Verwandter; lúcatyo, Knabe; Plural: kakat, lúcak ¹).

le. z. B. lopútule, Fisole; mikyle (míkile), rothe Ameise; Plural: lopútu, miki.

li, z. B. kiméli, Durah-Rispe; kukúli, Stroh; Plural: kimá (statt: kimé), kukú.

nit. bei allen nominibus agentis — statt dessen im Plural: k eintritt; z. B. kadúmanit, Dieb; kagwörönit, Handels- mann; kayékanit, Bothe: Plural: kadúmak, kagwörök, kayékak. Vergl. §. 22 unter: nit.

te, z. B. kimurte, Mücke; kokoríte, Wurzel; kulújite, Reis- korn; Plural: kimur, kokorí, kulúji.

ti, z. B. bökuöröti, Eisenring; júgwati, Bohne; kadóngonti, Fliege; Plural: bökuörö, júgwa, kadóngon.

tat. z. B. cíwatat, Biene; cirotat, Laus: letat, Milchtropfen; Plural: ciwa, ciro, le (Milch).

tot. z. B. kolórotot, Ameise; piomtot, ein Wassertropfen: Plural: kolóro, piom (Wasser),

töt (öt), z. B. gurutöt, Eidechse; kujötöt, ein Sandkorn; kurutöt, Wurm; Plural: guru, kujö, kuru. Kupiröt, Feder, Plural: kupir.

§. 77.

VI. Klasse,

(Plurale, welche mit dem Singular gleich viele Sylben haben).

Diese sind:

Singular:	Plural:	Singular:	Plural:
búnit, Arzt;	búnuk;	kamukek, Schuh;	kamuka;
cúkuri, Henne;	cúkoro;	kedite, Dachstuhl;	kedyat;
cúöt, Ohr;	cúö (cúötji);	kelé, Zahn;	kála;
gólotot, Bach;	gúlujin;	kijakútak. Thier;	kíjakua:
káluti, Pfahl;	káleto;	kiríta, Schilfrohr;	kiruö;

¹) Im Sing. ist: k vor: t ausgefallen.

Singular:	Plural:	Singular:	Plural:
kiteng, Kuh;	kíjuk (kicuk);	tápindi, Perlhuhn;	tápengon;
kölípönit, Knabe;	kölípinök;	túmunit, Schmied;	tómonok;
kujönit, ein Fürchter;	kujönök;	úkuli, Gummibaum;	ókolot;
kulyatat, Wort;	kulyájin;	úngwuri, Horn;	óngwora;
lóe, Pfeil;	loya;	urönit, Lügner;	urönök.
miji, Maus;	mijok;		

Anmerkung. Der zweite Plural von: kulyatat == kulya, bedeutet: Sprache.

§. 78.

VII. Klasse,

(Plurale mit dem Präfix: ko).

Diese sind:

Singular:	Plural:
baba, Vater (mein Vater);	kóbaba, Väter (die Väter);
dyet, Mädchen;	ködyji (ködyci) [1]), Mädchen;
yanggo, Mutter (meine M.);	koyanggo, Mütter;
monye, Herr, Vater;	kómonye, Herren, Väter;
ngote, Mutter;	kó'ngote, Mütter.

Anmerkung. Die zu: kómonye und: kó'ngote gehörigen Formen: kómu'ngi und kó'nguti s. §. 30.

§. 79.

VIII. Klasse.

(Plurale aus einem andern Stamm).

kilolong, Lamm, Plural: gici;
kine, Kleinvieh, Plural: yidin;
matat, Häuptling, Fürst, Plural: kimák;
mogon (mugun), Körper, Leib, Plural: berik;
tagwok, Kalb (mittlerer Grösse), Plural: kajyá.

Anmerkung. Dazu mag man auch: lalet, Mann, Pl.: lian, und: nakwan, Weib, Plural: wâte, rechnen.

---

[1]) Wohl aus: kó-dyetji kontrahirt.

C. Fälle.

§. 80.

Paradigma einer Deklination.

a) Ein männliches Substantiv: tore (lo), der Sohn.

	Singular:	Plural:
Nom.	tore, der Sohn;	toréla, die Söhne;
Gen.	lo(na,ti)tore, des Sohnes:	lo(na,ti)toréla, der Söhne;
Dat.	tore, dem Sohne;	toréla, den Söhnen;
Akkus.	tore, den Sohn;	toréla, die Söhne;
Vok.	a tore, o Sohn;	a toréla, o Söhne;
Ablat.	ko tore, von (mit) dem Sohne.	ko toréla, (von) mit den Söhnen.

b) Ein weibliches Substantiv: dingit (na), die Zeit.

	Plural:	Plural:
Nom.	dingit, die Zeit;	dingíten, die Zeiten;
Gen.	lo (na, ti) dingit, der Zeit;	lo (na, ti) dingíten, der Zeiten;
Dat.	dingit, der Zeit;	dingíten, den Zeiten;
Akkus.	dingit, die Zeit;	dingíten, die Zeiten;
Vok.	a dingit, o Zeit;	a dingíten, o Zeiten;
Ablat.	ko (ku, i) dingit, mit (in) der Zeit;	ko (ku, i), dingíten, mit (in) den Zeiten.

Anmerkung. Ueber den Artikel und Genitiv-Index: lo, na, ti und seinen Gebrauch sieh §. 69.

§. 81.

Syntaktische Bemerkungen und Beispiele.

a) Der Nominativ ist der Kasus des Subjekts und des auf das Subjekt bezogenen Prädikats. Die Stellung des Subjekts in Hauptsätzen ist immer am Anfang des Satzes, die des Prädikats entweder unmittelbar nach dem Subjekt oder hinter dem Verb des Satzes; z. B. ködini apéa (ko kipya), der Baum ist getroffen (worden) (vom Blitz); kwen ratáji (ko köpúkön), die Vögel fliegen (mittels der Flügel); kolánit aréka, der Dieb ist gefesselt; nan dupyet (nán a dupyet) ná Ngun, ich bin eine Magd des Herrn: Kristi agwé ngutu, Christus ist Mensch geworden.

Anmerkung. 1) Die Kausal-Partikeln: ko und kogwon [1]), weil, da, geben dem Subjekt voraus; z. B. ko Wani an matat, nán ti román ko nge, da W. kein Häuptling ist, grüsse ich ihn nicht; kogwón ngutu ling lungacirik-kang, yi agi nyanyár ce, weil alle Menschen unsere Brüder sind, müssen wir sie lieben.

2) Die Stellung des Subjekts in Relativ-Sätzen, s. §. 34; in Verbindung mit einem pronom. demonstrat. oder interrogat. s. §. 32; in Verbindung mit andern Fragewörtern s. §. 96.

§. 82.

b) Der Genitiv bezeichnet im Allgemeinen den Gegenstand, der mit einem andern zusammengehört. Er ist im Barischen nur von einem Nomen oder Pronomen abhängig, (nie, wie etwa im Griechischen, von einem Verb). Die geläufigsten Arten sind die Genitive: 1) des Ursprungs; z. B. Logwit lo Ladú, Logwit der (Sohn des) Ladú; 2) des Eigenthums; z. B. mede ná monye [2]), Haus das (des) Vaters: 3) der Partition (partitiv); z. B. kimák tí Bari, Häuptlinge die (der) Bari. Vergl. übrigens §. 69.

c) Der Dativ hat im Bari mit dem Nominativ und Akkusativ dieselbe Form und ist nur durch die Stellung im Satze zu unterscheiden; er hat seinen Platz regel-

---

[1]) Vergl. ko = mit und ko = da, weil, mit der lat. Präpos. cum und der kausalen Konj. cum. Gwon = sein; kogwon = cum sit (ital. essendo).

[2]) Im Gegensatz zu unsern deutschen zusammengesetzten Substantiven, z. B. Haus-Vater, Ernte-Zeit, setzt der Bari das Grundwort voraus und sagt: monye-mede, dingit-ngeret statt: monye lo mede, dingit na ngeret, was zwar ebenso gut gesagt werden könnte.

mässig zwischen Subjekt und Objekt, also vor dem
Akkusativ. Beisp. s. §. 26.
d) das: a im Vokativ ist nicht nothwendig; statt: a
Logwit, a monye kann auch einfach: Logwit! monye!
gebraucht werden.
e) Der Ablativ kann im Barischen eine gar verschiedene
Stellung im Satze haben. Beisp. sieh bei den betreffenden
Präpositionen §. 109 und 110.

Sechstes Kapitel.

Das Adjektiv.

§. 83.

Bei den Adjektiven betrachten wir: 1) Die Bildung;
2) das Geschlecht; 3) die Zahl; 4) die Steigerung.

§. 84.

1) Bildung der Adjektive.

In dieser Beziehung unterscheiden wir folgende Klassen:
a) eigentliche Adjektive; b) die s. g. ló (lú) und:
ná-Adjektive; c) Verbal-Adjektive, und d) Kompositions-Adjektive.

a) Eigentliche Adjektive hat das Bari nicht viele;
die wichtigsten sind:

duma, gross;	litöt, frei;
kangá, muthig, furchtlos;	lut, schmutzig;
kamye, krank;	mali, friedfertig;
katerot, kalt;	mingé, taub;
kijek, schnell;	modoké, blind;
kirut, wahr, wahrhaftig;	modong, alt;
lango, nackt;	murye, blau;
libi, feucht;	ngodé, krumm;
lipu, frisch;	paleleng, süss;

7 *

pömöni, schwer;   rigwo. gerade ;
pötuör, bitter: woryo. liederlich.
rego. schief:

Anmerkung. 1) Alle diese Formen sind adjectiva attri-
butiva; sollen sie als praedicativa erscheinen, so erhalten sie
das Verbal-Präfix: a === adúma, akangá, akaterot u. s. w.
2) Die meisten können auch adverbialiter gebraucht werden.

§. 85.

b) Zahlreicher ist die Klasse dieser Adjektive: sie bestehen
aus einer. isolirt meist nicht mehr gebräuchlichen Wurzel
mit dem Präfix: ló (lú), fem. ná; z. B. lóbot, fem.
nábot, fett. dick: lóbut, fem. nábut, gut; lócok, fem.
nácok, mager; lódit, fem. nádit, klein; lódon, fem. nádon,
unreif; lórou, fem. nárou, böse; lúböng, f. náböng, dumm;
lúgalang, fem. nágalang, breit; lóruö, fem. náruö, dunkel,
schwarz.

c) Am zahlreichsten aber sind die Verbal-Adjektive,
und zwar: α) die als Adjektive verwendbaren Passiva
immer prädikativ, daher mit dem Präfix: a; z. B. abelengo, zerbrochen; ajůö, scharf (geschliffen); adúle,
gebogen; akóa, gebissen u. s. w. S. §. 56 ff. β) Mehrere,
die mit ihren entsprechenden verbis identisch oder nur
wenig abweichend sind; z. B. yimönö, satt; jore, voll
(viel); gwörögo, theuer (hart zu kaufen); múdue, dunkel.
Vergl. die verba: yimönö, jore, muce u. s. w.

d) Ein Nothbehelf, gewisse Adjektiv-Begriffe zu ersetzen,
sind die s. g. Kompositions-Adjektive, nämlich:
das entsprechende Substantiv mit vorausgehendem: ko
(mit); z. B. ko gúdu, buckelig (mit einem Buckel); ko
kuré, durstig (mit Durst); ko magor, hungerig (mit
Hunger); ko múri, fieberig (mit Fieber).

§. 86.

2) Geschlecht der Adjektive.

Das Geschlecht der Adjektive richtet sich nach dem
der bezüglichen Substantive, was aber nur bei denen der
zweiten Klasse — §. 85, b — unterschieden werden kann,
weil alle übrigen gen. commun. sind.

Anmerkung. 1) Die Adjektive der zweiten Klasse können
im Plural auch allein, ohne Substantiv, gebraucht werden;
z. B. lórok. die Bösen, fem. nárok. S. §. 87.
2) Die Abstracta gen. neutr. z. B. bona, mala, drückt der
Bari durch das femin. plur. aus; z. B. nábut, das Gute; nárok,
das Böse, Uebel.

§. 87.

3) Zahl der Adjektive.

Die Adjektive der dritten und vierten Klasse — §. 85,
c, d — haben in der Ein- und Mehrzahl dieselbe Form:
dagegen gibt es unter denen der zwei ersten Klassen nicht
wenige, welche einen den Substantiven ähnlichen Plural
bilden: z. B. (aus der I. Klasse):

duma, gross, Pl. témejik;
kamye, krank, Pl. kamyeji;
kangá, muthig. Pl. kangájin;
litöt, frei. Pl. lúy;
mali, friedfertig, Pl. malyat;
mingé. taub, Pl. mingéki;
modoké, blind, Pl. modokéno;
modong. alt, Pl. múdungin:
ngodé. krumm. lahm, Pl. ngodéki.

Dagegen: katerot. kalt: kijek, schnell; kirut. wahrhaftig;
paleleng. süss u. s. w. haben im Pl. dieselbe Form.

Aus der II. Klasse:

lódit (lócit). f. nádit (nácit). klein, Pl. lódidik (lócijik), f.
nádidik (nácijik):

lódon, f. nádon, unreif, Pl. lódok, f. nádok;
lógucu, f. nágucu, eng, Pl. lóguculak, f. náguculak;
lúgalang, f. nágalang, breit, Pl. lúgalangak, f. nágalangak;
lúruö, f. náruö, dunkel, schwarz, Pl. lúruök, f. náruök.
Dagegen behalten: lóbot (nábot), fett; lóbut (nábut),
gut; lócok (nácok), mager; lúböng (náböng), dumm, — diese
Formen auch im Plural bei.

4) Steigerung.
§. 88.
Komparativ.

Der Komparativ kann auf doppelte Weise ausgedrückt
werden:

a) Durch: bia, mehr, besser — mit folgendem: i (i);
z. B. kadi-nio bia kwekwélen i inot, mein Haus ist
schöner (mehr schön), als das deinige; Medi adúma
bia i kulye kimák, Medi ist grösser, als die übrigen
Häuptlinge; Logwit dedén bia kulya ti Bari, i kulye
ling, Logwit versteht die Bari-Sprache besser, als alle
andern; aïn ta bia i ce? seid ihr nicht mehr (werth),
als sie?

β) Durch das verbum: tó'ngun, übertreffen; z. B. Yoannes
totó'ngun kamétanit, Joh. ist mehr (grösser), als ein
Prophet — übertrifft einen Propheten; ce kó-dije, ce
uújun totó'ngun kulye, sie wähnten mehr zu erhalten, als die übrigen — zu erhalten übertreffend
die übrigen; ajók apó ko molókojin kulye buryå, ce
alórok totó'ngun nge, der Satan kam mit sieben andern
Geistern, die ärger waren, als er — sie waren arg
(böse), ihn übertreffend.

§. 89.
Superlativ.

Die gewöhnlichste Art, den absoluten Superlativ zu
bilden, besteht

a) darin, dass man den Adjektiven eine der Partikeln: bura
(burá). parik (parík), welche beide: sehr, recht, bedeuten,
nachsetzt; z. B. eine le anáke burá. diese Milch ist sehr
rein; níelo nguro aworyo parík. dieser Knabe ist sehr
liederlich;

β) darin, dass das Adjektiv iterirt wird; z. B níelo ködini
rigwo rigwo, dieser Baum ist ganz gerade; mijok paleleng paleleng. die Mäuse (ein Leckerbissen der Bari)
sind sehr süss.

Den relativen Superlativ bildet man durch: i (í) ling,
unter allen; z. B. Medi adúma í ling, Medi ist gross unter
allen der grösste.

Siebentes Kapitel.
Die Numeralien.

§. 90.

a) Grundzahlen.

1 tu (geleng) [1];	10 puök (mere) [2];
2 öri (murék, muréke) [1]);	11 puök-wod-geleng [3]);
3 cála (mucála) [1]);	12 puök-wod-murék;
4 unguán;	13 puök-wod-mucála;
5 kánat (mukánat) [1]);	14 puök-wod-unguán;
6 bukér;	15 puök-wod-mukánat;
7 burya;	16 puök-wod-bukér;
8 budök;	17 puök-wod-buryá;
9 bunguán;	18 puök-wod-budök;

[1]) Beim Zählen der Einheiten — ohne Rücksicht auf das Gezählte — gebraucht man die Formen: tu, öri, cála, kánat; in Verbindung mit den Zehnern oder wenn das Gezählte folgt, erscheinen die
Formen: geleng, murék, mucála und mukánat.

[2]) Mere, eigentl. „Berg," aber auch eine Zahl von: 10 = Dekade·

[3]) Wocet, gekürzt: wod, bedeutet: das Mehr, als zehn; also
puök-wod-geleng   10   , 1: wocet-geleng - 1 - 10.

19 puök-wod-bunguán;
20 merya-murék;
21 merya-murék-wod-geleng;
22 merya-murék-wod-murék;
30 merya-mucála;
40 merya-unguán;
50 merya-mukánat:
60 merya-bukér;
70 merya-buryâ;
80 merya-budök;
90 merya-bunguán;
100 merya-puök;
200 pukínö-murék;
300 pukínö-mucála;

400 pukínö-unguán;
500 pukínö-mukánat;
600 pukínö-bukér;
700 pukínö-buryâ;
800 pukínö-budök;
900 pukínö-bunguán;
1.000 pukínö-puök;
2.000 pukínö - puök - perok-
    murék;
3.000 pukínö - puök - perok-
    mucála;
10.000 pukínö - puök - perok-
    puök.

Syntaktische Regel.

Das Grundzahlwort steht seinem Substantiv, selbst wenn dieses ein Suffix oder eine Apposition hat, immer nach; z. B. babá-lio kata kölípinök mucála ko nguro-nakwan geleng, mein Vater hat drei Söhne (Knaben) und eine Tochter (ein Mädchen): yökíetji · tí Ngun puök, die zehn Gebote Gottes.

§. 91.
b) Ordnungszahlen.

Diese werden von den Grundzahlen durch Vorsetzung des Präfixes: to gebildet; z. B. to-geleng, der erste; to-murék, der zweite; to-puök, der zehnte; to-puök-wod-geleng (to-wocet-geleng) der eilfte u. s. w.

Anmerkung. 1) Statt: to-geleng können auch die Formen: cúlue, kwe, lókwe (nákwe), lókokwe (nákokwe) gebraucht werden. Cúlue (c.), von culu, anfangen, also: cúlue, der anfangende, erste. Kwe, Kopf, Spitze, lókwe =͟ lókokwe, der „an der Spitze" steht, erste; z. B. nakwan na matat Ladú atadú torc-lónyet kwe (lókwe, lókokwe), nguro-nányet kwe (nákwe,

nákokwe), die Gemahlin des Häuptlings Ladú hat ihren ersten
Sohn — ihre erste Tochter — geboren.
2) Statt: to-murék kann, besonders wenn: to-geleng
(cúlue etc.) unmittelbar vorausgeht, auch: lele, f. nene, der (die)
andere === zweite, gebraucht werden; z. B. yökiet to-geleng:
nyaré-nyar Ngun; yökiet nene gwóco níena: nyaré ngutu
lele, das erste Gebot (ist): Du sollst Gott lieben; das zweite
Gebot (ist) diesem gleich: Du sollst den Nächsten lieben.
3) Der „letzte" wird durch: mukök ausgedrückt; z. B.
nán lo (na) mukök, ich bin der (die) letzte; lór lo mukök, der
jüngste Tag.
4) Die syntakt. Regel von §. 90 gilt auch hier.

§. 92.

c) Andere Zahlwörter.

α) Die Vervielfältigungs-Zahlen bildet man durch
Setzung des Ausdrucks: perok (ferok) ===... mal,
vor die Grundzahlen; z. B. perok-unguán, viermal;
perok-puök, zehnmal. Ausgenommen: gélere, einmal.
β) Ling === ein Ganzes;.
kiden === Mitte, Hälfte;
tupé === Stück, Theil (besonders der grössere):
wilo === der kleinere Theil eines Ganzen:
tupé-to-mucála, ein Drittel;
tupé-to-budök, ein Achtel;
tupé-to-puök, ein Zehntel u. s. w.

Achtes Kapitel.

Die Partikeln.

§. 93.

I. Interjectionen.

Es gibt deren im Barischen nur zwei:
1) „a". als Schmerzensruf: ach, ach wehe!
2) „odió", gewöhnlich wiederholt, Klageruf, besonders der
Weiber.

§. 94.

II. Affirmative Partikeln.

Cona, so, recht so; z. B. do arikörö kolànit? nan arikörö
lo — cona, jú-lio, hast du den Dieb verjagt? ja —
recht so, mein Freund.

Diri, wahr, gewiss: z. B. nan popo diri, ich werde gewiss kommen.

Inke, ja; z. B. dó gwon i Afrika? inke; bist du in Afrika
gewesen? ja.

Anmerkung. Diese Bejahung kann auch durch die
Wiederholung des Verb (mit dem bezüglichen Subjekt), also
oben: nán gwon, oder durch: lunga „auch" ausgedrückt werden.

§. 95.

III. Negative Partikeln.

a) Einfache:

aa, nein; z. B. ce apíja Yoannes: do Elías? aa. Do kamétanit? nge arugö: aa: sie fragten den Johannes: bist
du Elias? er sagte nein. Bist du ein Prophet? er antwortete: nein.

ak, aïn (baïn), nein; z. B. Ngun lu agwé? ak (aïn, baïn);
ist Gott geworden? nein. Ngunyen jore? ak (aïn, baïn):
gibt es viele Götter? nein. Kudu ajön burá? ak, alilíma;
hat es stark geregnet? nein, es hat nur leise geregnet.

ako, nicht, als Negation beim Verb im Aorist. S. §. 41.

an, nicht; z. B. nán an, ama dó, nicht ich, sondern du:
do yöyökijö ngyo, kó do an matat? warum befiehlst du,
da du nicht Häuptling bist? cine an diri, das ist nicht
wahr.

ko (ku), nicht, beim negirenden Imperativ. S. §. 41 u. 52.

tene, nicht mehr; z. B. dó tene jambú ko ngáretji, du redest
nicht mehr in Gleichnissen.

ti (ti), nicht, Negations-Partikel beim Verb im Durativ und
Futur. S. §. 41.

β) Zusammengesetzte:

an-i-piriten-ling, irgendwo, „nicht an allen Orten".

i-piriten-ling-an, nirgends, „an allen Orten nicht".

ngo-aïu (ngo-an), nichts; z. B. lodíret duma ná ngutu atundya kó ngo aïn, na ngé'ngé, es hatte sich eine grosse Menge Volkes versammelt ohne Lebensmittel, „mit Etwas nicht, was sie essen könnte."

§. 96.

IV. Interrogative.

adá, wie? z. B. Ngun atogwé Adam adá? wie hat Gott den Adam erschaffen? yi agi wandu adá? wie sollen wir beten? [1])

mudá, wieviel? z. B. nguájik mudá i kadi-todínet? wieviele Kinder sind in der Schule?

perok-mudá, wie oft? z. B. perok-mudá nan adek wuwúr do! wie oft wollte ich dir schreiben! perok-mudá dó gwon i Bili'ngang ki? wie oft bist du auf dem B. gewesen?

Anmerkung. 1) Die übrigen Interrogativa, die sich auf Raum oder Zeit beziehen, s. §. 97 und 101.

2) Die pronom. interrogat. s. §. 35.

V. Lokal-Partikeln.

§. 97.

α) Allgemeine Raumbestimmung.

yá, 1) wo? 2) woher? z. B. do gwon yá? wo bist du gewesen? dó po (do popo) yá? woher kommst du?

Anmerkung. 1) Statt: yá kann man auch: i pirít nán gebrauchen; z. B. Abúna Solimán átuan yá? oder: A. S. átuan i pirít nán? wo ist A. S. gestorben?

2) Steht: yá in Verbindung mit einem Substantiv, so wird regelmässig dem Fragewort der genus-Index: lo oder:

---

[1]) Das Fragewort: adá steht immer am Ende des Satzes.

na — aber apostrophirt — vorgesetzt; z. B. Adam, do l'yá?
Ewa, do n'yá? Adam, wo bist du? Eva, wo bist du? S. das
Wb. sub: l'yá.

Die Antwort auf: yá (1) (l'yá. n'yá, i pirít nán) ist:
ni. hier; z. B. i kak ni. hier auf Erden: nán gwon ni, ich
bin hier gewesen ¹). oder:
yu (nyu, ngyu), dort: z. B. cé gwon yu. sie waren dort.

Die Antwort auf: yá (2) ist:
yu, dorther, her; z. B. nge apó yu, er (sie) kam dorther;
Abúna Solimán apo Europa yu. A. S. kam aus Europa her.
dä, wohin? z. B. dó tu dä? wohin gehst du?

Syntaktische Regel.

Alle diese Partikeln stehen. wie aus den Beispielen ersichtlich ist, am Ende des Satzes.

§. 98.

β) Raummessung nach der Linie.

i ... téng ko. von ... bis; z. B. i Gondókoro téng ko
Libu kiko alódit. von G. bis L. ist der Weg kurz.

§ 99.

γ) Raummessung nach der Gesichtsfläche.

ki, oben ²); z. B. kwen jore i ködiní ki. auf dem Baume
oben sind viele Vögel.
kak (lúkak), unten ³): z. B. kulye gwon ki. kulye kák,
einige (Knaben) waren oben. andere unten.
kiden, mitten: z. B. yöbú kiden. mitten im Walde.

---

¹) Ni heisst aber auch: hieher, her: z. B. pó (pótu), komm
(kommet) hieher, her.
²) Ki bedeutet auch: hinauf: z. B. nan akija i ködiní ki. ich bin
auf den Baum hinauf gestiegen.
³) kak heisst auch: herab, hinab: z. B. kiwé kak, steige
herab (hinab).

kadongé (akadongé), links; z. B. ití kadongé, gehe links.
lutáten (alutáten), rechts; z. B. nge atu lutáten, er (sie)
ging rechts.

§. 100.

d) Kubische Raummessung.

ngerot, vorne, (vor), s. §. 110.
bot, hinten, (hinter), s. §. 110.
alokidír, hinten, rückwärts (auch: rücklings).
ni, diesseits, (hier).
í-tikön (ítikön), jenseits, s. §. 110.
yu, jenseits. Vergl. §. 97.
katá, inwendig.
kango, auswendig (auch: hinaus, und draussen; z. B. diong
  i kadi? ak, lu kango, ist der Hund im Zimmer? nein,
  er ist draussen; nge atú kadi ná Ngun kango, er ging
  aus dem Tempel hinaus).
longga, um, herum, s. §. 110 Ende.
dingö (didingö), neben; z. B. diong dodóto dingö kónut,
  der Hund schläft neben dir.

VI. Zeit-Partikeln.

§. 101.

a) Allgemeine Zeitbestimmung.

Die allgemeine Frage: wann wird durch:
nanu (nanú) oder: i dingit nán, in welcher Zeit, ausgedrückt; z. B. jú-nio, do ayénia nanú? meine Freundin,
wann hast du geheirathet? Medi popo nanú? wann
wird Medi kommen? i dingit nán do atadúe? (auch:
do atadúe i dingit nán?) wann bist du geboren worden?
kyang (kiyang), zuerst; z. B. ngecí kyang, dede kitaní,
  iss zuerst, dann arbeite.
mukök, zuletzt; z. B. Wani apó mukök. W. ist zuletzt
gekommen.

cunána, jetzt; z. B. kiacér-nio yeyéma cunána, meine
Schwester heirathet jetzt.

pete, soeben, sogleich: z. B. nan pete po, ich komme
sogleich.

eron (beron), vorher, früher; z. B. nge atakin eron, er
hat vorher (früher) gesagt.

ko . . . eron, ehe; z. B. pó ko tuán na toré-lio eron,
komme, ehe mein Sohn stirbt.

kajú, längst: z. B. nan kajú aying cine, das habe ich
schon längst gehört.

de (dede, ede), dann, später: z. B. nan popó de, ich
komme später.

molu (selten: mô), dann; z. B. molu gwegwé kwéyetji ti
kolong, dann geschehen Zeichen an der Sonne: nguájik
póta molu, Kinder, kommet später.

leru, noch; z. B. gwé leru kö-yö, bleibe noch bei mir.

kijek, schnell, plötzlich; z. B. kipya apé nge kijek kijek,
der Blitz hat ihn plötzlich erschlagen.

Anmerkung. Die Ausdrücke: während, inzwi-
schen, indem, übersetzt man durch: ko (zuweilen: na) ⹀
cum (conjuct.); z. B. kó ce a'ngecu, apó monye-lóce, während
des Essens (während sie assen), kam ihr Vater. Vergl. das
griech. μεταξύ. Na ist wohl das Pronomen relat. und zu: dingit
gehörig: dingit, na.. tempore, quo ⹀ cum.

§. 102.

β) Zählende Messung der Zeitpunkte.

ngupí (ngufí), immer, oft: z. B. yi agí wawandu ngupí,
wir sollen immer beten.

ngupí-an (oder: an-ngupí), nicht immer, selten; z. B.
Abúna Solimán popó an ngupí, A. S. kömmt selten.

acut, nie; z. B. nán gwon acut i Bili'ngang ki, ich war
nie auf dem B.

gege, nie; z. B. dó gwon gegé ni, du warst nie hier.

kuöng (kwöng), nie; z. B. nan akó gwon kuöng, ich bin
nie gewesen. S. d. Wb. sub h. v.

perok, ...mal, z. B. lungacér-lio akötö perok-mucála,
mein Bruder ist dreimal verwundet worden.
perok-kudik, zuweilen (selten), „wenigmal"; z. B. nge
popo perok-kudik. er (sie) kömmt selten

§. 103.

γ) Konkrete Zeitmessung.

loron-ling, täglich „alle
Tage";
í-lor (ílor, Tags, (bei Tag);
koyure (koyuré), Morgens;
wanglek, Vormittags;
paran (túparan), Mittags;
koríri, Nachmittags;
kótyang, Abends;
kwaje (kwajye), Nachts;
kajélu (kajélu-lor), vor-
gestern;

kaje (kajye), gestern;
dika, heute;
lólor (ílolor), heute, „an
diesem Tage";
kotumólu, morgen;
molúlu, übermorgen;
lókinga, heuer, „dies. Jahr";
kingaló, voriges Jahr;
kingájin-ling, jährl., „alle
Jahre."

§. 104.

VII. Adverbien des Maasses und der Vergleichung.

bura (burá), sehr. recht; z. B. cilo kölipinök kíkita burá,
diese jungen Bursche arbeiten sehr (wacker).
parik (parík), sehr, recht — burá.
dék, genug; z. B. nan a'ngecu dék, ich habe genug gegessen.
gwé-cona, genug, „so bleibe es". S. Wb. s. h. v.
kana, nur; z. B. kicúk-kwe mucála kana, ich habe nur
drei Kühe; wörtlich: Kühe meine drei alleine.
akó-ngu (akó-ngyu), beinahe, kaum, „noch nicht."
aling, fast, beinahe.
ködiö, fast, beinahe.
gwa.... so gross wie..., z. B. gwa-do, gwa-lo, gwa-na,
gwa-ta, gwa-ce, so gross wie du, er, sie, ihr, sie.

bia, mehr; z. B. tí nan bia, gib mir mehr; kijúk-kwe bia,
ich habe mehr Kühe.

kudík, wenig, ein wenig; z. B. tí nan kudík, gib mir
ein wenig.

§. 105.

VIII. Kausal-Partikeln.

α) Grund und Folge:

Wir haben schon §. 35, 5 bemerkt, dass die Frage:
warum? durch: ngyo ausgedrückt wird. Die Antwort lautet:
ko oder: kogwon, weil; z. B. dó ti román ko nan? kó
do an matat; warum grüsst du mich nicht? weil du
kein Häuptling bist; dó ti nyar kiacér-inot? kogwon
anáron; warum liebst du deine Schwester nicht? weil
sie schlimm ist.
ko-ná (koná), also; z. B. do kolánit, ko-ná nan gwu-
gwút do; du bist ein Dieb, also werde ich dich prügeln.

β) Bedingung:

ko, wenn; z. B. kó do tí po, nan jöjölo geleng, wenn du
nicht kommst, werde ich allein reisen.

γ) Zweifel:

ko...kode (kode...kode), ob... oder nicht; z. B. nán ti den,
kó (kodé) nge popo, kode tí po, ich weiss nicht, ob
er kommen wird oder nicht; töwyli tatakín do, kó do
akondya alóbut, kode alóron (...anábut kode anárok);
dein Gewissen wird dir sagen, ob du gut oder böse
gehandelt hast.

δ) Zweck:

anyan, damit; z. B. nan í kak ni, anyán nan dedén
Ngun, anyán nan rurúg lu, anyán nan nyanyár lu,
anyán nan cona popó ki; ich bin hier auf Erden, damit
ich Gott erkenne, damit ich ihm diene, damit ich ihn
liebe, damit ich so in den Himmel komme.

on, damit nicht; z. B. moké mugun, on dóro kak, halte
dich, damit du nicht zu Boden fallest.

Anmerkung. H'cher kann man auch: ko-ná (koná)
mit der Bedeutung: desswegen, rechnen; z. B. koná nan jíjík
do, on dóro, desswegen will ich dich führen, damit du nicht
fallest.

§. 106.

IX. Partikeln für Kopula, Gegensatz und Ausschluss.

Für die kopulative Konjunktion: und hat der Bari in
der Regel [1]) nur dann einen entsprechenden Ausdruck,
nämlich: ko, so oft die Präposition: mit substituirt werden
kann oder mehrere Prädikate miteinander verbunden werden;
z. B. nán ko do, ich und du (ich mit dir); Petri ko Pauli
gwon Apostoli, P. und P. (P. mit P.), waren Apostel; mede
a nádu ko nágalang, das Haus ist hoch und breit.

In den übrigen Fällen wird: α) das entsprechende Pronomen u. s. w. wiederholt, oder: β) die Kopula durch:
cunána (jetzt, nun), lunga (auch). oder: töki (wieder)
ersetzt; z. B. Yesu arugö, nge adí; Jesus antwortete und
sprach (J. antwortete, er sprach); karúkök apíja nge, ce
adí; die Jünger fragten ihn und sagten (d. J. fragten ihn,
sie sagten): cunána (lunga, töki) Yesu ajambú ko karúkök; und J. sprach zu seinen Jüngern (nun, auch, wieder)
sprach J. u. s. w.

lunga. auch, ebenfalls; z. B. nan lunga kawúrönit í gwecin,
— anch'io son pittore — „auch ich bin Zeichner in
Farben."

lunga...lunga, sowohl..., als auch; z B. lunga nan,
lunga do kukulya Bari, sowohl ich als auch du
sprechen barisch.

---

[1]) Die Ausnahmen sind äusserst selten; z. B. ko yapála mukánat
bot nán de tutu Kahira, kó ko Ngun dedek, nán de mémeddya baba
(babà-lio); nach drei Monaten werde ich nach K. reisen, und wenn
Gott will, werde ich meinen Vater sehen.

töki, wieder; z. B. pó kotumólu töki, komme morgen
wieder; A. Solimán apo töki, A. S. ist wieder gekommen.
ngyu, noch; z. B. ce ngyú ni, sie sind noch hier.
kode, 1) oder, vielleicht; z. B. nán kode dó? ich oder
du? 2) sonst; z. B. tí nan ngalya, kodé nan pepé do,
gib mir Geld, sonst erschiesse ich dich.
kode ... kode, entweder ... oder; z. B. kode teya, kode
tuán, entweder siegen oder sterben.
an ... an, weder ... noch; z. B. an nán, an dó, weder ich,
noch du.
ama, aber, dagegen; steht immer am Anfange des Satzes.
Beispiele im Text.
agi, doch, dennoch; z. B. nan agí tutu, ich gehe dennoch.
S. agí §. 54.

§. 107.

X. Qualitäts-Adverbien.

bura (burá), recht, gut; z. B. wuré burá, schreibe recht
(recte); do adóto adá? dika nan adóto burá; wie hast
du geschlafen? heute habe ich gut geschlafen.
cona, so, auf diese Weise; z. B. do agí kondya cona, du
musst es so machen.
kana ¹), umsonst; z. B. nan uúju níena gor kana, ich habe
diese Lanze umsonst erhalten.
kijek, schnell; z. B. iti (pó) kijek; gehe (komme) schnell.
kúkuön, öffentlich. S. Wb. s. v. kuön.
luön, heimlich; z. B. kolánit uúddya luön, der Dieb hat
sich heimlich davon gemacht.
madang, langsam; z. B. itíta madang, gehet langsam.
mate, leihweise; z. B. nge atín nan wuret mate, er (sie)
hat mir das Buch leihweise gegeben (geliehen).
ngyóna, nahe; z. B. melecén-nikang ugyóna (a'ngyóna)
mede (ko mede), unser Garten liegt nahe am Hause.

¹) Statt: kana hört man oft auch: wörökána; eigentlich:
gwörö = kaufen, also: wörökána = ungekauft.

pajyo, weit entfernt; z. B. jur ló Bari pajyo i Europa, das Bari-Land ist von Europa weit entfernt.

rabat (arabat), nicht recht; z. B. do wuwur rabat, du schreibst nicht recht.

Anmerkung. Viele Adjektive können auch als Adverbien gebraucht werden.

§. 108.

XI. Präpositionen.

An Präpositionen im Sinne unserer Sprachen ist das Bari sehr arm; wir finden statt derselben meist Stoffwörter dazu verwendet, welche dann mit den wenigen Präpositionen zusammengesetzt werden. Wir unterscheiden also: einfache und zusammengesetzte Präpositionen.

§. 109.

A. Einfache Präpositionen.

a, zu; z. B. a dó nan wowongon, zu dir rufe ich; a lutáten (alutáten), zur rechten Hand; a kadongé (akadongé), zur linken Hand.

an (aïn), ohne;.z. B. ngé kadi aïn, er (sie) hat kein Haus (er ohne Haus); nán gor aïn, ich habe keine Lanze (ich ohne Lanze); níelo ködini korópo an, dieser Baum ist ohne Blätter.

i (í), 1) in, und zwar: *a*) das ruhende; z. B. nán gwon í kadi ná Ngun, ich war in der Kirche; yi yúyukan i tilimöt, wir rasten im Schatten; ngote oója nguro í dupa, die Mutter schauckelt das Kind im Leder-sack; *ȝ*) das bewegende; z. B. nán tu (tutu) í kadi ná Ngun, ich gehe in die Kirche; yi apó ni í kak ná Bari, wir sind hieher in's Land der Bari gekommen.

Anmerkung. Dieses: i kann auch zuweilen ganz weg-bleiben; z. B. lúcak ling atú kö, alle jungen Bursche zogen (in den) Krieg.

2) aus (von); z. B. molokótyo lo Adam apó i kutuk ná Ngun, die Seele Adams kam aus dem Munde

8*

Gottes; luökí-luök yi i nárok ling, erlöse uns doch aus (von) allem Uebel; níelo lúcatyo awögiri nguro í kadi ná monye, dieser Jüngling hat ein Mädchen aus dem Vaterhause entführt.

3) über (aktiv und passiv); z. B. piom wálala i kimang, das Wasser siedet über dem Feuer; Ab. Solimán ajambú ko matat lo Chartum i Matat-duma lo Austria. A. S. hat mit dem Häuptling (Pascha) von Ch. über den Grossfürsten (Kaiser) von Oesterreich gesprochen.

ko 1) mit: z. B. kó nan (do, nge, yi. ta, ce), mit mir (dir. ihm, (ihr), uns, euch, ihnen); nguro atú ko baba, das Kind ging mit dem Vater; nan gwagwádd do kó piom, ich bespritze dich mit Wasser; ngutu témejik ti Bari yuyútu kó bolot, ko kigwo, ko lókore, die erwachsenen (grossen Leute der) Bari nähren sich mit Durah, mit Suppe, mit Fleisch.

2) von; z. B. níena wuret awúrö kó nan, dieses Buch ist von mir geschrieben (worden); Yesu a'ngongga jore ko Yudaei. J. hat von den Juden viel gelitten.

ku [1]) bei, zu, von; z. B. kú baba, kú ngote, beim Vater, bei der Mutter; nguro atú ku baba, das Kind ging zum Vater; kiacér-nio ayítue kú baba, 'meine Schwester kehrte vom Vater zurück; Yesu atadúe kú dyet anáke Maria, J. ist von (aus) der Jungfrau Maria geboren worden.

tu. nach, gegen; z. B. katoyúpök ajölö tu Afrika, die Glaubensboten reisten nach Afrika; mérok atú tu Sudan, die Feinde rückten gegen Sudan.

Anmerkung. Tu in der Bedeutung: nach, wird oft weggelassen; z. B. nán tu mede, ich gehe (nach) Hause.

Die deutsche Präposition „für" wird meist durch das Verb — mit dem Suffix: kin — ausgedrückt (s. §. 22, kin).

---

[1]) Ku entspricht genau dem griech. παρὰ (τοῦ, τῷ, τόν). — Von den pronom. person, erleidet: ku den §. 25 angeführten Umlaut: jedoch sagt man auch, und zwar gewöhnlich. kú ta, bei euch.

zuweilen, wenn das Verb dieses Suffix nicht zulässt, durch den Dativ ersetzt; z. B. kayúkunit alóbut tin köbylu-kányet metet-nányet, ein guter Hirt gibt sein Leben für seine Schafe (seinen Schafen). Wohl könnte man hier auch sagen: akwé na köbylu-k. = wegen seiner Schafe.

§. 110.

B. Zusammengesetzte Präpositionen.

a-kwe (akwe). wegen; z. B. nan tintín do cine akwé na töwyli — ilot alóbut, ich gebe dir das wegen deines guten Herzens. S. Wb. kwe.

a-komocíkan (akomocíkan). gegenüber, „in Sicht"; z. B. Díjöri gwogwon akomocíkan Gondókoro, D. liegt G. gegenüber. S. Wb. sub v. komong.

i... bot. hinter; z. B. kömyru i ködiní bot, der Löwe ist hinter dem Baume.

i... eron, vor (temporell); z. B. i kingájin puök eron nán gwon i Afrika, vor 10 Jahren war ich in Afrika.

i... kak, unter; z. B. kölípönit dodóto i ködiní kak. der Knabe schläft unter dem Baume.

i... ki, über, auf, in... oben; z. B. kwaje dudútön jore í kare ki, Nachts sind viele Johanneswürmchen über dem Flusse; cine kicáuakan alúpe i kátolok í kibo ki, diese Gänse wurden auf dem Schiffe ausgebrütet: kirkok kíkija í kaden ki. das Chamaeleon steigt auf den Baum (hinauf); piom i dikolo ki, in den Wolken oben ist Wasser.

i... kiden [1]) inmitten. darunter; s. ko... kiden.

i-pirít (ipirit). anstatt (loco); z. B. monye lóbut tí tin

---

[1]) Die Ausdrücke: kak, ki, pirit, kiden u. s. w. sind Substantive und gestatten desshalb eine doppelte Konstruktion; z. B. kíjakua awökön i kiden na yöbu (oder: k. a. i yöbú kiden), das Wild (die Thiere) ist in die Mitte des Waldes (mitten in den Wald) geflohen. Im erstern Falle ist: kiden, Substantiv, im letztern: i... kiden, Präposition.

nguro-lónyet munu i pirít na cúmuti, ein guter Vater gibt seinem Kinde nicht eine Schlange anstatt des Fisches.

ko . . . an (aïn), ohne; z. B. Adam ko Ewa i Paradisi ko mimyen an (aïn), kó tuan aïn, A. und E. waren im Paradiese ohne Schmerzen, ohne Tod.

ko [1]) . . . bot, nach; z. B. nan popo kó loron budök bot, ich werde nach acht Tagen kommen.

ko . . . eron, vor; z. B. Yesu adí: nán gwon ko Abraham eron, J. sagte: ich war vor Abraham (ehe A. war).

ko . . . yu, 1) von . . . her; z. B. nge apó ko baba yu, er (sie) kam vom Vater her; 2) zu . . . hin; z. B. nan tutú ko baba yu, ich gehe zum Vater hin.

ko . . . kango, von . . . heraus; z. B. molokótyo an lókc atú ko ngutu kango, der unreine Geist ist von (aus) dem Menschen herausgefahren.

ko (ka) . . . kiden, mitten, unter; z. B. Yesu ko kingájin-puök-wod-muréke acida ko katodinak kiden, der zwölf-jährige Jesus sass (im Tempel) unter den Lehrern; nge agwodan ka-ce kiden [2]). er stand mitten unter ihnen. Vergl. i . . . kiden.

ko . . . ngerot, vor (lokal); z. B. nguájik atú ko baba ngerot, die Kinder gingen vor dem Vater (her).

téng ko, bis, bis zu; z. B. nan ajéa böriköt téng ko rima, ich habe mir die Haut bis auf's Blut geritzt; kolánit awökön téng ko kare, der Dieb ist bis zum Fluss geflohen.

Anmerkung. Die Präposition: um, herum (circa, circum) wird durch das Verb: longga, umkreisen, umgeben, ausge-drückt; z. B. déru (dörn) lolongga ködini, um den Baum herum ist Gras, wörtlich: Gras umgibt den Baum.

---

[1]) Ueber die Umlautung des: ko in: ka, kö etc. s. §. 25.
[2]) In welchen Fällen: ko in: ka übergeht, s. §. 25.

II.

TEXT.

A.

Todinet nádit

ná ngutu tí gwea na Kristi i kulya tí Bari.

Píet. Do i kak ni ngyo?

Rukéet. Nan í kak ni, anyán nan dedén Ngun, anyán nan rurúg lu, anyán nan nyanyár lu, anyán nan cona popó ki.

P. Kí a ngyo?

R. Ki kata pirít na liöngítön yeng'ngin.

P. Do dedén Ngun ko ngyo?

R. Ko yupet ná ngutu ti Kristi.

P. Ngutu lo Kristi agí deden ngyo, yuyup ngyo?

R. Ngutu lo Kristi agí dedén ko yuyúp ko ling eron dénetji mukánat.

P. Denet nákokwe a nán?

R. Ngun geleng kata.

P. Denet to murék a nán?

R. Ngun geleng i mucála kata.

P. Denet to mucála a nán?

R. Ngun atogwé ling; nge totopodyá ling.

P. Denet to unguán a nán?

R. Yesu, Tore ló Ngun átuan i logerí ki, anyán nge luöluök yi.

P. Denet to mukánat a nán?

R. Ngun rorób ngutu lóbut ko liöngítön yeng'ngín ki, lu riríng ngutu lórok ko kimang yeng'ngín i gehenna.

Kwe to geleng.

I. Ngun.

P. Ngún a ngá?

R. Ngun molokótyo duma i ling. ló Monye ló ki, ló kak.

P. Ngun l'yá?

R. Ngun í ki, í kak. i piríten ling.

P. Ngun deden ngyo?

'R. Lu dedén ling. lu deden lunga yeyéetji ti töwilyet-kang.

P. Yi búbulö memét Ngun?

R. Aïn; yi tí bulö memét Ngun. kogwón lu molokótyo.

P. Ngún lu agwé?

R. Ak; lu akó gwé; Ngún gwon i kaju eron. gwogwon ngupi.

P. Ngúnyen jore?

R. Ak; Ngun geleng katu.

II. Ngun geleng i muoála.

P. Ngun geleng kana?

R. Aïn; lu geleng i mucála: Baba. Tore, Molokótyo duma; lele Baba, lele Tore. lele Molokótyo duma. I kaju eron Baba; Tore akwéya kó Baba i kaju eron; Molokótyo duma apó ko Baba ko Tore i kaju eron.

P. Baba a Ngun?

R. Diri, Baba Ngun.

P. Tore a Ngun?

R. Inke, Tore Ngun.

P. Molokótyo duma a Ngun?

R. Molokótyo duma lunga Ngun.

P. Ko-ná ngúnyen mucála?

R. Baïn; Ngun geleng i mucála.

P. Baba totó'ngun Tore kode Molokótyo duma?

R. Aïn; ling mucála (mucála ling) gwócoce, ling mucála Ngun. Yi gwigwi níena denet: denet na geleng i mucála, kó yi tatá:

I karín ti Ngun Baba, kó ti Ngun Tore, kó ti Ngun Molokótyo duma.

III. Ngun katogwéanit.

a) Kí ko kak.

P. Ling, na memét yi kune, po yá?

R. Líng po kó Ngun.

P. Edé yi lulúng Ngun adá?

R. Yi lulúng nge katogwéanit ló ki, ló kak.

P. Katogwéanit ngyo?

R. Ngun katogwéanit, kogwon atogwé ling ko baïn.

P. Ngun atogwé ki kó kak adá?

R. Ngun akulya: Gwé! cona kí ko kak agwé; kogwón Ngun kabúlönit, Ngun búbulö ling.

P. Ngun, lo atogwé ling, lu aböngöri cine?

R. Aïn; nge totopodyá ling, nge pepét ling.

P. Ngun totopodya lunga ngutu?

R. Lunga; Ngun totopodyá ngutu parik: Ngun dodóg ce mémeddya ko ngecu ko möju kó ling alóbut.

P. Nge totopodyá ngutu ngyo?

R. Kogwon Babá-likang lóbut i ling; ko kogwón Ngun Babálikang, yi agí toréla karúkök.

b) Angélojin (kacónyok tí Ngun).

P. I ki Ngun kana?

R. Baïn: kata lunga molókojin jore, lo atogwé Ngun kulo.

P. Cilo molókojin lulungu adá?

R. Ce lulungu Angélojin, kogwon kacónyok tí Ngun; ce alóbut, ce kwörinikö kó Ngun.

P. Angélojin ling alóbut?

R. I cúlua lóbut ling; ama molu kulye agwé lórok; ce kabúkak amirakindyá Ngun. Cona Ngun arikörö ce, lú ce agum i kimang yeng'ngin. Cilo molókojin lórok lulungu sátani.

P. Angélojin lóbut kokondya ngyo?

R. Ce totodupyén Ngun, ce rurúg lu, ce titíju ngutu.

P. Cilo Angélojin, ce titíju ngutu kulo, ce lulungu adá?

R. Angélojin katíyuk.

P. Kogwón ngutu ling ko katíyunit; nge agí kondya ngyo?

R. Nge agi kwakwádd lu, mörökín lu, ti towór lu ko toróuyet.

c) A d a m k o E w a,

(ngutu muréke, cé gwon kó ngutu ling cron).

P. Ngun atogwé Adam adá?

R. Ngun atogwé mugun ná ngutu ko lipo anáuyn: amá mugun níena apirikí kak ko metet aïn. Edé Ngun ayukakin molokótyo í mugun ná ngutu; edé mugun a'ngíen ki ko anıeddya. Ngun alúng lu Adam, kodé ngutu lo lipo.

P. Ko-ná ngutu ko tupéjin mudá?

R. Ko muréke: kó mugun, ko molokótyo. Mogon atogwéa i lipo ná kak, ko-ná tuátuan; ama molokótyo, lu apó ko Ngun, tí tuan; nge mémeddya yeng'ngin.

P. Molokótyo ló ngutu ko ringíten ku'ngána?

R. Molokótyo ló ngutu búbulö dedén Ngun, nyauyár nge.

P. Nakwan to geleng a ñán?

R. Ewa.

P. Ngun atogwé nakwan to geleng adá?

R. Ngun atogwé Ewa ko mérete lo Adam, lu adóto parík.

P. Adam ko Ewa gwon yá?

R. Ce agwolóng i melecén nábut parík ko karín Paradísi: yú kaden jore ko konyen paleleng parík, kó piom nákwe. Adam ko Ewa ko mimyen aïn, kó tuan aïn, kwörinikö burá. Ce anyár Ngun, ce arúg lu kiyang ko liöngön.

P. Cine nábut líng ce alíkin adá?

R. Ce akó rug Ngun i ling. Ngun ayökijö ce: ngecíta konyen tí kaden ling; ama konyen ti ködini geleng (ködiní lo denet na lóbut, na nárok) ko ngécuta! kogwon í lor, ná ta nge'ngécu, ta tuátuan. Ama Ewa akó rug yökíet ná Ngun; nge a'ngécu konge lo ködini níelo; nge atin lunga lalet-lónyet, anyán nge'ngécu.

P. Ngá amörju Adam ko Ewa, anyán ce nge'ngécu.

R. Molokótyo lóron, lu adéla i munú, lu akíja ködini ki.

P. Ngun aring torónyet-náce adá?

R. Ngun adonggú ce i melecéū na Paradisi kango; lu atemakín ce kita burá; ce agwé lómuniak kó mogon, ko molokótyo; cé ko mimyen; i mukök ce agí tuán.

P. Níena torónyet Adam ko Ewa kade?

R. Aïn; ko torónyet níena ngutu ling gwa nguájik ti Adam agwé lomeríka ling. Ko-ná níena torónyet lulungu torónyet na rutet, kogwóu ngutu ling arudyá nu ko Adam.

P. Ngutu ko torónyet na rutet búbulö wuyú ki?

R. Aïn; ngutu ko torónyet na rutet ti rudya liöngitön tí ki.

P. Koná ngutu ling gwogwong dupi ti molokótyo lóron?

R. Baïn; Ngun alóbut parik acón yi kaluökönit.

IV. Kaluökönit.

a) Tadúet na Yesu.

P. Níelo kaluökönit a ngálo?

R. Níelo kaluökönit a Yesu Kristi.

P. Yesu Kristi a ngá?

R. Yesu Kristi tore geleng ló Ngun, nge lunga tore ló dyet anáke María.

P. Yesu Kristi Ngun kana?

R. Ak; nge lunga ngutu diri, kogwon apikaríkin kó Ngun Molokótyo duma atadúe ku María dyet anáke.

P. Ama Yosef a ngálo?

R. Yosef adépaki kó dyet anáke María, ngé kayútunit lo Yesu.

P. I dingit náu Yesu Kristi atadúe?

R. I dingit na Kaisari Augusti, matat duma lo Románi i kingájin pukínö-puök-ko-pukínö-budök-ko - merya - bukérwod-bukér eron.

P. Yesu Kristi atadúe yá?

R. Yesu Kristi atadúe i köji na Bethleem ngyóna.

P. Ngá atokúkin tadúet na Yesu?

R. 1) Angélojin kayúkuk; 2) nyunyúmite kimák ti yuré; 3) kimák ti yuré Herodes ko katodínak i Yerusalem; 4) Simeon ko Anna ngutu i kadi ná Ngun.

b) Yesu kölípönit.

P. Yesu kölípönit lu agwolong yá?

R. Yesu kölípönit agwolong í jur Nazareth i mede na Yosef.

P. Lu akondya ngyo?

R. Yesu adurjö, nge agwé lokong; Ngun kó ngutu ling anyár nge.

P. Na Yesu ko kingájin puök-wod-muréke, lo akondya ngyo?

R. I nu dingit nge ajölö ko María ko Yosef tu Yerusalem. María ko Yosef ayitö kade, kogwon kó-dije kölípönit ko kajölök kode kakat. Ama aïn; koná ayitue Yerusalem doyá nge. Kó loron mucála bot ce aríe nge i kadi ná Ngun; nge acida ko katodinak kiden; nge ayíng ce, nge apíja ce. Nge adudú ko ce, nge ayengga Nazareth.

c) Yesu kilolong ló Ngun: Yesu katodínanit.

P. Yi deden ngyo i Yesu dingit níena bot?

R. Yi deden cine: 1) Yoannes akwekin, Yesu kilolong ló Ngun, lo wuwúju torónyetji ti kak; 2) Yesu alalá ko Yoannes í kare Yordan; 3) Molokótyo duma apo ká'ngit ki gwôco gure; 4) Ngun Baba ajambu: níelo toré-lio anyára, ló nan nyanyar parík lo; 5) Yesu ajonga ko molokótyo i térere, ko, ná nge aténg mugun loron merya-unguán, amöre ko ajók, dede atodupienó ko Angélojin.

P. I dingit nán Yesu acúlu todinikin ngutu. kondya ngo témejik?

R. Ko kingájin merya-mucála.

P. Yesu katodínanit akondya ngyo?

R. 1) Nge ayöyu piríten ling tí jur nene bot nene; 2) nge awúju karúkök, nge anyumbö Apostoli puök-wod-murék; 3) nge atodínikin kune ling, na agí yi yuyup, na agí yi kondya kune, anyán yi gwegwé lóbut i kak ni, kwöriniko yú ki; 4) nge atogó todinetji-kányet kó ngo témejik.

P. Yesu akondyá ngo témejik kó'nga?

R. Yesu ayökijö köbungötji kó yala; nge atobía kamyeji: modokéno, mingéki, ngodéki; nge ato'ngíen ngutu átuan.

d) Yesu i logerí ki; Yesu í ki.

P. Ngutu ling ayup cine, na Yesu atodínikin kune?

R. Ain; kayékak ti robangga témejik ko katodínak ti Yudaei akó yup, ama cilo amán Yesu, ce a'ngökín nge ku Ponti Piláti, lu i pirít na matat lo Romani. Kó nge nyanyar, ce abék Yesu i iogerí.

P. Yesu abéko i logerí i pirít nán?

R. I mere Gólgota kó tur Yerusalem ngyóna i kiden na kamérok muréke.

P. Yesu adurju adá?

R. Yesu adurju lopeng, ko mörí aïn, anyan luök yi katorónyak.

P. Ko tuán na Yesu bot karúkök-kányet akondya ngyo?

R. Karúkök-kányet abok mugun-nányet; ama molokótyolónyet akíwe i piríten tí kak.

P. I piríten tí kak Yesu akondya ngyo?

R. Lu aluök molókojin tí ngutu lóbut, ce átuan kó lu eron.

P. Mugun-nányet agwon í dili ngupí?

R. Aïn; amá i lór to mucála nge a'ngíen ki ko molokótyo, kó mugun.

P. Yesu ko ngíet bot akondya ngyo?

R. Ko ngíet bot Yesu agwón ko karúkök-kányet loron meryaunguán: ede akija ki akomocíkan-kace.

P. Yesu cunána l'yá?

R. Lu kata ki, lu cicida alutáten ná Ngun Baba, matat ló ki, ló kak.

P. Yi lunga búbulö pó yu ko ngyo?

R. Kó yi rurug yökíetji tí Ngun.

V. Ngun kacáranit.

P. Yesu yíyitwe i kak ni?

R. Nge yíyitwe í lor ló mukök carjú ngutu ling, lóbut ko lórok.

P. Ko Yesu popo kokona ngyo?

R. Ngutu átuan ling ngi'ngíen ki i diliö, anyan cacára.

P. Caret niena a nán?

R. Caret ná ngutu ling.

P. Ko caret niena Yesu kokondya adá?

R. Lu jijik ngutu lóbut i liöngitön tí ki, lu gugúbara lórok i kimang yeng'ngin.

P. Kimang yeng'ngin ngyo?

R. Kimang yeng'ngin kata pirit na ríngetji yeng'ngin, na apedyá Ngun ko lórok ling kune.

P. Ce gwolóng yu kó'nga?

R. Molókojin tí ngutu lórok.

P. Ngutu cacára lunga kó lor ló mukök eron?

R. Inke; ngutu ling pete cacára ko tuán-nányet bot.

P. Molokótyo ló ngutu ko tuán bot tutu dá?

R. Molokótyo ló ngutu lóbut tutú ki, molokótyo ló ngutu lóron tutú i kimang ye'ngin.

P. Ngutu lóron a ngúlo?

R. Ngutu ko torónyetji témejik (torónyetji ti tuáji).

P. Ama molokótyo ló ngutu ko torónyetji núdidik tutu dá?

R. Molokótyo ló ngutu lóbut, amá ko torónyetji núdidik. tutú i pirit na kekélaji.

P. Kune ling, na agi yi dedén, na agi yi yuyup, kun'yá?

R. Kune ling kata i todinet na Apostoli.

P. Do deden niena todinet kode wanet?

R. Nan dedén na.

Todínet kode wanet na Apostoli.

Nan yuyúp Ngun Baba kabúlönit ló ling kagwéanit ló ki ló kak. Ko Yesu Kristi, tore-lónyet geleng, lu matat-likang. Lu apikarikin kó Ngun Molokótyo duma, atadúe ku María dyet anáke. Lu adurjú i dingit na Ponti Piláti, abêko i logeri, átuan ko abóka. Akija i kiden ná kak, koyure ná lor to mucála lu a'ngien ki i dili. Akija ki, lu cicida alutáten ló Ngun Monye kabúlönit ló ling. Lu yiyitue cacár ngutu yengki kó ngutu lútua.

Nan yuyúp Ngun Molokótyo duma, gwea na Kristi geleng,
náke ko lödir; moret ná ngutu lóke ling; laket na torónyetji; ngiet na berik, metet yeng'ngin. Amen (cona kokona).

P. Lo atogwé do lú a ngá?

R. Ngun Baba atogwé nan.

P Lo aluök do lú a ngá?

R. Ngun tore aluök nan.

P. Lo atokelán do lú a ngá?

R. Ngun Molokótyo atokelán nan.

P. Molokótyo duma wuwúröki gwôco gure ngyo?

R. Kogwón lu apukun i kwe na Yesu gwôco gure, ko
Yoannes alaláju Yesu i kare Yordan.

P. Molokótyo duma wuwúröki lunga gwôco ngédepa ti
kimang ngyo?

R. Cine kokona, kogwon apukun i lor lo Pentekoste gwôco
ngédepa ti kimang i kujik ti Apostoli ki.

Kwe to muréke.

Yökietji ti Kristi, ti Ngun.

P. Yupet kana jojó, anyán yi popó ki?

R. Ti jó; yi agí lunga dedep yökietji ti Kristi, ti Ngun.

P. Yökiet to geleng na Yesu Kristi, Matát-likang a nán?

R. Yökiet to geleng yökiet na nyáret ná Ngun; kogwon
Kristi atodinikin: nyaré-nyar Ngun ko töwyli-ilot ling.

P. Yi nyanyár Ngun ko ngyo?

R. Yi nyanyár Ngun, kó yi dádana torónyetji ling, kó yi
dedep yökietji ti Ngun.

P. Yökiet nene na Yesu a nán?

- R. Nyaré-nyar ngutu lele gwôco mugun lopeng, ko-ná:
ngutu ling.

P. Yi agi nyanyár ngutu ling ngyo?

R. Yi agi nyanyár ngutu ling, kogwón ngutu ling lungacírik,
nguájik ti Ngun, lú Baba loce ling.

9

P. Yi agi nyar lunga cilo, ce mamán yi?

R. Inke; yi agi pitun cilo, ce mamán yi.

P. Yi nyanyár ngutu lele gwôco berik lope'ngat ko ngyo?

R. Yi nyanyár ngutu lele gwôco berik lope'ngat, kó yi dedep
yökiet na Yesu, lu adi:
kune ling, na nyár ta kune, ngutu kondya kacu, konéta kace lunga!

P. Yi nyanyár Ngun kó ngutu lele adá?

R. Kó yi dedep yökietji ti Ngun puök.

P. Yökietji ti Ngun puök kú'nga?

R. Yökietji tí Ngun puök kune:

Yökietji tí Ngun puök.

1) Yupé Ngun lo geleng.
2) Ko tá karin ti Ngun kana.
3) Kwacé-kwadd lor ló Ngun.
4) Kwacé-kwadd mu'ngi kó nguti, anyán do'mémeddya
kingájin jore lóbut.
5) Ko rembu.
6) Ko dingga.
7) Ko kókoya.
8) Ko ngökin kana.
9) Kó dek nakwan ná monye lele.
10) Kó dek tolyen ná monye lege.

P. Ngá adokakín ngutu yökietji kune?

R. Ngun lopeng adókakin Mosé kó gwea Israel yökietji kune
i mere Sinai ki.

P. Ngun awur yökietji kune dá?

R. Nge awur kune i takájin muréke ti ngúrup.

P. I taká (na) to geleng awúrö ngyo?

R. I taká (na) to geleng yökietji mucála ti nyáret, ti kwacet
ná Ngun.

P. I taká na to muréke awúrö ngyo?

R. I taká na to muréke awúrö yökietji kunye buryà ti nyáret
ná ngutu lele.

Yökietji tí gwea na Kristi.

P. Kristiáni (karúkök ti Kristi kodé ngutu ti gwea na Kristi)
agi dedep ko yökietji ti Ngun yökietji kunye lunga?

R. Kunye lunga; ce agi dedep yökietji ti gwea na Kristi.

P. Yi agi dedep yökietji kune ngyo?

R. Kogwón gwea niena agwé ko Yesu Kristi lopeng; na
didiniki kó Ngun Molokótyo duma.

P. Taki nan yökietji tí gwea na Kristi?

R. 1) Kwacé-kwadd loron ti Ngun kó loron témejik.

2) Yingé-ying wanet na robangga i loron ti Ngun kó
loron témejik.

3) Tengé-teng mugun ko lókore aïn i loron ti quadra-
gesima (loron merya-unguán) ko dingiten kunye ayökiö.

4) Do agi takindya búnit-ló-Ngun torónyetji-kunök gélere
i kinga.

5) I dingit na Paska do agi uúju Sakramento ló Mugun
na Yesu.

6) Ko yemba (yéma) ko budú i dingit·ajújua.

P. Yökietji tí gwea na Kristi po yá?

R. Cine popó ko kimák ti gwea niena.

P. Kulo kimák ti gwea niena kó'nga?

R. Babá-likang duma ló tur Roma, nge luhtngu Papa (Baba
duma), lu Matat ló gwea ling, ede Episkopi.

P. Ngá apútukin kimák cilo bulöyet na kokondya yökietji?

R. Kaluökönit, Monye-likang, atobulökin ce.

Torónyet.

P. Lo ti dep yökietji ti Ngun ko yökietji ti gwea na Kristi,
lu kondya ngyo?

R. Lu tótoron.

P. Ngutu tótoron ko ngyo?

R. Ce tótoron 1) ko yeyéju, ko kukulya, ko kokondya anáron;
2) kó ti kondya anábut yökiö.

P. Torónyetji ling gwócoce?

R. Ak; torónyetji kunye témejik, kunye nádidik.

9*

P. Ngutu kokondya torónyet duma (pömöni) nanú?

R. Ko ti rug yökietji ti Ngun ko yökietji ti gwea na Kristi.

P. Torónyetji duma i ling kó'nga?

R. 1) bubbúga; 2) belet; 3) dingget; 4) dakét; 5) curét; 6) woret; 7) yoket.

P. Yi agi renya torónyet ling?

R. Inke; yi agi mamán torónyet ling, kogwón yi momórju ko torónyet Ngun, lo mamán torónyet ling; nge gugúbara cilo, ce kokondya torónyetji témejik, i kimang yeng'ngin; nge gugúbara ngutu ko torónyetji nádidik i pirit na kelet, kode cocon cilo nárok ti kak ni.

Kwe to mucála.

Dóketji ti Ngun.

P. To mucála, anyán yi tutú ki, ngyo?

R. Dóketji ti Ngun; kogwon dóketji cine ngarakin yi i yupet, i ruket na yökietji ti Ngun; kó Ngun ti ngarakin yi, yi ti bulö kondya nábut ti memet yeng'ngin.

P. Yi búbulö wuju doket ná Ngun ko ngyo?

R. Yi uúju doket ná Ngun 1) ko Sakramenti (luönitji); 2) ko wanet (molet).

Sakramenti.

P. Sakramento ngyo?

R. Sakramento kweyet, na memét yi na, amá na jajakin yi doket ná Ngun, na ti met yi na, ayökiö ko Yesu Kristi Monye-likang, anyán yi karudya nyáret ná Ngun.

P. Sakramenti mudá?

R. Sakramenti buryá kata.

P. Taki nan kuue!

R. 1) Sakramento lo laláet; 2) Sakramento lo togólet; 3) Sakramento lo bubúret; 4) Sakramento ló Mugun na Kristi; 5) Sakramento lo totodurjö ngutu a tumatyan ná

gwea na Kristi; 6) Sakramento lo welet; 7) Sakramento
lo ratet na yemet.

P. Sakramento to geleng a ngálo?

R. Sakramento to geleng lo laláet.

P. Sakramento lo laláet ngyo?

R. Sakramento lo laláct luönit to geleng, na agí ngutu ling
wuwúju; ko niena ngutu i piom kó jame ló Ngun lilíkin
torónyet na rutet ko torónyetji kunye; coná ngutu gwegwé
nguájik ti Ngun.

P. Sakramento lo togólet ngyo?

R. Sakramento lo togólet kata luönit to muréke; ngutu alalá
i niena ko Krisma lókwe kó jame ló Ngun ko Molokótyo
duma totogólo, anyan yuyup burá, anyan mémeddya,
gwóco yupet yöyökijö.

P. Luönit, na totó'ngun kunye ling, a nán?

R. Sakramento ló Mugun na Kristi; kogwón i niena muntye
náke kata burá Monye-likang Yesu Kristi, ló Ngun, ló
ngutu diri.

P. Ko-ná luönit ná Mugun na Kristi ngyo?

R. Luönit niena katá Mugun ko rima ti Monye-likang Yesu
Kristi i komocikan ti muntye kó tiat ti lorérek.

P. Luönit niena kokona nanú?

R. Luönit niena kokona ko wanet na robangga.

P. Wanet na robanggo ngyo?

R. I wanet na robangga Yesu Kristi Monye-likang i komocíkan ti muntye kó tiat ti lorérek yeyékaki Baba-lónyet í ki.

P. Kölípönit lóbut, lo agí kondya ko wanet na robangga ngyo?

R. Kölípönit lóbut ko wanet na robangga lu dodok könítji
ki, lu yeyéja rogo na robangga ki, lu wawandu ko töwyli ling.

Wa n et.

P. Lo wawandu, lu kondya ngyo?

R. Lo wawandu, lu yeyéju Ngun, lu jajambu kó Ngun.

P. Yi agí wandu adá?

R. Yi agí wandu ko töwyli, i karín ti Yesu Kristi.

P. Yi agí wandu ngyo?

R. Yi agí wandu, anyán Ngun dodokakín yi dóketji-kányet.

P. Yi agí wawandu nanú?

R. Ngupí; amá loron-ling koyuré, túkotyang, ko ngccu cron, ko ngecu bot, ku Angelus Domini (rorómue María), í kadi ná Ngun.

P. Wanet anábut í ling a nán?

R. Wanet anábut í ling wanet ná Monye Yesu kode Babálikang.

P. Níena wanet anábut í ling ngyo?

R. Kogwon Yesu lopeng atodiníkin ngutu níena wanet.

P. Do deden níena wanet?

R. Inke; yi wawandu:

Babá-likang.

dó lo gwogwón ki. Tí, anyan karín-kunök kwákwaca. Anyan tumatyau-inot popo kayáng ni. Anyan deket-inot gwegwé gwôco í ki cona lunga í kak ni.

I lólor tí yi muntye-nikang nú loron ling. Kölökí yi torónyetji-kang, gwóco yi kökölökin katorónyak-kang. Kó pik yi dudúmaji, ama luöki-luök yi i nárok ling. Amen.

P. Romet na María ngyo?

R. Romet na María wanet, ná gwea na Kristi atodíníkin karúkök ti Kristi, anyan María, ngote ná Monye-likang Yesu Kristi totó'ngun (kokona duma), anyán nge mómoyu kó yi ku tore-lónyet í ki.

P. Do deden níena romet?

R. Nan dedén na:

Romet na María.

Do rorómue María, do nabúdya, Ngun kó do, do raráta i wâte ling, lunga raráta tore ló mugun-inot Yesu Kristi. María anáke, ngote ná Ngun, molé-mo kó yi katorónyak cunána, lunga i dingit ná tuan-nikang. Amen.

Romet na Gabriel kacónyonit ló Ngun.

1) Kacónyonit ló Ngun atakin María; nge apíga ko Molokótyo duma. Babá-likang. Rorómue María.

2) Nán a dupyet ná Ngun; anyan kokona kó nan í jáme-ilot. Babá-likang. Rorómue María.

3) Jame agwé ngutu; lu agwon kayáng kiden. Babá-likang. Rorómue María.

Paráyet Ngun Baba kó Ngun Tore kó Ngun Molokótyo duma!

B.

Ewangélijin

tí loron tí Ngun kó tí loron témejik.

Lor ló Ngun to geleng lo Adwent.

Nginéta ki, yingéta Ewangéli, gwôco Luka awur 21, 25 — 33.

25. I dingit Yesu ajambú ko karúkök-kányet: molu gwegwé kwéyetji ti kolong, tí yapa ko nyunyúmi, kó i kak gweájin kukújönö parik akwé na uugö ná tör, ná yala.

26. Ngutu bibírue ko kujönéet kó mönit na kune; ce popo molu í kak ling, kogwon ringíten tí ki anána.

27. Edé ce memet Tore ló ngutu popó i diko ko ringít ko paráyet duma.

28. Ko kune cucúlua gwegwé, medíta ki, dokéta kujík-kacu ki, kogwon luökit-nacu ngyóna.

29. Lunga nge atakín ce ngaret: metéta ködini ló kibi kó kaden ling!

30. Kó ce jondya konyen, ta deden kicér ngyóna.

31. Cona ko t'amélc, kune kokona, denéta tumatyan ná Ngun ngyóna.
32. Nan tatakín ta burá, gwea níena ti likiörö, .téng ko ling akona.
33. Kí ko kak lilikiörö, ama jamyát-kwe ti likiörö.

Lor ló Ngun to murék lo Adwent.

(Matth. 11, 2 — 10).

2. Ama Yoannes í kadi reréket aying kitáctji ti Kristi; nge acon muréke ti karúkök-kányet, anyán ce pija Yesu:
3. Dó nge níelo, lo popo, kodé yi möndu lele?
4. Yesu arugö ko adí: yitöníta, takíta Yoannes kune, n'amét ko n'ayíng ta kune.
5. Modokéno mémeddya, ngodéki tutú, ngutu, cé ko yango, atokéla, mingéki yiying, ugutu lútua ngi'ngíen ki, lomeríka totodíniki Ewangéli.
6. Kwörinit níelo, lo tí kurö gwolong kö-yö.
7. Ama cilo atú; cunána Yesu acúluja jambú ko lodíret i Yoannes: t'atú térere kango meddya ngyo? pádungi lo duduka ko köbungöt?
8. Ama t'atú meddya ngyo? ngutu ajupú ko bougguát náliling? metéta, ngutu ko bougguát náliling gwolóng i kadíjik ti kimák.
9. Ama t'atú meddya ngyo? kamétanit? nan takín ta burá, nge totó'ngun kamétanit.
10. Nge níelo, na awúr ngutu ká'ngit kune: meté, nau cocon Angeló-lio kónut ngerot, lo pepedya kiko-ilot kónut ngerot.

Lor ló Ngun to mucála lo Adwent.

(Yoann. 1, 19 — 28).

19. I nu dingit Yudaei acon kayékak ko Lewiti i Yerusalem ko Yoannes, anyán ce pipí nge: dó a ngálo?
20. Nge atuk, nge ako renya, nge atuk: nan baïn Kristi.
21. Ce apíja nge: ama i'ngyo? do Elía? nge adí: aa. Do kamétanit? nge arugö: aa.

22. Ce atakín nge: amá do a ngálo? yi dedek takín ngutu, lo cunundye yi kulo. Do kulya ngyo kónut lopeng?

23. Nge ajambu: nan roro lo kalúngunit i térere: petéta kiko lo Matat, gwôco Isaya kamétanit ajambu.

24. Ngutu acúnue gwón ti Farisaci.

25. Cilo apíja nge ko adí; amá do laláju ngutu ngyo, kó do an Kristi, an Elía, an kamétanit?

26. Yoannes arugö ce ko adí; nan laláju kó piom, ama lele kata ka-cú kiden, ló ti dén ta lo.

27. Nge níelo, lu popo kö-yö bot, ngé gwon kö-yö eron; nán ti karudya lalak börikötji ti kamuka-kányet.

28. Kune akona i Bethania ko Yordan í-tikön, ngyu Yoannes alaláju.

Lor ló Ngun to unguán lo Adwent.

(Luk. 3, 1 — 6).

1. I kinga to puök-wod-mukánat lo tumatyan na Tiberii Kaisari, i dingit na Ponti Pilati matat to murék lo Yudaea, Herodes matat lo Galilaea, Filippi lungacérlónyet lo Iturata kó kak na Trakonítis, i dingit Lysánia matat lo Abiléne,

2. I dingit na katodínak ti jamyat tí Ngun témejik Anna ko Kaifa: Ngun alung Yoannes, toré lo Zakaría i térere.

3. Nge ayengga piríten ling tí kare Yordan, nge atakin laláet na burít, anyan toróuyetji lalaka.

4. Gwôco awúrö i wuret na jamyát ti Isaya kamétanit: roro lo kalúngunit i térere: petéta kiko ló Monye, konéta kikólan-kányet rigwo:

5. Nágululök ling yiyikö, meryá ko kodúlan ling wuwuyu; nákwölöngök ling gwegwé rigwo, ko nángayok kokona rigwo.

6. Ngutu ling (lókore ling) memet tobíet ná Ngun.

Lor duma lo tadúet na Yesu Kristi.

(Luk. 2, 1 — 14).

1. I cilu loron yökíet na Augusti Kaisari atokuöji, anyàn kak ling wuwúrö.
2. Wuret níena nákokwe akona ko Kirini, matat lo Syria.
3. Ngutu ling atú nyu, anyán ce tatakin karín-kacc, lele ká'ngit tur.
4. Yosef lunga atú i tur Nazareth lo Galilaea i kak Yudaca i tur lo Dawid, lo lungu Bethleem, kogwón ngc lo kadí ko gwea na Dawid.
5. Anyàn nge ko María dyet-nányet adépaki, na aridya, takin karin-kace.
6. Ama agwé, kó ce gwon nyu, dingit apó, ná nge tatadú.
7. Nge atadú tore-lónyet kwe, nge atopirikín lo í ngöit na kíjakua, kogwon pirít-nace an í kadi ná komon.
8. Kayúkuk gwón i níinu didíngit ko kwelit, ce ayúgu kíjuk ko yidin-kace kwaje.
9. Meté! Angelo ló Monye agwodan kace ngerot, paráyet ná Ngun apararà ce, ce akújönö parík.
10. Ama Angelo atakin ce: ko kujönöta! metéta, nan tokukín ta liöngít duma, na gwegwé molu kó ngutu ling.
11. I lólor í tur lo Dawid kaluökönit adadúe Kristi Matat.
12. Níena kweyet kacu: ta riríe bokotio ngudúlaki i ngudúletji ko topíriki í ngöit na kíjakua.
13. Dede lodíret na molókojin tí ki gwón ko molokótyo; ce agodyá Ngun, ce adí:
14. Ngun ló ki gogóta! í kak fárana kó ngutu, ló gwon ko töwilyet lóbut kulo.

I robangga to muréke.

(Luk. 2, 15 — 20).

15. I dingit kayúkuk ajambu lele ko lele: kölökíta yí tu Bethleem. yi memét jame, lo akona kó yi, yi memét ngo, n' akwekin monye yi kune.

16. Ce arúmun, ce apó, ce aríe María ko Yosef ko bokotio piriki í ngöit na kíjákua.

17. Ce améle, ce adén Jame, lo ayíng ce lo i níelo bokotio.

18. Ngutu ling, ce aying kune, n' atakin kayúkuk ce kune, ling adirja parik

19. María adélakin cilo jamyat ko n' ayeyé ce in töwylilónyet.

20. Kayúkuk ayitö, ce akwádd, ce agodyá Ngun akwé na kune ling, n' ayíng, n' amét ce kune, gwôco atakí ce.

I robangga to mucála.

(Yoann. 1, 1 — 14).

1. I cúlua Jame gwon. Jame gwón ko Ngun, Ngún gwon Jame.

2. Nielo gwón i culua kó Ngun.

3. Ling akona ko níelo, ko níelo aïn kune ako gwé, na akona.

4. I níelo metét gwon, ko metét gwon tuléet ná ngutu.

5. Tuléet paparacak i pirít múdue, ama múdue ako ujú na.

6. Lelé ngutu gwon acúnue kó Ngun, nge alungu Yoannes.

7. Nge apó ko kweyet na tuléet, anyán ling yuyúp (ko) nge.

8. Nge aïn tuléet, ama anyán tin kweyet na tuléet.

9. Níelo diri a tuléct, na tutulekín ngutu ling, ce popó i kak ni.

10. Ngé gwon í kak, kak agwé ko nge, amá kak akó den lo.

11. Nge apó i kányet, amá gwea-nányet ako ujú nge.

12. Amá ling, ce aúju nge, nge atín bulöt gwegwé nguájik tí Ngun cilo, ce yuyúp i karín-kányet.

13. Cilo ce atadúe aïn ko rima, aïn ko dekét na lókore, aïn ko dekét na lalet, amá ko Ngun.

14. Jame agwé lókore, nge agwolong kó yi; yi améle paráyetnányet, paráyet gwa-ná na Torc geleng ló Baba; yi améle nge ajore ko bucet ko diri.

Lor ló Ngun kó lor lo tadúet na Yesu bot.

(Luk. 2, 33 — 40).

33. I dingit Yosef ko Maria, ngote na Yesu, adirja paŕík akwé na ngo, na ajáma kángit kune.

34. Simeon arát ce, nge ajambú ko María, ngote-nányet: meté! níelo atogwídiki akwe doróet, akwe ngiet ná ngutu jore ti Israel, nge a kweyet, na wowongeríki.

35. Wale duma mimíya molokótyo-ilot, anyan yeyéetji ti töwilyet jore kúkuön.

36. Anna lunga gwon kamétanit, nu nguro na Fanuel ló tir na Aser. nge adongga kó loron jore; ngé gwon ko lalet kingájin buryá ko yemet bot.

37. Nge cunána líkijo ko kingájin merya-budök-wod-ungnán; nge akó tu kango í kadi ná Ngun, nge atodupyén Ngun, nge aténg mugun, nge awandu túparan ko túkwaje.

38. I níena dingit nge lunga apó ngin, nge akwádd monye, nge atakin ling kányet kulo, ce amöndu luökit na Israel.

39. Kó ce atobáka ling, n' ayöki monye kune, ce ayitö í tur-loce Nazareth i Galilaea.

40. Ama bokotio adurjö, nge gwé alógo, alokong, nyáret ná Ngun kó nge.

Lor duma cúlue ló kinga.

(Luk. 2, 21).

21. I dingit kó loron budök bot böriköt na bokotio adungö, karín-kányet alungu Yesu, gwôco Angelo ló ki alúng nge, nyu ako pikaríkin i pele.

Lor ló Ngun lókokwe ló kinga.

(Matth. 2, 19 — 23).

19. I dingit na tuáji Herodes meté! Angelo ló Monye apúkun ko Yesef i doto í jur lo Egypti.

20. Nge adí: nginé ki, dumú bokotio kó ngote-nányet, yitöni í kak na Israel, cilo lo doya totúja bokotio kulo, ce átuan.

21. Cunána nge a'ngien, nge adumun bokotio kó ngotenányet, nge ayengga kák na Israel.

22. Ama Yosef aying, Arkeláo matat ló kak na Yudaea i pirít na Herodes, monye-lónyet, nge aúmdye ko kújönö tú yu; ko-ná nge akwéki i rúdue, nge alenggu i piríten ti Galilaea.

23. Nge ayengga yu, nge agwolongí tur, lo lulungu Nazareth, anyán gwon coma, gwóco kamétanit atakin cron: nge lulungu Nazareïnit.

Lor duma lo kimák mucála.

(Matth. 2, 1 — 12).

1. Na Yesu atadúe i Bethleem í jur lo Yuda, í loron ti Herodes matat, metéta! kimák apó i yure í tur lo Yerusalem.

2. Ce adi: Matát lo Yudaei, lo atadúe cunána, l'yá? yi améle yure nyunyúmite-nányet, yi apo kwakwádd nge.

3. Na Herodes matat aying kune, nge arígwökö, ko Yerusalem ling kó nge.'

4. Nge atundya kimák ti kayékak tí Ngun ko kawúrök ti lodíret, nge apíja ce: Kristi tatadúe yá?

5. Ce atakín nge: i Bethleem ló jur lo Yuda, coma awúrö ko kamétanit:

6. Do Bethleem í jur lo Yuda, dó an nádit í turön témejik ti Yuda; Matat lo cacárju gweá-nio Israel, popo molu kónut kango.

7. Dede Herodes alung kimák aluön; nge apíja parík dingit n' apukundye nyunyúmite kace.

8. Nge acón ce Bethleem, nge adí: itíta, pinéta-pi parík, bokotio l'yá; kó ta arie nge, takindyéta nan, anyán nan lunga po kwakwádd nge.

9. Ná ce aying matat, ce atú nyu. Meté! nyunyúmite, n' améle cé na í yure, nge atu kace ngerot téng ko nge ayengga i pirít, na agwilinggi bokotio, kó gwodan ki.

10. Ná ce améle nyunyúmite, ce alíöngön parík.

11. Ce atu kadí ngin; ce aríe bokotio ko María ngote-nányet; ce urugungö, ce akwádd nge; ce a'nga lunga tito-kace; ce ayekakin nge dóketji tí re náculyeng, ti kacöceri, ti mirrha.

12. Ce ajújua i doto, ón ce yitö ko Herodes; cona í kiko lele ayitö í jur-loce.

Lor ló Ngun to geleng ko Epifanía bot.

(Luk. 2, 42—52).

42. Na Yesus kölipönit ko kingájin puök-wod-muréke, Yosef ko María ajölö ko Yerusalem í loron témejik ti Paska, gwóco gwea na Yudaei.

43. I mukök nú loron témejik ce ayitö, ama Yesu kölipönit agwolóng i Yerusalem, ngote ko Yosef akó den kune.

44. Amá ce kó-dije, kölipönit kata ku kajölök, ce akon kiko ló lor geleng, ce adó nge ko kakat kó julin yu.

45. Ná ce ako ríe nge, ce ayitö Yerusalem doyá nge.

46. Agwé ko loron mucála bot, ce aríe nge í kadi na Ngun, nge acida ko katodínak kiden; nge ayíng ce, nge apíja ce.

47. Ngutu ling, ce ayíng nge, adirja parik, kogwón nge alokong, ko arugö burá.

48. Na Yosef ko María améle nge, ce adirja. Cunána ngote-nányet adí: tore, do akón yi cona a'ngyo? meté! mu'ngi kó nan yi adoyá do kó myen.

49. Nge atakín ce: t' adoyá nan ngyo? ta akó den, nán i kune tí Babá-lio?

50. Amá ce akó den burá, nge akulya adá.

51. Nge adudú ko ce, nge ayengga Nazareth, nge arúg ce. Ngote-nányet adélakin kulo jamyat ling i töwyli-lónyet.

52. Ama Yesu adurjö, nge agwé lokong; Ngun kó ngutu ling anyár nge.

Lor ló Nguu to muréke ko Epifanía bot.

(Yoann. 2, 1 — 11).

1. I nu dingit budú gwon í tur Kana lo Galilaea; ngote na Yesu lunga gwón nyu.
2. Yesu ko karúkök-kányet lunga agúkue í gwele.
3. Ná tiat ti lorêrek abáka, ngote na Yesu atakín nge: ngutu kó tiat ti lorêrek aïn.
4. Ama Yesu atakín nge: nakwan! nan gwondá ko do? dingít-nio akó ngu po.
5. Ngote-nányet atakin dupi: konéta ling ngo, na takín nge ta kune.
6. Capya bukér ti ngúrup, anyan lalári, gwón nyu, gwôco Yudaei adíniki, geléng lo cilo aúju podyo muréke kode mucála.
7. Ama Yesu atakín ce: tojorenéta capya kó piom! ngutu atojóre ce teng alítu.
8. Ede Yesu atakín ce: dipundyéta, jakita monye ló gwele! ce ajakín nge.
9. Ná monye ló gwele awáng piom, na awóra tiat ti lorêrek, ná nge akó den, kune po yá (ama dupi adén, lo adipundyá piom kulo), monye alung lúcatyo kayémanit.
10. Nge atakín nge: ngutu ling yeyékakin berón tiat ti lorêrek anábut, edé ko ce améran, ce tintin tiat ti lorêrek an anábut; amá do adé tiat ti lorêrek téng ko cunána.
11. Cona í tur Kana. lo Galilaea Yesu acúlu kondyá ngo témejik; nge akwékin paráyet-nányet; karúkök-kányet ayúp nge.

Lor ló Nguu to mucála ko Epifanía bot.

(Matth. 8, 1 — 13).

1. I dingit, na Yesu akíwe mere kak, lodíretji jore tí ngutu aköpoddú nge.
2. Meté! ngutu ko yango apó, nge akwádd nge, nge adí: kó do nyanyar, do búbulö tokélan nan.

3. Yesu arí könin, nge atán nge, nge adi: nan nyanyár do kekélan. Cona dedé nge akélan i yango.

4. Yesu atakín nge: meté bura, ón do takin legé, ama ití, kweki do kayékanit lo robangga, yeké-yek ropet, gwôco Mose ayökijö a kweyet-náce.

5. Ko Yesu apó i tur Kafarnaum, centurio (matát lo lúcak ti tórobo merya-puök) amíjun kú'ngit, nge amoyú nge,

6. Nge adí: Monye! dupyét-lio pipíriki mede ko lotutúni, nge kó myen duma.

7. Yesu atakín nge: nán de popo, nan totobía nge.

8. Centurio arugö, nge adí: Monye! nán ti karudya kó po kö-yö i lodék-lio, ama takindyé jame geleng, cona dupyét-lio bibiáju.

9. Nan lungá ngutu lo kayökök, nan kó ngutu tí kö kö-yö lúkak, kó nan takin geleng: ití! nge tutu; kó nan lunggu lele: pó! nge popo. Kó nan yökijö dupyét-lio: kondí cona! nge kokondya.

10. Ko Yesu aying kune, nge adirja, nge atakin ngutu, lo aköbbú nge: nan takin ta burá: nan ako ríe yupet gwa níena i Israel.

11. Amá nan takin ta, ngutu jore popó i yure, kó i wölu, ce cicida ko Abraham, ko Isaak ko Yakob i tumatyan ná ki;

12. Ama nguájik ti tumatyan gugubáji kango i piríten ti múdue, nyú ngutu lúlujö, nyú ce nge'ngen kála.

13. Yesu atakin centurio: ití! gwôco d'ayup, cona kokona kónut. Dupyet-lónyet abiáju i dingit lopeng.

Lor ló Ngun to unguán ko Epifanía bot.

(Matth. 8, 23—27).

23. I dingit na Yesu adukin kibo, karúkök-kányet aköpoddú nge.

24. Meté! tör ayayu parík, cona kibo ködio aling mukö kó yala; ama Yesu adóto.

25. Karúkök-kányet amijun ká'ngit, ce a'ngijú nge, ce adí: Monye! luökí-luök yi, yi bubúköji.

26. Yesu atakin ce: tá ko yupet nádit, tá ko kujönö ngyo? nge a'ngíen ki, nge ayökijö köbúngötji kó tör: cunána agwon yuket duma.

27. Amá ngutu adirja, ce adí: nielo a ngálo, ló rurug lunga köbúngötji kó tör?

Lor ló Ngun to mukánat ko Epifanía bot.

(Matth. 13, 24 — 30).

24. I dingit Yesu atodínikin lodíret ná ngutu ngaret nene, nge adí: tumatyan ná ki gwôco ngutu, lo weja ngomot alóbut i melecén-nányet.

25. Amá ko ngutu adóto, miryku-lónyet apó, nge aweja lyábe i kiden ná bolot alóbut; edé nge atu.

26. Na ngomot apún, ce atóran, ede lyábe lunga apúkun.

27. Ama dupi ti monye-mede apó, ce atakin nge: monye! do ako weja ngomot alóbut i melecén-inot? lyábe apo yá?

28. Nge adí ko ce: miryku akondya kune. Ama dupi atakin nge: dó dek, yi tu nyu, bóboja kune?

29. Monye adi: aa, ón ta gwungún bolot lóbut lunga, kó ta boja lyábe.

30. Kölökita ling dudurjö téng ko dingit-ngeret; i dingit na ngeret nan tatakin ka'ngérak: tunéta kiyang lyábe, toréta-tor kulo i tóretji, anyan nonokan, ama tunéta bolot alóbut i gugú-lio.

Lor ló Ngun bukér ko Epifanía bot.

(Matth. 13, 31 — 35).

31. I dingit Yesu atodínikin lodíret ngaret nene, nge adí: tumatyan ná ki gwôco ngomóti lo könyum, lo adumún ngutu, lo awekin nge i melecén-nányet.

32. Níelo ngomóti alódit i ngomót ling, amá ko nge apún, nge totó'ngun deti ling, nge gwegwé a ködini, cona lunga kwén ti ki popó, ce dúdukö i kenya-kányet.

10

120

33. Yesu atakín ngutu ngaret nene: tumatyan ná ki gwôco murin pacúcua, na adumun nakwan kune, na adé nakwan kune i kóretji mucála ti kwokwo, téng ko ling agwé pacúcua.

34. Yesu atakin lodíretji cine ling ko ngáretji, nge ako jambu kó ngutu ko ngáretji aïn.

35. Anyan kokona, gwôco kamétanit ajambu, nge adí: nan nga'nga kutúk-nio i ngáretji, na totokuun, n' adéla i cúlua ná kak.

Lor ló Ngun: Septuagesima.

(Matth. 20, 1 — 16).

1. I dingit Yesu ajambú ko karúkök-kányet ngaret níena: tumatyan ná ki gwôco monye-mede, lo kóbubud atu kango lulung kakítak i melecén-nányet na lorêrek.

2. Ná nge amorja ko kakítak ko denár geleng ná lor ling, nge acón ce melecén-nányet na lorêrek.

3. Nge atu kango i wanglek, nge améle ngutu kulye, ce agwodan kana.

4. Nge atakín ce: itíta lunga i melecén-nio na lorêrek, cona nan rorób ta kirut.

5. Ama cilo atú yu. Tökí nge atu kango túparan ko koríri, nge akondyá töki cona.

6. Ná nge atu kango túkotyang, nge aríe kulye gwogwodan, nge adí: ta gwogwodán ni kana lór ling ngyo?

7. Ce arugö: lele-an akó lung yi. Nge ajambú ko ce: itíta lunga i melecén-nio na lorêrek.

8. Ná kak acömukö, monye-melecén na lorêrek ajambú ko ngutu-lónyet (ló i pirít ná monye): lungí kakítak, ti ce ropet, culuné í mukök téng ko tíkokwe.

9. Na apo kulo, ce alungu kótyang, ce aúju lele bot lele denár geleng.

10. Amá na tíkokwe lunga apó, ce kó-dije, ce uúju totó'ngun kulye; ama cilo lunga lele bot lele aúju denár geleng.

11. Ná ce aúju, ce ayúlen kó monye-mede.

12. Ce adí: cilo tí mukök akita dingit nádit, amá do atín ce ropet gwá-nikang, amá yi adukun pömöni ko túpape ná lor.

13. Amá nge arugö, nge ajambú ko lele lóce: jú-lio! nán ti kón do rabat, do ako morundya kö-yö i denár geleng?

14. Uji ropet-inot, iti; amá nan dedék tin nielo ló mukök lunga gwôco do.

15. Kodé nan tí bulö kondya, gwôco nan nyanyar? kongeilot alóron, kogwón nan lóbut?

16. Coná ngutu tí mukök gwé a tíkokwe, ku tíkokwe gwé a tímukök. Ngutu jore alungu, ama kudik aúlue.

Lor ló Ngun: Sexagesima.

(Luk. 8, 4 — 15).

4. I dingit, ná ngutu jore apendya, ná ce apó i turön, ná ce arumún ko Yesu, ajambú ko ngaret kace:

5. Lele kawéyanit atu kango weweja ngomot-kányet. Nge aweja, kulye adóro i kiko, cilo aryoryóka, kwén ti ki akwöddu cilo.

6. Kulye adóro kák i ngúrup ki, cilo apún, amá ce ateteyon, kogwón an náuyn.

7. Kulye adóro i kikuá kiden, kikua lunga awílun, ce ató ngomot.

8. Kulye adóro i kak nábut, cilo adurjö, konge ling lóce atin konyen merya-puök. Ná nge atakin cona, edé nge alung: ngá ku cúö, nge yiying!

9. Ama karúkök-kányet apíja nge: ngaret níena a ngyo?

10. Nge atakín ce: atí ko ta deden luönitji ti tumatyan ná ki, ama ngáretji tití kulye, anyán ce memet, amá ce tí met, anyán ce yiying, amá ce tí ying.

11. Ama ngaret kata níena: ngomot gwôco jame ló Ngun.

12. Ama cilo, cé i kiko, ngutu kata, ce yiying, ede molokótyo lóron popó, nge dudumún jame i töwilyet-kace kango, ón ce yup, ón ce gwé kwörinikö.

13. Cilo, cé i ngúrup ki, ngutu kata, ce yiying jame ko

10 *

Iföngön, ce wuwú nge; amá ce ko kokorí an: ce yuyup dingit nádit, amá i dingit, nyú ce dudúmaji, ce yiyitue.

14. Cilo, ce adóro i kikuá kiden, ngutu kata, ce aying, amá ce tutú yu, ce totólo ko dáretji, ko tito, ko liöngítön ti pótet, cilo ti jondya konyen.

15. Ama cilo, ce adóro í kak nábut, ngutu kata, ce yiying jame, ce dedé nge i töwyli lóbut alóbut parik, ce madang jojondya konyen.

Lor ló Ngun: Quinquagesima.

(Luk, 18, 31 — 43).

31. I dingit Yesu adumun puök-wod-muréke, nge atakín ce: metéta! yí tu Yerusalém yu, nyú ling kokona, n' awur kamétak kune i tore ló ngutu.

32. Nge pipíkö kó ngutu ló ti dén Ngun, nge momôro, nge bibítö, nge yayákaki kamulák.

33. Ná ce abit nge, edé ce tototú nge, ama i lór to mucúla töki nge ngi'ngíen ki.

34. Amá ce akó den cine, jamyat cilo adéla kace; ce akó den, na ajám nge kune.

35. Amá ko nge a'ngyóna ko Yeriko, agwé cona: ngutu modoké acida i kiko ngyóna, nge a'ngo'ngólija.

36. Ná nge aying lodíret tu ká'ngit ngerot, nge apija: cine i'ngyo?

37. Ngutu atakin nge: Yesu lo Nazareth po kónut ngerot.ˈ

38. Nge alung, nge adi: Yesu, tore lo Dawid, konyen-woné nan!

39. Ngutu kulo, lo atu ngerot kulo, awongón ko nge, anyán nge yiyinga. Amá nge alunggu parik: tore lo Dawid, konyen-woné nan!

40. Cunána Yesu agwodan, nge ayökijö, anyan júe ká'ngit ngyóna. Ná nge a'ngyóna, Yesu apí nge,

41. Nge adi: do dedék nan kondya kó do ngyo? amá nge adi: Monye! anyán nan mémeddya.

42. Yesu adi: medi! yupet-inot aluök do.

43. Cona dedé nge améddya, nge aköpoddú nge, nge akwádd Ngun. Lodíret ná ngutu ling améle kune, ce agodyá Ngun.

Lor ló Ngun cúlue ló to merya-unguán.

(Matth. 4, 1 — 11).

1. I dingit Yesu ajongá ko Molokótyo i térere, anyan satan mömör nge.
2. Ná nge aténg mugun lorou merya-unguán, edé nge amagóra.
3. Kamörönit amíjun ká'ngit, nge adi: kó do tore ló Ngun, taki, anyan ngúrup cine gwé a muntyelan.
4. Amá nge arugö, nge adí: awúrö, ngutu ti pôt ko muntye kana, amá ko jame ling, ló po i kutuk ná Ngun.
5. Ede satan ajóng nge i tur Yerusalem, nge atogwidikin nge i pilya ná kadi ná Ngun.
6. Nge adí: kó do tore ló Ngun, labú kak! kogwon awúrö: nge ayökijö Angélojin-kanyet akwe inot: ce dudukún do ko köníji, ón do julö mókot-ilot ko ngúrupit.
7. Ama Yesu ajambú ko nge: töki awúrö: kú mör Ngun, matat-ilot!
8. Töki satan ajóng nge i mere lójyo parík ki; nge akwekin nge tumatyan ná kak ling, nene bot nene, ko kwelen-nányet.
9. Nge atakin nge: nan tintin do cine ling, kó do rurugungö, kó do kwakwádd nan.
10. Cunána Yesu ajambú ko nge: igó satan! awúrö: kwacé-kwadd Ngun, matat-ilot, ruké-rug nge geleng!
11. Ede satan akölökín nge, meté! Angélojin tí ki a'ngyóna, ce atodupyén nge.

Lor ló Ngun to muréke ló to merya-unguán.

(Matth. 17, 1 — 9).

1. I dingit Yesu adumun Petri, Yakobi ko Yoannes, lun-gacér-lónyet, nge ajóng ce i pirít na mere lójyo ki.
2. Nge awóra kace komong. Komong-nányet amilyanggu gwôco kolong, ama bougguàt-kanyet agwé nákwe gwôco waro ¹) (paráyet).

---

¹) I wuret na Graeki yi kwökwöddu: *ὡς τὸ φῶς*, i wuret na lulungu: vulgata: sieut nix. *Φῶς* paráyet; „nix“ i jur ló Bari ngutu tí den; yi uúju: waro, (sg. waratat) — Baumwolle.

3. Meté! cunána Mose ko Elía apukun kace, ce ajambú ko nge.
4. Ama Petri acúlu jambú ko Yesu: Monye! anábut kó yi- gwolóng ni; kó do nyanyar, yi reremba kadijik mucála: geléng na inot, nene Mose, nene na Elía.
5. Ná nge ngyu ajambu, meté! diko apárara, aráb ce ko tilimöt. Meté! roro ayinga i diko; nielo tore-lio nyanyára ló nan nyanyar parik lo; yingéta nge!
6. Karúkök aying cine, ce adóro ko komocikan kak, ce akújönö parik.
7. Yesu amijun kace ngyóna, nge atán ce, nge ajambu kace: nginéta ki, ko kujönöta.
8. Ná ce abonggá ki, ce ako méle lele, ce améle Yesu geleng.
9. Ná ce akíwe mere kak, Yesu ayökijö ce, nge adí: ko takinta lele, n' amét ta kune, téng ko tore ló ngutu a'ngien ki i cilo átuan.

Lor ló Ngun to mucála ló to merya-unguán.

(Luk. 11, 14 — 28).

14. I dingit Yesu arikörö satan, nge ngulubé. Ná nge arikörö satan kango, ngutu ngulubé ajambu, lodiret ná ngutu adirja.
15. Ama kulye kace adi: nge riríkörö satan ko tukangan na belzebub, lókwe lo sátani.
16. Kulye amör nge, ce alung kweyet ná ki ká'ngit.
17. Amá nge améle yeyéetji-kace, nge atakin ce: tumatyan ling, na akóra, ryoryóka; kadi nene múmuju nene.
18. Cunána ko satan lunga ako morja kó nge lopeng, tumatyan-nányet gwogwolong adá? ta kukulya: nan riríkörö satan ko tukanga na belzebub.
19. Amá ko nan riríkörö ko belzebub satan kango, nguájik-kacu riríkörö ko ngyo?
20. Amá ko nan riríkörö satan ko morinet ló Ngun, cona tumatyan ná Ngun apó ku ta burá.

21. Ko legé alógo titiju ko tórobo bang-lónyet, kányet ling i fárana.

22. Amá ko lele popó, lo totó'ngun nge, nge teté nge, nge jojong tórobo-kányet ling, n' abúga nge kune, nge kokor tito-kányet.

23. Kó nge án ko nan, nge mamán nan, ló nge ti tutundya kó nan, nge totóre.

24. Ko molokótyo án lóke atu kó ngutu kango, nge wawala i piriten ti teteyon, nge doya yuket, amá nge ti rie yuket, nge kukulya: nan yiyitö kö-yö mede, n' aporí nan na.

25. Ná ko nge apó, nge ririe niena arcya ko cetan, niena apèta.

26. Edé nge tutú, nge lulúng ko nge molókojin kulye buryá, ce alórok totó'ngun nge, ce lulupö ngin, ce gwogwolóng ngin. Cona kune timukök ti nielo ngutu anárok, totó'ngun tikokwe.

27. Nge ajambu cona; cunána cine akona: nakwan na lodiret awongon, na atakin nge: mugun kwöriuit, na adoggú do, kinátji kwörinikö, lu anög do kulo.

28. Amá nge ajambu: kata cona, ama kwörinikö bia cilo, lo yiyinggá jame ló Ngun, lo rurug kulo.

Lor ló Ngun to unguán ló to merya-unguán.

(Yoann. 6, 1 — 15).

1. I dingit Yesu akamáji i tör na Galilaea ítikön nyú gwon tur Tiberia

2. Lodiret duma ná ngutu akeporó nge, kogwón ce améle ngo témejik, n' akon Yesu kune kó ngutu, cé ko múgunya minyen.

3. Ede Yesu akija i mere ki, nge acidaki kak ko karúkökkányet.

4. Ama Paska. lor duma lo Yudaei gwon ngyóna parík.

5. Na Yesu abongga, nge améle lodiret duma parik apo ká'ngit. nge ajambú ko Filippi: yi gwögwörun muntyelan yá, anyan cilo ngutu ngë'ngë?

6. Amá uge akulya cona, anyán nge mömör Filippi, ngelopeng aden burá, nge kondya ugyo.

7. Filippi arugö: muntyelan ti denári pukínö-murék ti jó, anyán ngutu ling uúju kudík.

8. Lele lo karúkök-kányet, Andrea, lungacér lo Simon Petri atakin nge:

9. Lele kölipönit kata ni, ngé ko muntyelan mukánat, kó comot murék: ama cine (kó) ngutu jore a ngyó?

10. Ama Yesu ajambu: takita ngutu, anyán ce cidaki kak. Amá i pirít nu-yu döru duma. Cunána ngutu lian acidaki kak, ce jore pukinö-mukánat-puök.

11. Ama Yesu adumun muntyelan; ná uge amörökín Ngun, nge akorakin muntyelán ngutu, lo acida kulo, cona lunga comot, mú ce nyanyar.

12. Ná ngutu ayímönö, nge atakin karúkök-kányet: tunéta pitönö, na pítue kune, on karan.

13. Cona ce atún, ce atojóre kupöjin puök-wod-murék ko pitönö, na pitué ti montyelan mukánat, n' apitun kune ngutu, ce a'ngécu.

14. Ná ngutu cilo améle ngo duma, n' akon Yesu, ce adí: níelo kamétanit diri, lo popó i kak.

15. Amá na Yesu adén, ngutu popó, ce momók uge, anyáu ce kokón nge a matat, nge töki adanáji i mere, nge geleng.

Lor ló Ngun lo durít.

(Yoann. 8, 46—59).

46. I dingit Yesu ajambú ko Yudaei: nga lócu búbulö tidyá nan katorónyanit? kó nan takin ta diri, tá ti yúp nan ngyo?

47. Ngutu ló Ngun yiyíng jame ló Ngun, amá ta tí ying lo, kugwón ta aïn ti Ngun.

48. Cunána Yudaei arugö, ce adi: yí ti kulya burá, do Samaritanit, dó ko satan?

49. Yesu arugö: nan aïn ko satan: amá nan kwakwadd babá-lio; amá ta ako kwádd nan.

50. Ama nán ti doya kwacét-nio; lele kata, lo dódoya, lo cacárju.
51. Nan takín ta burá, kirut: ko lele rurup jamyát-kwe, nge tí tuan acut.
52. Ede Yudaei adí: cunána yi deden burá, dó ko satan. Abraham ko kamétak átuan, ama dó adí: ko lele rurug jamyát-kwe, nge tí tuan acut.
53. Do totó'ngun babá-likang Abraham? nge átuan, kamétak lunga átuan. Do kokón mugun lopeng a ngá!
54. Yesu arugö: kó nan kwakwádd nan-lopeng, cona kwacét-nio aïn; babá-lio níelo, lo kwakwádd nan. níelo kata, gwôco ta adí, Ngun locu.
55. Ama tá ti dén nge, ama nán dedén nge. Kó nan kulya, nán ti dén nge, nán a burönit gwôco ta. Nan dedén nge, nan rurug jamyat-kányet.
56. Abraham mu'ngi-lócu alíöngön parík, anyán nge memét lor-lio, nge amélc lo. nge alíöngön.
57. Ede Yudaei adí; do ngyú an ko kingájin merya-mukánat. d' améle Abraham?
58. Yesu ajambú ko ce: nan takín ta burá, kirut: nán gwon ko Abraham eron.
59. Edé ce adumun ngúrup, anyán ce gugumba Yesu. Ama Yesu adé mugun, nge atú kadi ná Ngun kango.

Lor ló Ngun lo kenya.

(Matth. 21, 1 — 9).

1. I dingit Yesu a'ngyóna ko Yerusalem, nge ayengga Bethfage í mere lo welet, nge acon karúkök muréke;
2. Nge atakín ce: itíta í tur, lo kata i komong-nácu; nyú ta rieríc dede kayne-nakwan amonya ko tore-lónyet; lakéta-lak ce, jikúta kö-yö.
3. Kó lele kukulya kó ta, takíta: Monye lulunggu cine: edé nge kökölökín ta ce.
4. Ama cinc ling agwé, anyan kokona, gwôco kamétanit atakin eron, nge adí:

5. Takíta dyet Sion: meté-met! matat-ilot popo kónut. nge amáli, nge cicida i kayne-nakwan ki, i tore, i tore lo kayne.

6. Cunána karúkök atú, ce aK̈ondya, gwôco Yesu ayökijö.

7. Ce ajikun kayne-nakwán ko tore-lónyet, ce apetakin bongguât i kidirínö-kace, ce atocidakín nge.

8. Ama lodíret ná ngutu adúma parík apetakin bongguât í kiko; kulye agondya kenya tí kaden, ce atotorekín i kiko.

9. Ngutu ling, ce atú ko Yesu ngerot. ko kulo, ce aköbbú nge popó i karín tí Monye, nge raráta, nge gogóta!

Lor duma lo Paska.

(Mark. 16, 1 — 7).

1. I dingit María Magdaléna. María ngote na Yakobi ko Solóme agwörun welet môriri, anyán ce tu weya Yesu.

2. Kóbubud ná lor to geleng lo lorón ti yuket ce ayenggá i gulöm, kolong anyérun.

3. Ce ájambu nene bot nene: ngá de uúddya ngúrupit, ná i kotumit na gulöm?

4. Ná ce abongga nyú. ce améle ngúrupit uyú, ná gwon duma parík.

5. Ná ce alupö i gulöm, ce améle lúcatyo, nge acida alutáten, nge ajupú ko bonggo nákwe; ce arígwökö.

6. Ama níelo atakín ce: ko kujönöta! ta gagayu Yesu Nazareinit, lo abéko ko logerí, nge a'ngíen ki, nge án ni, medíta pirít, na atopirikín ngutu nge.

7. Ama itíta, takíta karúkök-kányet ko Petri: nge kacu ngerot tutu Galilaea, nyú ta de memét nge. gwôco nge atakín ta.

Lor ló Ngun to geleng ko Paska bot.

(Yoann. 20, 19 — 31).

19. I dingit, i lor to geleng ko Sábbati bot, túkotyang kotumitön tí kadi akinú, nyu karúkök atúna, kogwón ce akújönö Yudaei: Yesu apó, nge agwodan kace kiden, nge adí:

20. Fárana kó ta! ná nge ajambu cona, edé nge akwekín ce köníji ko mérete. Karúkök améle Monye, ko-ná ce alïöngön.

21. Yesu töki ajambú ko ce: fárana kó ta! gwôco baba acunyún nan, cona nan lunga cocón ta.

22. Ná nge ajambu cona, nge ayukakín ce, nge adí: ujíta Molokótyo duma!

23. Torónyetji tí ngutu, ná lak tá ce, cine aláka; amá ngutu, lo teténg ta kulo torónyetji, cilo atengo.

24. Ama Thoma, lele lo puök-wod-muréke, nge lulungu karúduet, nge akó gwon kó ce, na Yesu apo.

25. Cunána karúkök kulye atakín nge: yi améle Monye. Amá nge atakín ce: kó nan tí met diká na witiet tí reat i köníji-kányet, kó nan tí tin morinet-lio i pirít na witiet tí reat, kó nan tí tan könin-lio i mérete-lónyet, nan tí yup.

26. Kó loron budök bot karúkök tökí gwon ngin, Thoma lunga kó ce. Cunána Yesu apó i kotumitön, na titikö, nge agwodán kideu, nge adi: fárana kó ta!

27. Edé nge adí ko Thoma: jó ni morinet-ilot, meté köníjikwe, riné-ri könin-ilot, tanyé mérete-lio, kó gwon au kayúpönit, ama gwé kayúpönit!

28. Thoma arugö, nge adí: Monye-lio, Ngun-lio!

29. Yesu ajambú ko nge: Thoma! kogwón do améle nan. cona d'ayup. Kwörinikö cilo, ce tí met, amá ce yuyup.

30. Yesu akondya lunga ngo kunye jore i komocíkan ti karúkök-kányet, ce ako wúrö i cine korópo.

31. Ama cine awúrö, anyán ta yuyup. Yesu Kristi a tore ló Ngun, anyán ta ko yupet mémeddya i karín-kányet.

Lor ló Nguň to muréke ko Paska bot.

(Yoann. 10, 11 — 16).

11. I dingit Yesu ajambú ko Farisaei: nan kayúkunit alóbut. Kayúkunit alóbut tintin metet-nányet köbylu-kányet.

12. Ama kayúkunit lo ropet, ngé an kayúkunit, nge lunga án monye lo köbylu, kó nge memet koka popo, cona

nge kökölökin köbylu, nge wöwökön, koka momok köbylu, nge totóre ce.

13. Ama kayúkunit arópa wöwökön, kogwón nge lo ropet, kogwón nge laláun köbylu.

14. Nan kayúkunit alóbut, nan deden köbylú-kwe, köbylúkwe lunga dedén nan.

15. Gwóco Baba dedén nan, nan dedén Baba: nan tintin metét-nio akwé na köbylú-kwe.

16. Nan lunga ko köbylu kunye, ná gwon án i níelo goro kune: lunga nan dedek cine meméun ni, ce yiying rorólio; gwé goro geleng, ko kayúkunit geleng.

Lor ló Ngun to mucála ko Paska bot.

(Yoann. 16, 16₁ — 22).

16. I dingit Yesu ajambú ko karúkök-kányct: dingit anádit, edé ta tí met nan; töki dingit anádit. edé ta memét nan: nan tutú ko Baba.

17. Cunána kulyc ti karúkök akulya lele ko lele: cine i'ngyo, n' atakín nge yi: dingit anádit, edé ta tí met nan, töki dingit anádit. edé ta memét nan; lunga nan tutú ko Baba.

18. Ce akulya: cine i'ngyo, ná nge adí: dingit anádit? yi tí den, nge akulya adá?

19. Ama Yesu adén, ce dedek pipí nge, nge atakín ce: ta . pipija lele ko lele i cine, n' atakín nan ta: dingit anádit, edé ta memét nan.

20 Kirut, burá nan tatakín ta, ta gwigwíen molu, ta lúlujö, amá kak (ngutu ti kak) lilíöngön, ta gwé molu alóyur, ama yuran-nácu wowóra a líöngön.

21. Nakwan, na tatadú, anáyur, kogwon dingit-nányet apo; amá ko nge atadú bokotio, nge tene yeyé myen akwé na liöngit, kogwón ngutu atadúe kak.

22. Ta lunga cunána alóyur, amá nan memét ta töki, töwilyetkacu liölíöngön, lele ti dumun liöngit-nácu.

Lor ló Ngun to unguán ko Paska bot.

(Yoann. 16, 5 — 13).

5. I dmgit Yesu ajambú ko karúkök-kányet: cunána nán
tu yu kó lo, lo cunundyé nan, an geleng lócu pipí nan:
dó tu dá?

6. Ama kogwón nan atakín ta cine, yuran atojóre töwilyet-kacu.

7. Amá nan takín ta burá: anábut kó ta, kó nan tú yu;
kó nan tí tu, kacúkanit tí po kacu ni; amá ko nan
tutu, nan cucunyukín ta nge.

8. Kó nge apó. nge kwekwekín ngutu tí kak torónyet,
kirut, caret;

9. Torónyet. kogwón ngutu akó yup nan;

10. Kirut, kogwón nan tutú ko Baba yu, kogwón ta tene
mét nan;

11. Caret, kogwon matat lo níena kak acára.

12. Ngo jore pipítue, na dedék nan takín ta kune; ama
cunána ta tí bulö doggu kune.

13. Amá ko níelo Molokótyo ló diri apó. nge totodinikín ta
líng ti diri. Ngé ti jambu geleng í nge lopeng, amá nge
jajambú ling, n' ayíng nge kune, nge totokukín ta ling,
na popo molu kune.

Lor ló Ngun to mukánat ko Paska bot.

(Yoann. 16. 23 — 30).

23. I dingit Yesu ajambú ko karúkök-kányet: nan tatakín
ta kirut, burá: kó ta moyú Baba ngó i karín-kwe, nge
tintín ta kune.

24. Téng ko cunána ta ako moyú ngo i karín-kwe. Moyíta,
ta uúju, anyan liöngit-nácu gwé jore.

25. Nan atakín ta cine ko ngáretji; dingit popo, na nán
tene jambú ko ta ko ngáretji, amá nan totokukín ta
ko Baba.

26. I níelu lor ta momoyú i karín-kwe, nán ti takín ta, nan
mumulukín ta Baba.

27. Baba nge-lopeng nyanyár ta, kogwón ta anyár nan ko t' ayúp nan, nan apó i Ngun.

28. Nan apó i Baba, nan apó i kak: tökí nan kökölökín kak, nan tutú ko Baba.

29. Karúkök-kányet atakín nge: meté-met! cunána do jambu kúkuön, dó tene jambu ngaret.

30. Cunána yi dedén, do dedén ling, lele-an, lo pija do: ko ná kwe yi yuyúp, do atú i Ngun.

Lor duma lo kija Yesu ki.

(Mark. 16, 14 — 20).

14. I dingit Yesu apúkun puök-wod-geleng, ce acidakí i ngecu; nge aríng ce, kogwón ce tí yup, ko golet na töwilyet-kace, kó ce akó yup cilo, ce améle, nge a'ngíen ki.

15. Nge adí: itíta í kak ling, takíta ngutu ling Ewangéli;

16. Kó gwon yuyup, lo lalá, nge luökö; amá lo tí yup, nge gugubáji i kimang, ná ti penga.

17. Amá ko cilo, ce yuyup, ngo témejik cine kekeporó ce: i karín-kwe ce riríkörö ajókan, ce kukulya i kulya lúdukö;

18. Ce dudumun munuö, kó ce amöjú ngo totúet, ná ti kondya ce rabat; cilo gagapákin ngutu köníji, ngutu cé gwon kó berik-mimyen, edé ce bibiáju.

19. Yesu Monye, ná nge ajambú ko ce, aúyú ki, nge cicida alutáten ló Ngun.

20. Amá ce atú, ce atakín i piríten ling; Monye akón ko ce, nge atógo kulyáet kó ngo témejik, na aképoro kúne.

Lor ló Ngun to bukér ko Paska bot.

(Yoann. 15, 26 — 16, 4).

26. I dingit Yesu ajambú ko karúkök-kányet: ko kacúkanit popó, lo cunyukín nan tá lo i Baba, Molokótyo lo diri, lo popó i Baba, nge tintin kweyet kö-yö.

27. Ta lunga tintin kweyet, kogwón ta i cúlua kö-yö.

1. Nan atakín ta cine, ón ta kurö nan.

2. Ngutu riríkörö ta i Sinagoge-kace kango; dingit popó, nyú ling kó-dije rurúg Ngun, kó ce rerém ta.

3. Ce kokondyá ta cona, kogwón ce tí den Baba, lunga tí den nan.

4. Amá nan atakín ta cine, anyán, ko dingit apo, ta yeye, nan atakín ta cine.

Lor ló Ngun lo Pentekoste.

(Yoann. 14, 23 — 31).

23. I dingit Yesu ajambú ko karúkök-kányet: ko lele nyanyár nan, nge rurúg jame-lio; Babá-lio nyanyár nge yi popo ká'ngit, yi dudumun gwolónget ká'ngit.

24. Lo tí nyar nan, nge tí dep jamyát-kwe; jame, lo ayíng ta lo, aïn lio, amá lo Baba, lo acunyún nan.

25. Nan atakín ta cine i dingit, ná nan nyú gwon kacu.

26. Ama kacúkanit Molokótyo duma, lo cucunyukín Baba i karín-kwe, ngo totodinikín ta ling, nge totoyejú ta ling, n' atakín nan ta kune.

27. Nan kökölökín ta fárana, faraná-nio nan tintín ta, nan tintin, ama án gwôco ngutu tintin. Töwyli-lócu on yuran, on kújönö.

28. Ta aying, nan atakín ta: nan tutú, nan yíyitwe kacu. Kó ta nyanyár nan, ta liölíöngön burá, akwé nan tutú ko Baba; Baba totó'ngun nan.

29. Cunána nan atakín ta cine, na gwegwé kune eron, anyán ta yuyúp, ko cine akona.

30. Cunána nán tene jambu jore kó ta. Matát lo níena kak popo, amá nge an kö-yö.

31. Ama anyán ngutu dedén, nan nyanyár Baba, nan kokondya, gwôco Baba ayökijö nan.

Lor duma ló Ngun geleng i mucála.

(Matth. 28, 18 — 20).

18. I dingit Yesu ajambú ko karúkök-kányet: bulöt ling ná ki, ná kak atí nan.

19. Ko-ná itíta í kak ling, totodinikíta gweájin ling, lanéta cé i karín tí Baba, kó ti Tore, kó ti Molokótyo duma;
20. Todinikíta ce rurug cine ling, na ayökijö nán ta kune. Meddíta! nan gwogwón ko ta téng ko bakáyet ná kak.

Lor ló Ngun to geleng ko Pentekoste bot.

(Luk. 6, 36 — 42).

36. I dingit Yesu ajambú ko karúkök-kányet: wonéta-konyen, gwôco mu'ngi lócu lunga wowon-konyen.
37. Ko carta, cona ta lunga ti cára; ko ríkörö, cona ta lunga ti riköji; pitúta, cona ta pipítue.
38. Títa, cona ta tití, temet lóbut, lo ruda, lo dodonga, lo barándu titi í môk-kaću; ko níelo koret, lo tembi ta, ta töki tetémaki.
39. Modoké lele búbulö pik modoké? ce muréke ti doro í dili?
40. Kádínanit ti tó'ngun katodínanit, ama ling ajó, kó ce gwôco katodínanit.
41. Do memet jelêt i konge lo lungöcúr ngyo, amá do ti dirja ríköni i konge-ilot?
42. Kodé do búbulö takin lungöcúr adá: lungacér! kölí nan dutun jelêt i konge-ilot, kó do-lopeng ti mele ríköni i konge-ilot? kapálanit! dutú kiyang ríköni i konge-ilot, edé do memet dutun jelêt i konge lo lungöcúr.

Lor ló Ngun to muréke ko Pentekoste bot.

(Luk. 14, 16 — 24).

16. I dingit Yesu atakin Farisaei ngaret niene: lele monye aderjá gwele duma, lu agukún ngutu jore.
17. I dingit na ngecu nge acon lúcatyo-lónyet takin cilo, ce agúkue, anyán ce popo, kogwón ling apéta.
18. Amá ling lele bot lele acúluja renya. Lókokwe atakín nge: nan agwörundya mede kó kak, nan dedék tu memét ce ko konge, nan moyú do, kölikö nan.
19. Lele adí: nan agwörundya duönin puök, nan tutu mömörjú ce, nan moyú do, kölikö nan.

20. Lele adí: nan ayemba nakwan, ko-ná-kwe nan tí bulŏ po.
22. Dupyet ayítue, nge atakín monye-lónyet cine. De monye-
mede aúndye woran, ngc atakin lúcatyo-lónyet, nge adí:
ití kango dedé i görön, i kikólan tí tur, pikú ni ngutu
lomeríka, lómunyak, modokéno, ngodéki.
22. Dupyet adí: monye! akona, gwôco do ayökijö, ama pirít
ngyu kata.
23. Monye atakin dupyet: ití kango i luríten, i máringa,
ticú ce ngin, anyan kadí-nio jojore.
24. Amá nan jajambú ko ta, lele án lo cilo lian, ce agúkue,
wawáng gwele-nio.

Lor ló Ngun to mucála ko Pentekoste bot.

(Luk. 15, 1 — 10).

1. I dingit publikáni ko katorónyak a'ngyóna ko Yesu,
anyán ce yiyíng nge.
2. Farisaei ko kadénak ti wúretji ayúlen, ce adí: nge
uúju katorónyak, nge nge'ngecu kó ce.
3. Amá nge atakin ce ngaret niena, nge adí:
4. Nga lócu, ngé ko köbylu merya-puök, lo atolyanggu
geleng kace, nge tí kölökin merya-bunguán-wod-bunguán
térere, nge tí gayu, na alyangan na, téng ko ngc aríc
niena?
5. Kó ngc aríe na, nge dudukukín na i kiidi ko liöngön;
6. Kó nge ayengga mede, nge lulung julin kó ngutu ti
ǀugyóna, nge kukulya kó ce: liöngíta kó nan, kogwón nan
arie köbityó-nio, na alyangan na.
7. Nan tatakín ta: cona lunga liöngön kata ko katorónyanit,
lo bubúru, na totó'ngun liöngön na merya-bunguán-wod-
bunguán alóbut, ló gwon tí buru kulo.
8. Kode nán nakwan, ná ko drachma puök, kó na atolíkin
drachma geleng, ná ti todebba kimang, ná ti reja kadí,
ná ti gayu diri, téng ko nge arie?
9. Kó ngc aríe niena, nge lulung julin ko wâte ti ngyóna,

11

nge kukulya: liöngíta kó nan aríe drachma, na atolikín nan na.

10. Cona nan tatakín ta, Angélojin tí Ngun liölíöngön ko katorónyanit geleng, lo bubúru.

Lor ló Ngun to unguán ko Pentekoste bot.

(Luk. 5, 1 — 11).

1. I dingit lodíretji tí ngutu adirjö Yesu, anyán ce yingga jame ló Ngun, nge-lopeng agwodán i tör Genésaret.

2. Nge améle kibojin muréke í tör, ama tómonok ti comot akija kango, ce, alaláju kubílan-kace.

3. Ama Yesu akija i kibo ko Simon, lu amoyú nge, anyán nge kakámara kudík. Kó nge acidaki, nge atodínikin lodíretji i kibo kango.

4. Kó nge atobáka jambu, nge atakin Simon: kamará kibo i pirít nágulu ngin, gubaráta kubílan-kacu, anyán ta momok.

5. Simon arugö, nge adí: katodínanit! yi akita túkwaje ling, yi akó mok cúmuti geleng, amá i jame-ilot nan gugúbara kubí.

6. Ce akon cona, ce amok lodíret duma ná comot, ama kubí-náce a'gi'nga.

7. Ce akweddya ka'ngárak, cé gwon i kibo lele, anyán ce popo, anyán ce nga'ngarakin ce. Ce apó, ce atolítu kibojin muréke, téng ko ce doya juruddyö.

8. Simon Petri améle cine, nge arugungö ko kunguât ti Yesu ngyóna, nge adí: Monye! igó kö-yö, kogwón nan katorónyanit.

9. Ngé ko ling, cé gwon kó nge, adirja parík akwé na moket ná comot, lo amók ce kulo.

10 Cona lunga Yakobi ko Yoannes nguájik ti Zebedaei, cé gwon ka'ngárak ti Petri. Ama Yesu ajambú ko Simon: ko kújönö! molú do momók ngutu.

11. Ce ajik kibojin-kace kango, ce akölökin ling, ce aköpoddú nge.

Lor ló Ngun to mnkánat ko Pentekoste bot.

(Matth. 5, 20 — 24).

20. I dingit Yesu ajambú ko karúkök-kányet: kó ta aïn kirut, kó ta ti tó'ngun kadénak ti wúretji ko farisaei, ta ti lupö i tumatyan ná ki.

21. T' aying ataki ngutu ti eron: ko rembu; amá lo rerembu, nge cacára.

22. Amá nan takin ta: ngutu lo wowóran ko lungacér-lónyet, nge cacára. Amá lo kukulya ko lungacér-lónyet raka, nge lulungú i putet; amá lo kukulya: do mamála, nge rurudya kimang, ná ti penga.

23. Ko-ná kó do yeyékakin robangga-ilot i rogo na robangga, , kó do yeyéju nyu, lungöcúr ngo'ngonyo kó do,

24. Iti kiyang, morani ko lungöcúr, ede yituené, yekakí robangga-ilot.

Lor ló Ngun to bukér ko Pentekoste bot.

(Mark. 8, 1 — 9).

1. I dingit na lodíret duma ná ngutu atundya kó ngo aïu, na ngê'ngê, Yesu alung karúkök, nge adí:

2. Konyén-kwe-wowon lodíret; metéta! loron mucála cé gwon kö-yö kó ngo aïu, na ngê'ngê.

3. Kó nan kökölökin ce tutu midijik-kace ko magor ako tu'ngê, ce dododdya í kiko; kulye kace apo pajyo.

4. Karúkök-kányet arugö nge : ngá uúju muntyelan yá ni i térere, anyan totoyimönö ce?

5. Nge apíja ce: muntyelan kacu madú? ce adí: buryá.

6. Nge ayöki lodíret cidakí kak. Cunána nge adumundya muntyelan buryá, nge amörökindya, nge apepekendyá ce, nge atín ce karúkök-kányet, anyán ce gwégweya; cilo agwegwelakín ngutu kune.

7. Cé gwon lunga kó comot nádidik kudik; nge arát ce lunga, nge ayökijö tití.

8. Ngutu a'ngecu, ce ayimönö, ce adumun nádidik na pítue kune kupöjin buryá.

9. Cilo, ce a'ngecu gwon kode pukinö-puök perok unguán; nge akölökin ce.

11*

Lor ló Ngun to buryå ko Pentekoste bot.

(Matth. 7, 15 — 21).

15. I dingit Yesu ajambú ko karúkök-kányet: tinita berik ko kamétak burönök, ce popo kácu ni ko börikötji ti yici, amá ce katá dígitön kakerényak.
16. Ta deden cilo i konyen-káce. Ngutu tutundya konyen ti lorêrek i kikua, kode kibyet i tulyélye?
17. Cona ködini lóbut jojon konyen lóbut, ama ködini lóron jojon konyen lórok.
18. Ködini lóbut tí bulö jondya konyen lórok, cona lunga ködini lóron tí bulö jondya konyen lóbut.
19. Ködini ling, ló ti jondya konyen lóbut, totóko, nge gugubáji i kimang.
20. Ko-ná ta dedén ce i konyen-káce.
21. Baïn ngutu ling, lo lulúng nan: Monye, Monye! tutú yu i tumatyan ná ki, amá lo kokondya deket na Babá-lio ló ki, nge tutú yu i tumatyan ná ki.

Lor ló Ngun to budök ko Pentekoste bot.

(Luk. 16, 1 — 9).

1. l dingit Yesu atakin karúkök-kányet níena ngaret: monye kwörinit gwón ko lúcatyo ló kadi; nge a'ngöki ká'ngit, gwôco nge atúkar tito-kányet.
2. Ko-ná nge alúng lu, nge adí: nan ying cine cona kónut ngyo? taki nan burá, d'akondya ngyo, cona dó tene bulö gwolong lúcatyo-lio.
3. Lúcatyo ayeyéju: nan kondya ngyo, kó monye-lio ti kölikö nan i pirít-nio? nan tí bulö kurju, nan kúkurö ngo'ngólija.
4. Nan dedén, nan kondya ngyo, anyán ngutu kó nan ariköji, anyán ce uúju nán i mídijik-kace.
5. Nge atundyá ngutu ko möríet tí monye-lónyet ling, nge atakin lókokwe: dó ko möríet mudá tí monye-lio?
6. Ngé adí: capya ti welet merya-puök. Nge atakin nge:

uji korópotat - inot na mörí, cidakiné kijek, ko wuré: merya-mukánat.

7. Edé ngc atakin lele: amá do ko möriet mudá? ngc adí: kupöjin tí bolot merya-puök. Nge atakin nge: ují korópotat-inot ko wuré: merya-budök.

8. Monye agodya lúcatyo lóron, kogwón nge akondya lokong; kogwon nguájik ti kak alokong í gwea-nácc, ce totó'ngun nguájik ti fárara.

9. Nan lunga jajambú ko ta: tojulinéta ko tito nárok, anyán ce ko bakáyet-nácu uúju tá i gwolóngetji yeng'ngin.

Lor ló Ngun to bunguán ko Pentekoste bot.

(Luk. 19, 41 — 47).

41. I dingit, na Yesu a'ngyóna ko Yerusalem, ná nge améle tur duma, nge agwíen, nge adí:

42. Kó do lunga deden cona i lólor-ilot cine, ná a fáranainot kune, ama cunána cine adéla i konyen-kulök.

43. Kogwón loron popo kónut, nyu mérok-kanyet lolóng do ko gorom, ce gögöm do, ce totoyúr do i piríten ling.

44. Cc ryoryók do ko nguájik - kulök, ló gwon kónut ngin, cé ti kölikö ngúrupit i ngúrupit ki; kogwón do akó den dingit na yölit-inot.

45. Ná nge apó i kadi ná Ngun, nge acúlu riríkörö kaugo kagwörök ko kadöyök, cé gwon ngin.

46. Nge ajambú ko ce: awúrö: kadí-nio kadi-wanet, amá ta akondyá na a wöwu na karémok.

47. Nge atodinikín loron ling í kadi ná Ngun.

Lor ló Ngun to puök ko Pentekoste bot.

(Luk. 18, 9 — 14).

9. I dingit Yesu ajambú ko kulye, ce abbúga gwóco burá, ce aláun kulye, níena ngaret:

10. Ngutu muréke akíja ki í kadi ná Ngun, anyán ce wawandu, lele lóce gwon fariseinit, lele publikanit.

11. Fariseinit agwodán yu, nge awandu ká'ngit lopeng cona: Ngun! nan mömörökin do, kogwón nan aïn gwóco ngutu

kulye, gwôco kariákak, kadúmmak, kalúpök. kode lunga gwôco níelo publikanit.

12. Nan teténg mugun perok muréke í loron buryà (ti sábbati); nan tintin koret to puökit ná ling, ná kata kö-yö kune.

13. Ama publikanit agwodan pajyo, nge akó dek bongga ki, amá nge ajok kidó-nányet, nge adí: Ngun! morarí nan katorónyanit.

14. Nan jajambú ko ta: níelo atú mede ko torónyet an, amá lele aïn; kogwón ngutu ling, lo bugá mugun, nge totó'ngue, amá lo ti bugá mugun, nge totó'ngundya.

Lor ló Ngun to puök-wod-geleng ko Pente-koste bot.

(Mark. 7, 31 — 37).

31. I dingit na Yesu akölökin ríletji ti Tiri, nge atú i Sidon, cona nge ayengga tör duma na Galilaea í kiden ná kak na turön puök.

32. Ngutu yu ajakín nge lele ngutu mingé, lunga ngulubé, ce amoyú nge, anyán nge gagapakín lo könin.

33. Nge aúddyá nge i lodíret kango (i mérete), nge acukin morîn-kányet i cúö-kányet; nge ayaka, nge atan ngedeb-lónyet (ko kamulâk).

34. Nge abongga ki, nge adua, ngé adí: éffeta, ló kata: ngají.

35. Dede cúö-kányet a'nga, ngedeb-lónyet alaka, nge ajambu burá.

36. Yesu ayökijö ce, ón takín ngutu lele cine. Nge ayökijö parik, amá ngutu atokú parík.

37. Cilo lunga adirja parik. ce adi: nge akón ling anábut: nge atoying mingéki, nge atokúlya ngulubéki.

Lor ló Ngun to puök-wod-muréke ko Pente-koste bot.

(Luk. 10, 23 — 37).

23. I dingit Yesu ajambú ko karúkök-kányet: konyen kwö-rinikö, ce memet cine, na memét ta.

24. Nan jajambú ko ta, kamétak ko kimák lödír adek memet cine, na memét ta kune, amá ce ako méle; cilo adek yiying cine, na yiying ta kune, amá ce akó ying.

25. Metéta! kadénanit lo yökíet agwodán, nge amör nge, nge adi: katodínanit! nan kondya ngyo. anyán nan uúju metet yeng'ngin?

26. Amá lu ajambú ko nge: í yökíet awúrö ngyo? do kwö- kwöddu cine adá?

27. Nge arugö, nge adi: nyaré-nyar Ngun Monye-ilot ko töwyli-ilot ling, ko molokótyo-ilot ling, ko góletji-kunök ling, ko deket-inot ling: nyaré-nyar ngutu lele (kakatyo- ilot) gwôco mugun lopeng.

28. Yesu adi: d'arugö burá, kondi cona, do mémeddya.

29. Amá nge adek kwekín mugun abúcan, nge atakin Yesu: ama kakatyo-lio a ngálo?

30. Yesu arugö, nge adí: ngutu atú i Yerusalem tu Yériko, amá nge arúm ko kariákak, ce apecún nge, ce acojú nge dikájín, ce atú, ce akölökín nge abírue.

31. Ama cine agwé: búnit-ló-Ngun alenggu kiko lu-yu, nge améle nge, nge alányakin.

32. Cona lunga Lewíta, ná nge ayengga pirít nu-yu, nge améle lo, nge alányakin.

33. Amá lele kajölönit, nge Samaritanit, ayenggá ko lo, nge konyen-awon.

34. Nge a'ngyóna kó lo, nge abúk ngin welet kó tiat ti lorérek (i dikájin), edé nge adukukín nge i kayne-nányet, nge ajík lo í kadi ná komon, nge awowója lo.

35. Lor lele nge adumun denári muréke, nge atin ce monye- kadí, nge adí: wowoné lo, kó do atin bia, nan lulundyá do, kó nan yiyitwe.

36. Ngálo cilo mucála í konyen-kulök a kakatyo ló ngutu apécue ko kariákak?

37. Amá nge adi: lo awon-konyen kó nge. Yesu atakín nge: ití, kond: lunga cona!

Lor ló Ngun puök-wod-mucála ko Pentekoste bot.

(Luk. 17, 11 — 19).

11. I dingit, na Yesu ajölö tu Yerusalem, nge atú i kiden
na Samaría ko Galilaea.
12. Ná nge apó i tur, ngutu puök ko lepra (yango) arúm
ko nge; ce agwodan pajyo.
13. Cilo awongon, ce adí: Yesu katodinanit! konyen-woné yi!
14. Na Yesu améle ce, nge adí: itíta, kwekíta búnuk-ti-
Ngun berik-kácu! Ede agwé, kó ce atú yu, ce akélan.
15. Lele lo cilo ngutu, kó nge améle mugun akélan, nge
ayítue, nge agodyá Ngun ko roro lógo.
16. Nge arugungö ko komóng kak ko môkotji-kányet ngyóna,
nge amörökindyá nge; níelo gwon Samaritanit.
17. Yesu arugö, nge adí: aïn ngutu puök akélan? kulye
bunguán kul'yá?
18. Baïn-lele ayítue, baïn-lele agodyá Ngun; níelo ngutu lo
pajyo geleng.
19. Yesu ajambú ko nge: nginé ki, ití, yupet-inot atobiáju do.

Lor ló Ngun to puök-wod-unguán ko Pentekoste bot.

(Matth. 6, 24 — 33).

24. I dingit Yesu ajambú ko karúkök-kányet: ngutu-an, lo
todupyen kómonye muréke; nge ngo'ngonyo geleng, nge
nyanyar lege, kodé nge rurug geleng, nge mamán lele.
Ta tí bulö rurúg Ngun kó kak náron.
25. Ko-ná nan tatakín ta: ko dárata parik akwé na metet-
nácu, ta nge'ngecu ngyo, akwé na mugun-nácu, ta
jujupú ngyo. Molokótyo ti tó'ngun kinyo, mugun ti
tó'ngun bongguât?
26. Diréta-dir kwén ti ki, cé ti weja, cé ti ngerja, cé ti
tundya i gúguö, amá mu'ngi-lócu ló ki nge wowója cc.
Aïn ta bia í ce?

27. Nga lócu búbulö totodurjö ko kiidi geleng mugun-nányet?

28. Ta dadarju ko bongguát ngyo? diréta-dir dirkolongan ti melecén, ce wiwílun, ce ti kita, cé ti wiwijö.

29. Nan tatakin ta, Salomon lopeng i tumatyan-nányet ling ako jupú gwóco geleng lóce.

30. Kó Ngun totojup dérue tí kak cona, ce lólor kata, kotumólu gugubáji i kimang, nge totojúp ta parík, tá ko yupet nádit?

31. Ko-ná ko dárata parik, ko takinta: yi nge'ngecu ngyo, yi mömöju ngyo, kodé yi jujupú ngyo?

32. Cine ling kaböngök tí Ngun dedek cona. Mu'ngi lócu dedén, na dedék ta kune.

33. Cona doléta kiyang tumatyan ná Ngun ko bucet-nányet, kunye ling yayálaki kácu.

Lor ló Ngun to puök-wod-mukánat ko Pente-koste bot.

(Luk. 7, 11 — 16).

11. I dingit Yesu ayengga tur, nge lulungu Naïm: karúkök-kányet kó ngutu jore aköpoddú nge. ·

12. Ná nge a'ngyóna i kotumit ná tur, mcté! ngutu átuan adóko kango, tore geleng ló ngote líkijo; ngutu jore aköpoddú nge.

13. Ná Monye améle na, nge konyen-awón, nge adi: ko gwi!

14. Nge amíjun, nge atan kopor ná ngutu átuan, ama kadókok agwodan. Nge ajambu: lúcatyo! nan tatakín do: nginé ki!

15. Níelo átuan atetenakín mugun ki, nge acúlu jambu. Yesu anyökökin ngote lo.

16. Ngutu ling akújönö, ngutu ling agodyá Ngun, ce adi: kamétanit duma a'ngíen kayang; Ngun ayeyú gwea-nányet.

Lor ló Ngun to puök-wod-bukér ko Pcntc-
koste bot.

(Luk. 14, 1 — 11).

1. I dingit, na Yesu í lor lo Sábbati atú i kadi na fariseinit duma, anyán ngc nge'ngecu, ngutu akunyár nge
parík.
2. Metél ngutu, mugun awélan kó piom, gwon ká'ngit
ngerot.
3. Yesu acúlu jambú ko kadénak ti yökietji ko farisaci:
ngutu búbulö tobiáju i lor lo Sábbati?
4. Amá ce ayingga. Nge atán nge, nge atobia nge, nge
akölökín nge.
5. Nge ajambu, nge adí kó ce: kó lele lócu kayne kode
duöd adóro i dili, ngé ti pikun kango kijek i lor lo
Sábbati?
6. Ce akó den rurugö nge.
7. Ama Yesu atakín ngutu, ce agúkue, ngaret, ná nge
améle, ce uulundyö píriten tikokwe, nge adí ko ce:
8. Kó do agúkue í gwele, ko cidakí i pirit nákokwe, anyán,
kó lele, lo totó'ngun do, agúkue ko kagúkuenit,
9. Anyán nge ti po, lo agukundyö do ko níilu, on takín
do: kölökí níena pirít; dedé do cucúlu ko kúkurö cidakí
i pirít námukök.
10. Amá ko do agúkue, ití, cidakiné i pirít námukök, anyán,
na kagúkuenit popó, nge takín do: jú-lio, pó ni i pirit
nákokwe! Edé do kwákwaca i cilo, ló gwon kó do kulo.
11. Kogwón ling, lo kondya berik atémejik kulo, totó'ngue,
amá ling, ló ti kondya berik atémejik kulo, totó'ngun.

Lor ló Ngun to puök-wod-buryâ ko Pentekoste bot.

(Matth. 22, 35 — 46).

35. I dingit farisaei apó ko Yesu, lele lócu katodínanit lo
yökiet apí nge, anyan mömör nge:
36. Katodínanit! yökiet duma í ling a nán?

37. Yesu arugö, nge adí: nyaré-nyar Ngun Monye-ilot ko töwyli-ilot ling, ko molokótyo-ilot ling, ko deket-inot ling!
38. Niena yökiet duma i ling, yökiet nákokwe.
39. Ama yökiet nene gwóco niena: nyaré-nyar ngutu lele gwóco mugun-inot lopeng.
40. I yökietji cine muréke momora yökietji líng ko kamétak.
41. Na farisaci atundya, Yesu api ce,
42. Nge adi: ta yubö Kristi ngyo? ngú akwéja nge? ce adi: nge tore lo Dawid.
43. Yesu ajambu: ama Dawid agwí nge i molokótyo: Monye adá, ko kulya:
44. Monye atakin Monye-lio: cidakiné alutáten-lio, téng ko nan atin mérok-kulök a cidet na mókotji-kulök?
45. Ko Dawid gwigwí nge Monye, ngé a tore-lónyet adá?
46. Amá lele akó bulö rurugö ko jame; i nielo lor lele-án, lo anyár töki pipí nge ngo.

Lor ló Ngun to puök-wod-budök ko Pentekoste bot.

(Matth. 9, 1 — 8).

1. I dingit Yesu adukin i kibo, nge akamáji i tikön, nge ayengga í tur-lónyet.
2. Meté! ngutu ajakin nge lele ko lotutúni, nge apirikí i dotoet. Na Yesu améle yupet-náce, nge atakin ngutu ko lolutúni: yeyejí, toré-lio, torónyetji-kunök kökölöki.
3. Meté! kulye ti kadénak akulya kó berik-lope'ngat: nielo torondyá Ngun.
4. Na Yesu aden yeyéetji-kácu, nge adí: ta yeyéju anárok i töwilyet ngyo?
5. Padedé bia i'ngyo, takin: torónyetji-kunök kökölöki, kode takin: nginé ki, dumundyé dotoet-inot, iti mede!
6. Ama anyán ta deden, tore ló ngutu búbulö kölökin ngutu torónyetji - káce, nge atakin lo ko lotutúni: nginé ki, dumundyé dotoet-inot, iti mede!
7. Nge a'ngien ki, nge atú mede.
8. Amá na lodiret améle cine, ce akújönö, ce agodyá Ngun, lo atin ngutu bulö cona.

Lor ló Ngun to puök-wod-bunguán ko Pentokoste bot.

(Matth. 22, 1 — 14).

1. I dingit Yesu töki atakin búnuk témejik ko farisaei i ngáretji:

2. Tumatyan ná ki nga'ngarju matat, lo pépedya torelónyet gwele ko budú.

3. Matat acon dupi-kányet lulúng ngutu agúkue í gwele, amá ce tí dek popo.

4. Töki nge acon dupi kulye, nge adí: takita ngutu agúkue: metéta! gwelé-nio apéta, duönin ko cókoro adungö, ling ayonge. Póta i gwele!

5. Amá ce alaúndya, ce atú i kikólan-káce, lele atú i mede na melecén-nányet, lele atu dödöju.

6. Ama kulye amok dupi-kányet, ce amorjú ce, ce arembú ce.

7. Na matat aying cine, nge awóran, nge acon lúcak-kányet ling, nge ayökijö karémok cilu rerémo, tur-lóce totonóka.

8. Ede atakin dupi-kányet: gwelé ko budú apéta, amá ngutu agúkue ako karudya.

9. Ko-ná itíta dútetji ti kikólan, gukúta i gwele ngutu ling, lo ríc ta kulo.

10. Dupi-kányet atu kango i kikólan, ce atundyá ngutu ling, lo aríe kulo lóbut ko lórok. Cona kadí na gwele agwé jore ko komon.

11. Matat apó i kadí ngin memet komon, lo acidaki kulo; nge améle yu lelé ngutu ako jupú ko bonggo na budú.

12. Nge atakín nge: jú-lio! d'apó ni adá, kó do ako jupú ko bonggo na budú?

13. Cunána matat ayökijö dupi: toréta-tor köníji ko môkotji-kányet, gubaráta nge kango i piríten amúdue parík, nyú ngutu lúlujö, nyú ngutu nge'ngen kála.

14. Ngutu jore agúkue, ama kudik aúlue.

Lor ló Ngun to merya-muréke ko Pentekoste bot.

(Yoann. 4, 46—53).

46. I dingit matát gwon, tore-lónyet apiriki í tur Kafarnaum kó myen.

47. Na nielo aying, Yesu apo Yudaea, i kak na Galilaea, nge atu ká'ngit, nge amoyu Yesu, anyán nge popo, anyán nge totobiáju tore-lónyet, nge acúlu (a'ngyóna) tuán.

48. Ama Yesu atakín nge: ta tí yup, kó ta'tí met kwéyetji kó ngo témejik.

49. Ama matat atakin nge: Monye! pó, ko tuán na tore-lio eron!

50. Yesu atakín nge: iti! tore-ilot mémeddya. Nielo ngutu ayúp jame, lo atakin nge Yesu lo; nge atu.

51. I kiko dupi-kányet árum ko nge, atokukín nge, ce adí: tore-ilot mémeddya.

52. Nge apíja cé i dingit, na abiáju tore-lónyet. Ce atakin nge: kaje i dingit to buryà muri akölökin nge.

53. Ko-ná matat adén i dingit lopeng, na atakin Yesu na: tore-ilot mémeddya. Nge ayúp kó gwea-nányet ling.

Lor ló Ngun to merya-muréke-wod-geleng ko Pentekoste bot.

(Matth. 18, 23 — 35).

23. I dingit Yesu ajambú ko karúkök níena ngaret: tumatyan ná ki nga'ngarju matat, lo adek kondya kénet ko dupi-kányet.

24. Ná nge acúlu kendya, dupyet lele ajikö, nge ko möriet na talenta pukínö-puök perok puök.

25. Amá nge kó ngo aïn, anyan nyönyökökin, cona matat ayökijö, ngé ko nakwan-nányet ko nguájik-kányet, ko tito-kányet ling gwögwöröri, talenta nyönyököki.

26. Ede dupyet arugungö ká'ngit ngyóna, nge amoyú lo, nge adi: möni-mön kó nan, nan rorób do ling.

27. Monye konyen-awón ko nielo dupyet, nge akölökin nge, nge adokakin nge möriet.

28. Amá na níelo dupyet atu kango, nge aric dupyet lele, ló gwon kó nge, ngé ko möríet ti denári merya-puök; nge amók murut-nányet, nge ató nge, nge adí: nyököki nan möríet!

29. Ede dupyet, ló gwon kó nge, arugungö, nge amoyú lo, nge adi: möni-mön kó nan, nan roröb do ling.

30. Amá nge tiben; amá nge atú, nge ayökijö lo tí í kadi na reréket, téng ko nge alundyá ling.

31. Na dupi kúlye améle, nge akondya ngyo, ce agwé lóyur parík; ce atú ko matat, ce anyökökín nge ling, na akona kune.

32. Cunána matat alúng nge, nge atakin nge: dupyet lóron! nan akölökín do möríet ling, kogwón do amoyú nan;

33. Cona ködiö do lunga ti won-konyen ko dupyet, ló gwon kó do, gwôco nan konyen-awón ko do?

34. Monye-lónyet awóran, nge atín nge kabítak, téng ko nge alundya möríet ling.

35. Cona lunga Babá-lio ló ki kokondya kó ta, kó lele ti pitun ko töwyli ngutu lele, lo gwôco lungacér-lónyet.

Lor ló Ngun to merya-muréke-wod-muréke ko Pentekoste bot.

(Matth. 22, 15 — 21).

15. I dingit farisaei atú, ce ajambu putet, ce momok Yesu í jame adá.

16. Ko-ná ce acon kadinak-káce ko Herodiáni ká'ngit, ce adi: katodínanit! yi dedén, do kukulya diri, do toto-dinikin burá kiko ló Ngun, do laláun ngutu, do tí met komocikan ti ngutu;

17. Takí yi, do kó-dije adá: yi búbulö tindu Kaisari tito-kang kode an?

18. Amá na Yesu aden payu-náce, nge adí: ta kapálak!

19. Kwekita nan reat na ropet! ce aputukín nge denári.

20. Cunána Yesu atakín ce: komong níena ko wuret ali'nga?

21. Ce atakín nge: ti Kaisari. Edé nge atakin ce: ko-ná nyökökita Kaisari kányet, amá Ngun lunga kányet!

Lor ló Ngun to merya-murék-wod-mucála
ko Pentekoste bot.

(Matth. 9, 18—25).

18. I dingit Yesu ajambú ko Yudaei; cunána matat amíjun ngyóua, nge akwúdd nge, nge adí: Monye, nguró-nio cunána átuan, ama pó, gapaki nu könin-ilot, cona nge töki mémeddya.

19. Yesu a'ngíen ki, ngé ko karúkök aköpoddú lu.

20. Meté! nakwan, rima-kányet awóu kingájin puök-wod-murék kó myen, nge amíjun ká'ngit alokidír, nge atán mukök na bonggo-nányet.

21. Kogwón nge akulya mugun lopeng: kó nan atan bonggo-nányet, edé nan bibiáju.

22. Ama Yesu abbonga, nge améle na, nge adí: nguró-na! liöngí, yupet-inot atobía do. I dingit lopeng nakwan abiáju.

23. Na Yesu ayengga í kadi na matat, ná nge améle kakútak ti kilibájin kó ngutu, ce alúlujö, nge adi:

24. Igóta! nguro akó tuan. nge dodóto. Amá ce akwení nge.

25. Ama ná ngutu ariköji kango, Yesu atu kadí ngin, nge amok könin lo nguro. Nguro a'ngíen ki. Kune atokuöji yú i kak ling.

Lor ló Ngun merya-murék-wod-unguán ko Pentekoste bot.

(Matth. 24, 15 — 35).

15. I dingit Yesu ajambú ko karúkök-kányet: na t' améle nárok na körít popo kó kadi ná Ngun, n' atakin Daniel kamétanit eron, lo kwökwöddu cine, nge yiying burá;

16. Molú lo í kak na Yudaea, dadanáji i merya ki;

17. Ló gwon i lodek ki, ngé ti kíwe magú ngo í kadi-nányet;

18. Ló gwon i melecén, ngé ti yitwe magu bonggo-nányet;

19. Odió ko kó'ngote karídia ko kanökök i cilo loron!

20. Ama moyíta, on danaet-nácu gwé i lututu kodé i lór lo Sábbati.

21. Molu yuran gwé adúma, gwôco i cúlua ná kak téng ko cunána akó gwon, töki tí po.

22. Ko cilo loron ti gwé alóngutut, lele ngutu tí bulö luökö; ama cilo loron agwé lóngutut akwé na lo aúlue kulo.

23. I nu dingit kó lele takín ta: metéta, ni Kristi, kode yu, ko yupta!

24. Kristi ka'ngöyök ko kamétak ka'ngöyök ngi'ngien, ce kokondya kwéyetji kó ngo témejik, cona lunga lo aúlue kulo dudúmaji, amá ce tí bulö dúmaji.

25. Metéta! nan atakín ta cine cron.

26. Ko-ná kó ce takin ta: metéta! ngé kata i térere, ko tuta kango; metéta! ngé i kadíjik nádidik, ko yupta.

27. Gwôco kipya popó i yure, lo paparacak téng ko wölu, lunga gwegwé cona í po na tore ló ngutu.

28. Lugulúcen tutundya i pirít na búruö.

29. Ama cona dedé ko yuran na cilo bot kolong gwegwé múdue, yapá tene paracak, nyunyúmi tí ki dodon, ringíten ná ki böböne.

30. Ede kweyet na tore ló ngutu púpukun ki; ede gweájin ling tí kak lúlujö; ce memet tore ló ngutu popó i dikolo tí ki ko ringít ko paráyet duma.

31. Nge cocon Angélojin-kányet ko toríot ko roro duma: ce pepénun lo aúlue kulo líng i köbúngötji unguán, i cúlua ná ki téng ko lokokorítan-káce.

32. Dinikita ugaret na ködini ló kibi: kó kene-nányet gwegwé námunyan ko korópo-kányet abilan, ta deden, kicér ngyóna.

33. Cona lunga, kó ta memet cine ling, denéta, kune ngyóna i kotumit.

34. Nan takín ta burá, gwea niena ti likiörö, téng ko cine ling akona.

35. Kí ko kak lilikiörö, ama jamyát-kwe ti likiörö.

-- 151

I lór lo María apíja.

(Matth. 1, 1 — 16).

1. Wuret ná gwea na Yesu Kristi, tore lo Dawid, tore lo Abraam;

2. Abraam akwéja Isaak, ama Isaak akwéja Yakob. ama Yakob akwéja Yuda ko lungacírik-kányet.

3. Ama Yuda akwéja Fare ko Zara i Thamar. Ama Fare akwéja Esróm, ama Esróm akwéja Aram.

4. Ama Aram akwéja Aminadáb; ama Aminadáb akwéja Naassón; ama Naassón akwéja Salmón.

5. Ama Salmón akwéja Boóz i Racháb. Ama Boóz akwéja Obéd i Ruth. Ama Obéd akwéja Yessaí.

6. Ama Yessaí akwéja Dawid Matat. Ama Dawid Matat akwéja Salomón i níena nakwan, ná gwon na Uría.

7. Ama Salomón akwéja Roboám. Ama Roboám akwéja Abiá. Ama Abiá akwéja Asá.

8. Ama Asá akwéja Yosafát. Ama Yosafát akwéja Yorám, Ama Yorám akwéja Ozía.

9. Ama Ozía akwéja Yoátham. Ama Yoátham akwéja Achaz. Ama Achaz akwéja Ezekía.

10. Ama Ezekía akwéja Manassé. Ama Manassé akwéja Amón. Ama Amón akwéja Yosía.

11. Ama Yosía akwéja Yekonia ko lungacírik-kányet i dingit na mokarí ce i Babilón.

12. Amá i dingit na piköri ce bot Yekonía akwéja Salathiél. Ama Salathiél akwéja Zorobábel.

13. Ama Zorobábel akwéja Abiúd. Ama Abiúd akwéja Eliakeím. Ama Eliakeím akwéja Azór.

14. Ama Azór akwéja Sadók. Ama Sadók akwéja Akeím. Ama Akeím akwéja Eliúd.

15. Ama Eliúd akwéja Eleázar. Ama Eleázar akwéja Matthán. Ama Matthán akweja Yakób.

16. Ama Yakób akwéja Yosef lalet lo María, kú na atadúe Yesu, nge gwigwíö Kristi.

12

Lor duma lo Stéfani Protomartyris.

(Matth. 23, 34 — 39).

34. I dingit Yesu ajambú ko kadénak ti wúretji ko farisaei: metéta! nan cucunyukín ta kamétak kó ngutu lokong ko kawúrök; amá ta rerem kulye káce, kulye ta bebèk ko logerí, kulye ta bibít i Synagóge, ta mamán ce í tur téng ko tur,

35. Anyan rima ti búcan ling, na abúköji í kak kune, pó ko ta, i rima ti Abel lo búcan téng ko rima ti Zakaría, tore lo Barakía, lo arém ta lo í kiden ná kadi ná Ngun ko rogo na robangga.

36. Nan takín ta burá, kune ling popó ko gwea níena.

37. Yerusalem, Yerusalem! do níena, na rerem kamétak, do, na yayak ko ngúrup cilo, lo cúnyue kónut ni kulo, perok mudá nan adék nan tundya nguájik-kulök, gwôco cúkuri tutundya toréla-kányet lúkak na köpúkön-kányet. ama d'akó nyar?

38. Metéta! kadi-nácu ko molu gwé kana.

39. Nan takín ta: tá töki tene mét nan, téng ko ta lulung: lo raráta, lo popó i karín tí Ngun.

Lor duma lo fararájin.

(Luk. 2, 22 — 32).

22. I dingit, kó loron ti kélet na María, gwôco Mose ayökijö, abáka, ce adúkun Yesu í tur Yerusalem, anyán ce yeyékakin Monye nge.

23. Gwôco awúrö i yökíet ná Monye: toréla lian atadúe líng ti Monye kata;

24. Anyán ce yeyékakin ropet, gwôco yökíet ná Monye, gúreki muréke lalet ko nakwan kode toréla ti gúreki muréke.

25. Meté! ngutu lo Yerusalem gwon, nge alungu Simeon, ngé gwon abúcan, uge akújönö Ngun, nge amöndu cuket na Israel; Molokótyo duma gwón ko nge.

26. Molokótyo duma atotukín nge, nge ti tuan eron. téng ko nge améle Kristi ló Monye.

27. Nge apíkö ko Molokótyo duma i kadi ná Ngun. Ná monye kó ngote na Yesu adúkun nyu bokotio Yesu, anyán ce kondya, gwôco gwea na yökíet gwon,

28. Simeon adumún nge i köníji, nge agodyá Ngun, nge adí:

29. Monye! cunána kölökí nan dupyet-ilot tuátuan ko fárana, ·gwôco d'atakin nge.

30. Kogwon konyén-kwe améle luökit-inot.

31. Na atin do gweájin ling gwôco tuléet,

32. Tuléet, na paparácakin gweájin, cé ti dén Ngun, gwôco tuléet kwacet ná gwea-inot Israel.

Lor duma lo kija María ki.

(Luk. 10, 38 — 42).

38. I dingit Yesu ayengga i tur: nakwan ko karin Martha aûju lu i kadi-nányet.

39. Ngé ko kiacér lulungu Maria; niena acidaki ngyóna i mókotji ti Monye; nge aying jame-lónyet.

40. Ama Martha adâra parik, anyán nge todupyén nge burá, nge amijun ngyóna, nge adi: Monye! do laláun, ko kiacér-nio kölökín nan geleng totodupyén do? taki nge, anyáû nge nga'ngarakin nan.

41. Monye arugö, nge adi: Martha, Martha! do dadâra, do kököburjö kó ngo jore;

42. Geleng ko kölökin: Maria awúlun nábut i ling, ná ti dúme ká'ngit. .

Lor duma lo tadúet na Maria.

(Matth. 1, 1 — 16; vid. pag. 151).

Lor duma lo alókwe ling — 1. Nov.

(Matth. 5, 1 — 12).

1. I dingit Yesu améle lodíretji tí ngutu, nge akija i mere ki, ná nge acidaki, karúkök-kányet apo ká'ngit.

12*

2. Nge a'nga kutuk, nge atodinikin ce, nge adí:
3. Kwörinikö cilo, cé ko töwyli lomerí, tumatyan ná ki náce.
4. Kwörinikö cilo, ce amalyat; tukwöryen ná kak náce.
5. Kwörinikö cilo, ce alóyur; cé de cúcuka.
6. Kwörinikö cilo, cé ko magor ko kuré na diri; ce yiyímönö.
7. Kwörinikö cilo, ce konyeu-wowón; ce de wuwúju niínu.
8. Kwöriniko cilo, cé ko töwyli lóke; ce memét Ngun.
9. Kwörinikö cilo, ce nyanyar fárana; ce lulungu nguájik tí Ngun.
10. Kwörinikö cilo, ce mamána akwé na diri; tumatyan ná ki náce.
11. Ta kwörinikö, kó ngutu jajambu nárok kácu, kó ngutu mamán ta, kó ngutu kukulya nárok ling kácu, amá ce uúrönö, akwé nio.
12. Liöngíta, yoloníta, ropet-nácu adúma ki.

Romet,

ko apó töki baba Solimán Gondókoro yu.

(Awúrö ko A. Ueberbacher 1856.)   (Wuret bia nábut 1866).

1.

Da po teki Soliman,
Do kirot baba likan,
Do apo ko todinet,
Mun gogoda,
Mun gogoda,
Mun geleng i mushala.

1.

D'apó töki a Solimán,
Do kirút babá-likang,
D'apo ko todinet ni,
Ngun gogóta,
Ngun gogóta,
Nguu geleng i mucalá.

2.

I-roroman ko-nu-ni
Balikan, do po teki
Kalifinok yoyolo:
Mun gogoda etc.

2.

Yi roroman kónut ni,
Bá-likang, d'apó töki;
Kölípinök yoyólo:
Ngun gogóta etc.

3.

Do ko luñacerik ni
Tatakin Ewañeli
Ajore ko lieñit.
Mun gogoda etc.

3.

Dó ko lungacírik ni
Tatakin Ewangeli
A jore ko liöngít:
Ngun gogóta etc.

4.

Mun lu ako beñeri
Totodiuikiu Bari
Anyan ce wawandu
Mun gogoda etc.

4.

Ngún lu ako böngör
Totodinikin Bari,
Anyán ce wawandú:
Ngun gogóta etc.

5.

Mun i momoyu farik
Yiñe wanet na majik
Do titin Bari denet
Mun momolo
Mun momolo
Mun do farik momolo!

6.

Dinet na Ewañeli
Boco wowoken mufi
Ko ratet na Mun kirot
Mun momolo etc.

7.

Soliman roromue
Ko romet momorue
Godet na Mun ko.molet
Do rarata
Do rarata
Soliman, do rarata!

5.

Ngún yi momoyú parik.
Yingé wanet na nguájik
Do tintin Bari denet:
Ngun momólo,
Ngun momólo,
Ngún do parik momoló!

6.

Todinet na Ewangeli
Kukúörö ngupí,
Ko ratet ná Ngun kirut,
Ngun momólo etc.

7.

Solimán, rorómue
Ko rómetji momórue
Gotet ló Ngun ko molet:
Do raráta,
Do raráta,
Solimán, do raratá!

III.

WÖRTERBUCH.

Kürzungen:

A.

A, 1) Als Interjekt. Aeusserung des Schmerzes: ach.
ach weh! 2) Verb (copula) nur im Präsens. 3) Verbal-
Präfix im a. mit der Bedeutung: hat . . . oder: ist . . .
s. Gr. §. 38, 3. 4) Adverbial-Präfix, s. Gr. §. 99.
5) Präposition; z. B. a do wowongon, zu dir rufe
ich; s. Gr. §. 109. 6) Vokativ-Zeichen (selten);
z. B. a baba! o Vater!

Aa, nein, keineswegs. Vergl. ak, an, ain. S. Gr. §. 95.

Abúcan, c. pl. gl.. gerecht, gut. S. bucan.

Abúri, n. pl. abúriet (aburyet), die kleine Gazelle mit gerade
aufstehenden Hörnern.

Aconok (waconok), n. pl. aconoka (aconoki), Base, Ver-
wandte.

Acut, nie; bildet mit der Negation beim Verb (ti, ako) eine
stärkere Verneinung: z. B. kó lele rurug jamyát-kwe,
nge ti tuan acut, wenn Jemand meine Worte (Lehre)
hält, der wird (sicher) nicht sterben.

Adá, wie? s. Gr. §. 96.

Adí, defekt. Verb; s. Gr. §. 54.

Agí, defekt. Verb; s. Gr. §. 54.

Agi, doch. dennoch (identisch mit dem Verb: agi).

Aïn (baïn). nicht; nichts; s. Gr. §. 95.

Ajók. l. pl. ajókan. Satan. D. ajyek. S. júck.

Ajůö. c. pl. gl.. scharf. „geschliffen“. S. jů.

Ak. nein: nicht. S. Gr. §. 95.

Aká, Adv., scheinbar; z. B. nge dodóto aká. er stellt sich
. schlafend, schläft zum Scheine.

Akangá, s. kangá.

Ako. Negat. Partikel beim Verb im a: s. Gr. §. 41 Cf. D.
aci (acíc). akeyc.

Akomocikan. c. pl. gl.. gegenüberliegend: gegenüber, „in
Sicht“ ; s. komong.

Akůkuön. Adv. öffentlich. S. kuön.

Akwe (akwé), aus: a und kwc (q. v.). wegen, „ex causa,
capite“ — mit folgendem „na“.

Aláng (baláng). n. pl. alángin, Salz.

Aléle. c. pl. alélya, kahl, eig. „wie Stein“: z. B. kwe-inot
aléle ngyo? warum ist dein Scheitel kahl? s. léle.

Aling. Adv.. gänzlich; fast. S. ling.

Ali'nga. wessen? wem? (a, lo, nga); s. Gr. §. 35.

Alite, Adv., bündelweise. S. lite.

Alokidir (alokidir). Adv.. rücklings; rückwärts. S. kidir.

Alongga (alonggá). um. herum: eig. Verb (longga): s. Gr.
§. 110.

Aluön, Adv.. heimlich: s. luön.

Alutáten. zur Rechten: rechts: s. lutáten.

Ama. aber. allein. Steht immer am Anfange des Satzes.

Amérete. zur Seite, seitwärts: z. B. amérete-nio. an meiner
Seite.

An. nicht: z. B. nán an. ama do. nicht ich. sondern du:
baba Solimán dudúr an ngupí. Vater S. kommt selten
(nicht oft). Cf. aïn u. Gr. §. 95.

Ang (bang). l. pl. angin (bangin). Hofraum.

Ani'nga. wessen. wem? (a. na. nga); s. Gr. §. 35.

Anyan, 1) auf dass. damit: 2) dass wir (sie) doch — vor
s. g. Imperativen 1. und 3. pers. pl.

Apori, defekt. Verb: s. Gr. §. 54.

Arabat (rabat), Adv., unrecht; z. B. nan awur arabat, ich
habe unrecht geschrieben.

Arima, c. pl. gl., blutig; z. B. do arima, du bist blutig.
S. rima.

Ati'nga, wessen? wem? (a, ti. nga): s. Gr. §. 35.

B.

Ba (baba), l. pl. kóbaba, Vater. zunächst der natürliche,
dann auch als Ehrentitel; s. Gr. §. 30 und 78.

Babágu, d. babágu: a. ababágu; i. babagí, füllen, anfüllen.
Baïn, nicht. S. aïn.

Baka (selten: aka), d. babáka: a. abáka: i. bakaní; 1) fertig
(gemacht) sein: 2) aufhören.

Bakáyet (bakayet), n., das Fertigsein. Ende. S. baka.

Bála, n. pl. bálaki. Wassereimer.

Baláng, s. aláng.

Bamm, c. pl. gl., schmutzig. schweinisch.

Bamm, d. babamm; a. abamm; i. bammé: p. báma, Jemanden
als schmutzig beschimpfen.

Bang, s. ang.

Bang, n. pl. bangin, unfruchtbar (von Menschen und Thieren).

Bar, l. pl. bara. Strom. z. B. bar babárandu, der Strom
tritt aus (strömt über).

Barándu, d. babárandu; a. abarándu: i. barandí, überströmen.

Bárara, d. babárara; a. abárara; i. barará; p. bararáji, abholen; s. Gr. 58, 4.

Barindu, d. babaríndu: a. abaríndu: i. barindí: p. barinú.
scheren (mit dem Messer rasiren).

Bé, d. bebé; a. abé; i. belé: p. béla. 1) nachsinnen; 2) ver-
langen; 3) geizig sein.

Begu, d. bébegu; a. abégu; i. begí; p. béko. einrammen.
S. bék.

Bék, d. bebék; a. abék; i. beké; p. béko: 1) schlagen, hin-
einschlagen; 2) befestigen, annageln.

Beket, u, pl. béketji, 1) das Schlagen, Befestigen; 2) Schlag.

Bele, c. pl. belya, geizig, neidisch. S. bé.

Belet, n.. Geiz, Neid. S. bé.

Beleng, d. bebéleng; a. abéleng; i. belengé; p. belengo,
zerbrechen.

Ben, wollen; nur mit der Negationspartikel: „tí“ gebräuchliche Wurzel. S. tíben.

Berik, pl. von mugun (mogon).

Bí, d. bibí; a. abí; i. bijé; p. bía (abíya), saugen. Cf. biun.

Bia, mehr. besser. S. Gr. §. 88.

Bía, c. pl. gl., gesund. S. biáju.

Biáju, d. bibiáju; a. abiáju; i. biaji; p. bía (bíya). genesen.
S. bía.

Bibi, l. pl. bíbiö (bibyö), Käfer.

Bicó, l. pl. bicólon, Scheibe (Schiessziel).

Biet, n. pl. bíetji, 1) das Küssen; 2) Kuss. S. bí und biun.

Bíet (bíyet), n., Gesundheit. S. bía.

Bija (bijya), d. bíbija: a. abíja; i. bijé; p. bía (bíya), saugen.
S. bí.

Bilan, d. bibílan; a. abílan; i. bilé. ausschlagen (von Bäumen).
Cf. wilun.

Bini, n. pl. binyat, Quaste, namentlich auch das Ende eines
Kuhschwanzes. als Zierde am Arm getragen.

Biryö, d. bibiryö: a. abiryö; i. biryönf. spielen (wie die
Kinder).

Biryöri, d. bibiryöri: a. abiryöri; i. biryörí, liebkosen.

Bírue, d. bibírue; a. abírue: i. biruené, vor Schrecken halb
todt sein; verschmachten.

Bírue, c. pl. gl.. ohnmächtig, halbtodt.

Bit, d. bibít; a. abít; i. bité; p. bítö, schlagen, geisseln.
Cf. but.

Bitet, s. itet.

Biun, d. bíbiun; a. abíun; i. biú; p. bíue, küssen. Cf. bí.

Biundya, d. bibiundya: a. abiundya; i. biundyé: p. bíue, küssen. S. biun.

Bó, d. bobó; a. abó; i. bolé; p. bólo, berühren.

Bobot (bobod), d. bobot; a. abobot; i. boboté: p. bobóta, bestreichen (mit Farbe, Blut).

Bobólija, d. bobólija; a. abobólija; i. boboliné: p. bobólia, zu lachen machen (z. B. durch kitzeln). S. bó.

Bôdo, c. pl. boduât, 1) geschickt, tauglich; 2) Handwerker.

Boja, d. bóboja; a. abója; i. boï; p. bóa, ausjäten.

Bok. d. bobok; a. abok; i. boké; p. bóka, graben; begraben.

Bokotio, c. pl. bokojín, Sprössling, Nachkomme.

Bougga, d. bóbongga; a. abóngga; i. bonggí: p. bonga, aufblicken.

Bouggo, n. pl. bongguât, 1) Zeug, Stoff; 2) Kleid. Kleidungsstück. D. byông.

Bonggo-ná-kibo, pl. bongguât-tí-kibo, Segel, Segeltuch.

Bouggo-ná-kwe, pl. bongguât-tí-kwe, Kopftuch.

Bonggo-ná-mugun, pl. bongguât-tí-mugun, Hemd (Leibkleid).

Bouggo-ná-murut. pl. bongguât-tí-murut, Halstuch.

Bonggo-pitet, bonggo-na-pitet, pl. bongguât-pitet, Leibbinde.

Bora, d. bóbora; a. abóra; i. boraní, zornig fortgehen. Cf. woran.

Boro, d. bóboro; a. abóro; i. boroné: p. borya, den Boden neu mit Lehm bestreichen.

Bot, n. 1) das Hinten, Hintere; 2) als Präposition in Verbindung mit: ko, zuweilen auch: i (ko ... bot, i ... bot), nach. S. Gr. §. 110.

Bökuöröti, n. pl. bökuörö, Fussring.

Bön, d. böbön; a. abön; i. böní: p. bönö, erschüttern.

Böndu, d. böböndu; a. aböndu; i. böndí; p. böne (bönö), erschüttern; auch intrans. zittern.

Böngit, n., das Vergessen, die Vergessenheit.

Böngöri. d. böböngöri; a. aböngöri: i. böngörí; p. böngöríkin (auch: böngö). vergessen.

Böriköt. n. pl. börikötji, Haut. Balg (von Menschen und Thieren).

Böt. d. böböt: a. aböt: i. bötí; p. bötö. schinden, die Haut abziehen.

Bubúret. n. pl. bubúretji, Reue. S. buru.

Bucan, d. búbucan: a. abúcan: i. bucané. gut. gerecht sein.

Bucet, n., Güte. Gerechtigkeit.

Bud. d. bubúd; a. abúd: i. buté. dämmern (in aller Frühe).

Budök. acht. Cf. D. béd.

Budú. l. pl. budúlön. Hochzeit. bes. Hochzeitsfeier; Lustbarkeit.

Búduru, n. pl. budúruöt. dicker Strick (zum Fischen).

Buga, d. bubúga (bubbúga): a. abúga; i. bugé. stolz sein: auf etwas vertrauen.

Bugé, c. pl. gl., stolz (besonders auf seinen Besitz).

Bugí. d. bubugí (bubbugí); a. abugí; i. buginé, schimmeln.

Buk. d. bubuk; a. abuk: i buké; p. búkö, giessen, vergiessen.

Bukér, sechs.

Buket, n. pl. búketji, das Ausgiessen; Ausguss. S. buk.

Buköji, d. bubúköji; a. abúköji: i. buköjiné, untersinken, zu Grunde gehen. S. buk.

Bukörö, d. bubúkörö: a. abúkörö; i. buköré; p. bukörö, vergiessen. S. buk.

Buku, n. pl. búkuö, Schild.

Bulö, d. búbulö; a. abúlö: i. bulöní, können. mächtig sein.

Bulöyet, n. pl. bulöyetji, Macht. Gewalt.

Bulöt, n. pl. búlötji. Macht, Gewalt.

Búlötö, d. bubúlötö: a. abúlötö; i. bulötöní, Diarrhöe haben.

Bung, n. pl. bungin. Hofraum. Cf. bang (ang).

Bunguán, neun.

Bungun, d. búbungun: a. abúngun; i. bungú, einander stossen (beim Zusammentreffen).

Búnit. c. pl. búnuk, Zauberer (ein guter). Arzt. S. demánit.

Búnit-ló-Ngun. pl. búnuk-tí-Ngun. Priester.

Búnit-lo-kudu, pl. búnuk-ti-kudu, Regenmacher. S. Gr. Einleit. p. XV.

Bunyekin, d. bubúnyekin; a. abunyekin; i. bunyeki: p. bunyeki, finden, ertappen; z. B. yi abunyekin kolánit, wir haben den Dieb erwischt.

Bur, faul, übel, schlecht (nur in Zusammensetzung mit: mô und: to gebräuchlich). S. môbur und: tobur.

Bura (burá), Adv., gut, recht, sehr. Zuweilen auch als Adj. (c. pl. gl.) gebraucht.

Buret, n. pl. búretji, Forderung, Aufforderung (zum Zahlen).

Burít, n. pl. buritji, Reue. S. buru, burúet, bubúret.

Buryá, sieben (septem).

Burön, d. bubúrön; a. abúrön: i. buré, faulen, z. B. von Obst, Holz, Fleisch.

Burönit (urönit), c. pl. burönök, Lügner. S. urönö.

Burönökin, d. buburönökin: a. aburönökin; i. burönöki: p. burönöki. Jemanden verrathen.

Buröt (uröt), n. pl. búrötji, Lüge. S. urönö.

Buru, d. bubúru; a. abúru: i. burumí, das Unrecht einsehen; um Verzeihung bitten, bereuen.

Burúet, n., Reue. S. buru.

Búruö, n. pl. buruölön. Aas. S. burön.

But, d. bubut: a. abut: i. buté: p. bútö, schlagen. S. bit.

Butet, s. gwutet.

C.

Cá, d. cacá: a. acá: i. cané; p. cá, ausziehen, ausreissen: z. B. nan cacá do kelé, ich ziehe dir einen Zahn aus.

Caju, d. cacáju: a. acáju: i. caji: p. cá, ausziehen. S. cá.

Cácaka, n., Abendgesellschaft.

Caka, d. cácaka: a. acaka: i. cakani, Abendgesellschaft halten.

Cála, drei (gekürzte Form beim Zählen für: mucála). S. Gr. §. 90.

Calet, l. pl cáletji, Feuerplatz; Herd, Ofen.

Cape. l. pl. capya (cápia), Krug. Topf.

Cape-ló-piom, pl. capya-tí-piom, Wasserkrug.

Car. d. cacar; a. acar; i. caré: p. cára, richten, aburtheilen.

Cárakin, d. cacárakin; a. acárakin; i. carakí; p. cáraki.
1) seinen letzten Willen erklären: 2) Jemanden richten.
S. car.

Caret, n. pl. cáretji, 1) Urtheil, Gericht; 2) Gebot.

Carju. d. cacárju; a. acárju: i. carjí: p. cára. richten. S. car.

Ce, sie (pl. l. und n.). S. Gr. §. 25.

Cé, d. cecé: a. acé: i. cené; p. ceya, abwischen. kehren.

Cega, d. cecega; a. acega; i. cegí. versickern.

Cé-kade, pl. von: nge-geleng. S. Gr. §. 28.

Ce-lope'ngat, pl. von: nge-lopeng. S. Gr. §. 28.

Cet. d. cecet; a. acet; i. ceté: sieben, durchsieben.

Cêt (statt: ceyet), n. pl. céci (statt: céyetji). auch: cétan.
Besen. S. cé.

Ci, n. t., Honig.

Cíatat (cíwatat). l. pl. ciua (ciwa). Biene. D. ciec.

Cida, d. cicida: a. acida; i. cidaní, sich setzen.

Cidaki, d. cicidaki: a. acidaki; i. cidakiné. sich setzen.

Cidet, n. pl. cídetji, Sessel, Bank.

Cijö, d. cicijö; a. acijö; i. cijé; p. ciö (cíö), begränzen.

Cíkuatat (cíkwatat), n. pl. cíkua (cíkwa). Armring.

Cilo (aus: ce lo), pl. von: lo. S. Gr. §. 32.

Cine (aus: ce na), pl. von: na. S. Gr. §. 32.

Cirotat, l. pl. ciro, Laus.

Cíwatat, s. cíatat.

Có, d. cocó: a. acó; i. coné; p. cúe, stechen; foltern.

Codo, d. cocodo: a. acodo; i. codoní, kauern (mit gebogenen
Knien, ohne mit dem Gesäss den Boden zu berühren).

Cóet, l. pl. cóetji, 1) Stich: 2) Stech-Instrument. S. có.

Coju, d. cocóju; a. acóju; i. cojí: p. cúe. stechen, spiessen.
S. có.

Comot, pl. von cúmuti, Fisch.

Con, d. cocon; a. acon; i. conyé; p. conya, schicken. hin-
schicken.

Cona, so; recht so; zuweilen statt: ko-ná   also.

Cópakin, d. cocópakin; a. acópakin; i. copakí; p. cópaki,
senken, in die Tiefe lassen.

Cot, n. pl. cotan, Handhabe (bei einem Messer u. s. w.).

Cömukö, d. cöcömukö; a. acömukö; i. cömuköní, dunkeln,
dämmern (am Abend).

Cuályatat, n. pl. cuálya, Quaste (besonders von Baumwoll-
fäden) am Rachat.

Cuára, n. pl. cuáraki, Sonnenstrahl.

Cubi, u. pl. cúbiö (cubyö), Wachs. Cf. cíwatat.

Cudja, d. cucúdja; a. acúdja; i. cudjé; p. cúa, den eisernen
Pfeil am Holze befestigeu.

Cúet (s. cóet), n. pl. cúetji, Stich. S. có.

Cuga, d. cucuga; a. acuga; i. cuké (cuggé); p. cúka, trösten.

Cuket, n. pl. cúketji, Trost, Trostgrund; Heil.

Cukin, d. cúcukin; a. acukin; i. cukí; p. cuki, hineinstecken.

Cúkuri, n. pl. cókoro, Henne; Huhn; im pl. Geflügel
überhaupt.

Cúkuri-kudué, n. pl. cókoro-kuduéki, Bruthenne. S. kudué.

Culo, l. pl. culojin, Bruch (hernia).

Culu, d. cucúlu; a. acúlu; i. culuné; p. cúlua, anfangen.

Cúlua (cucúlua), n., das Beginnen, der Anfang. S. culu.

Cúlue, c. pl. gl., der (die) erste. S. culu u. Gr. §. 91 Anm.

Culuja, d. cucúluja; a. acúluja; i. culuné; p. cúlua, anfangen. S. culu.

Cúlukuak, l. pl. culúkuakan, Klaue; Huf.

Cum, d. cucum; a. acum; i. cumé; p. cúma, vergiften.

Cúmuti, l. pl. comot, Fisch.

Cunána, jetzt, nun.

Cunyúet, u. pl. cunyúetji, Gesandtschaft (die her kommt).
S. cunyun.

Cúnyukin, d. cucúnyukin; a. acúnyukin; i. cunyukí; p. cúnyuki,
einem etwas schicken. S. con.

Cunyun, d. cucunyun; a. acunyun; i. cunyú; p. cunyue, her-
schicken.

Cunundye, d. cucunundye; a. acunundye; i. cunyú; p. cúnue,
her schicken.

13

Cúöt, l. pl. cúö (auch: cúötji), Ohr (das äussere, sichtbare:
das innere heisst: yinget).
Cur, d. cucur; a. acur: i. curé, gefrässig sein.
Curét, n., Gefrässigkeit.
Cúun, d. cucúun; a. acúun: i. cuú; p. cúue, aufspiessen,
herspiessen. S. có.

D.

Dá, wohin? z. B. dó tu dá? wohin gehst du?
Dabor, l., Morgenstern.
Daggu, d. dadaggu; a. adaggu; i. daggí, neidisch sein.
S. dak.
Dak, d. dadak; a. adak; i. daké, neidisch sein. S. daggu.
Dâk, l. pl. dâkan, Tabakpfeife.
Dakét, n., Neid. S. dak.
Dako, n. pl. dakolo, Gaumen; Rachen.
Dana, d. dádana; a. adána; i. danani, 1) sich verstecken;
2) entfliehen.
Danáet, n. pl. danáetji, Flucht.
Danáji, d. dadanáji; a. adanáji: i. danajiné, fortlaufen, sich
fortmachen.
Dang, n. pl. dangin, der Bogen (zum Schiessen). D. dang
(dañ).
Dáng, d. dadáng; a. adáng; i. danggí; p. danga, ablecken.
Danggu, d. dadanggu; a. adanggu; i. danggí; p. danga,
ablecken.
Dâra, d. dadâra; a. adâra; i. daraní, müde sein, sich er-
müden, abmühen.
Dâra, c. pl. gl., ermüdet, matt.
Daret, n. pl. dáretji, Müdigkeit; Mühe, Sorge.
Darju, d. dadarju; a. adarju; i. darjí, sich plagen; besorgt
sein. S. dâra.
De (ede, dede), später, dann; bald.
Dé, d. dedé; a. adé; i. delé; p. déla, verstecken; z. B.
nan dedé mugun, ich verstecke mich.

Dé, d. dedé; a. adé; i. dené; p. deya (déa), pflücken (Früchte,
  Blumen). S. déun.

Deba, d. dedéba; a. adéba; i. depé, brennen (intr.).

Deba, d. dédeba; a. adéba; i. debí; p. dépa, erziehen, auf-
  ziehen.

Debba, d. dedebba; a. adebba; i. debbí, kleben bleiben.

Dede, später, dann; bald; z. B. nan popo dede, ich komme
  bald.

Dedét, n. pl. dedétan, ein kleiner Vogel, der im Sesam haust,
  aber Würmer frisst.

Dejya, d. dedejya; a. adejya; i. dejí (dené); p. deya (déa)
  pflücken. S. dé.

Dek, d. dedék; a. adék; i. deké; p. déka, wollen, wünschen;
  brauchen.

Dék, genug (nach Wunsch).

Dekan, n., Wille. S. dek.

Deken, n., die weibl. Scham. Auch grobes Schimpfwort bei
  den Bari.

Deket, n. pl. déketji, Wille. S. dek.

Dék-popo, d. dedék-popo; a. adék-popo; i. deké-popo, gerne
  kommen.

Délakin, d. dedélakin; a. adélakin; i. delakí; p. délaki, etwas
  verstecken; bewahren. S. dé, 1.

Dema, d. dédema; a. adéma; i. demaní, verzaubert, ver-
  hext sein.

Demánit, c. pl. demák, böser Zauberer. Cf. búnit.

Demba, d. dédemba; a. adémba; i. dembí; p. déma, verzaubern.

Den, d. deden; a. aden; i. dené; p. déna, wissen, verstehen.

Denet, n. pl. dénetji, das Wissen, die Wissenschaft.

Denggelé, l. pl. denggeléla (auch: denggelélau), Galle.

Dep (debb), d. dedep; a. adep; i. depé; p. dépa, halten,
  heben.

Dépakin, d. dedépakin; a. adépakin; i. depakí; p. dépaki,
  die Heirath versprechen; verloben.

Der, d. deder; a. ader; i. deré; p. déra, kochen.

13*

Deret, n., das Kochen. S. der.

Derja (derjya), d. dederja: a. aderja; i. derjí; p. déra, kochen. S. der.

Déru (döru), n. pl. dérue (dörue), Gras; Futter, Heu.

Deti, n. t., Gräser, Kräuter.

Déun. d. dedéun; a. adéun; i. deú; p. déue, pflücken. S. dé.

Dibba, d. didibba; a. adibba; i. dibbé: p. dípa. einen Herd bereiten (aus Steinen).

Didíngit, n. pl. didíngiten, Gegend.

Didingö, neben, daneben. S. dingö.

Diediéroti, n. pl. diediéro, Blatter (Blatternkrankheit).

Digit, l. pl. dígitön, Wolf (mit schwarzer Farbe).

Dije, defckt. Verb, meinen. S. §. 54, 5.

Dika, heute.

Diká, n. pl. dikála (auch: dikájin), Wunde.

Diko, n. pl. dikolo, Wolke.

Diköri, n. pl. dikörijin, Becher (meist aus Kürbisschalen).

Dikun, d. didíkun; a. adíkun; i. dikú, wettern, stürmen.

Dili, n. pl. diliö, Grube, Grab.

Dilílikin, d. didilílikin; a. adilílikin; i. dililikí; p. dilíliki, giessen, z. B. Wasser auf die Hände.

Dinet, n. pl. dinetji, Lehre. S. denet und todínet.

Dingga, d. didingga; a. adingga; i. negat.: ko dingga, hureu, ehebrechen.

Dingget, n. pl. dínggetji, Hurerei. S. dingga.

Dinggú, d. didinggú; a. adinggú, morgendämmern.

Dinggú, n., 1) Morgendämmern; 2) nach Mitternacht.

Dingit, n. pl. dingíten, 1) Zeit; 2) Stunde.

Dingit-nádit, pl. dingíten-nádidik, Augenblick, „kurze Zeit".

Dingö, d. didingö; a. adingö; nebenan sein.

Dingö (didingö), neben (als Lokal-Partikel). S. Gr. §. 100.

Díniki, d. didíniki; a. adíniki; i. dinikiné, lernen, „unterrichtet werden".

Dínikin, gewöhnlicher: todínikin. S. das.

Dioug, l. pl. diongin, Hund.

Diong-lo-yidin, pl. diongin-ti-yidin, Jagdhund.

Dipundya. d. didipundya: a. adipundya; i. dipundyé; p. dípuc, herausschöpfen.

Dir (auch: didir), d. didir: a. adir (adidir); i. diré (didiré), p. dira (didíra), recht schauen, betrachten. begaffen.

Diret. n. pl. díretji, das Schauen, die Betrachtung.

Diri, 1) Adj. c. pl. gl., gewiss, wahr; z. B. nielo diri, das ist wahr; cine, n' atakín nan do, diri, das. was ich dir sagte. ist wahr; 2) Adverb. S. Gr. §. 94.

Dirja, d. didirja; a. adirja; i. dirjyé; p. díra. betrachten; anstaunen; erstaunen. S. dir.

Dirjö, d. didirjö; a. adirjö; i. dirjé; p. dírö, umdrängen.

Dirkolong, l. pl. dirkolongan. Sonnenlilie „Sonnenbeschauerin". S. dir und kolong.

Dir-ku-liöngon. mit Freude betrachten. S. dir. ku und liöngön

Dirön, d. didírön; a. adírön; i. diré, ertrinken.

Dyang, l., Hungersnoth.

Dyet. n. pl. ködyji (ködyci). Mädchen, Jungfrau.

Do. c. pl. ta. du. S. Gr. §. 25.

Dó. d. dodó; a. adó; i. doï (auch: dolé); p. dóla. suchen. S. doya.

Doddya. d. dododdya: a. adoddya: doddí, schwach werden.

Dodong. d. dodong: a. adodong: i. dodongé: p. dodonga. rütteln, schütteln.

Dog, d. dodog: a. adog; i. doggí: p. dóka. schenken: beschenken.

Do-geleng, c. pl. tá-kade, du allein. S. Gr. §. 28.

Dogga, d. dodogga; a. adogga: i. doggí; p. dóka, schenken. beschenken. S. dog.

Doggu (dogu). d. dodoggu: a. adoggu; i. doggí: p. dóko. tragen.

Doya, d. dódoya: a. adóya; i. doï (dolé); p. dóla. suchen. S. dó.

Dok, d. dodok: a. adok; i. doké; p. dóko. erheben. Cf. doggu und dukun.

Dôk, d. dodôk; a. adôk; i. doké: p. dôko, in einen Knäuel winden.

Dóka, n., Geschenk, Gabe, Gnade. S. dog.

Dókakin, d. dodókakin; a. adókakin: i. dókaki, einem etwas geben, schenken, widmen. S. dog.

Doket, n. pl. dóketji, Geschenk, Gabe. S. dog.

Dokun, d. dodokun; a. adokun; i. dokú; p. dókue 1) rupfen; 2) holen, abholen.

Do-lopeng. c. pl. ta-lopc'ngat, du selbst. S. Gr. §. 28.

Domba, d. dodomba; a. adomba; i. dombí; p. dóma, 1) beschleichen (ein Wild); 2) einem Mädchen nachstellen.

Dome. 1. pl. dómeki, Masse, Menge.

Domo, d. dodómo; a. adómo; i. domoní, traurig sein.

Domundya, d. dodomundya; a. adomundya: i. domundyé schleichen, still hergehen.

Don, d. dodon; a. adon; i. doné, abfallen (von Blüten u. s. w.).

Dong, d. dodong; a. adong; i. dongé; p. donge, vertreiben. verjagen.

Dongga, d. dodongga; a. adongga; i. donggí, altern.

Dongget, n., das Altern, Alter.

Donggo, d. dodonggo; a. adonggo; i. donggoní, p. donga, entleeren, bes. wegfallen des Ueberfliessenden.

Donggu, d. dodonggu; a. adonggu; i. donggí; p. dongo, fortjagen. S. dong.

Dop, n. pl. dopo, Genick.

Doro, d. dodóro; a. adóro; i. doroné, stürzen (intrans.), fallen; untergehen. Bei „Sonne und Mond" wird: ro reduplizirt: kolong (yapa) adóroro, die Sonne (der Mond) ist untergegangen.

Doróet (doroet), n. pl. doróetji, Fall, Untergang. S. doro.

Doto, d. dodóto; a. adóto; i. dotoní, 1) schlafen; 2) Ausdruck für das Befinden: do adóto (gewöhnlich nur: do dóto)? wie gehts dir? (wie hast du geschlafen?). S. D. dod.

Dotóet (dotoet), n. pl. dotóetji, 1) das Schlafen; 2) Bett, Lager. S. doto.

Döju, d. dödöju; a. adöju; i. döjí; p. döyö, verkaufen, Handel treiben.

Döru, s. dêru.

Dú, d. dudú; a. adú; i. dulé; p. dúle, beugen. biegen; z. B. ködini adú mugun, der Baum hat sich gebogen.

Dua, d. dudua; a. adua; i. duaní, seufzen, stöhnen.

Dudú, d. dudú; a. adudú; i. dudulé, herabgehen, herabsteigen.

· Dudungga. d. dudungga; a. adudungga; i. dudunggé, stolz, eitel sein.

Dudút, 1. pl. dudútön, Johanneswürmchen.

Duya, d. duduya; a. aduya; i. duyé; p. dúya, sich bücken: zuweilen trans.: biegen. S. dû.

Duyömbu, d. duduyömbu; a. aduyömbu; i. duyömbí, einstürzen (intr.).

Duk, d. duduk; a. aduk: i. duké; p. dúka, schauckeln, schütteln.

Dúkara, d. dudúkara; a. adúkara; i. dukará; p. dukáji, 1) wegwerfen; 2) schieben. S. duk.

Dukin, d. dudukin; a. adukin; i. dukí, hineinsteigen.

Dukö, d. dúdukö; a. adúkö: i. duköuí, wohnen.

Dukun, d. dúdukun; a. adúkun; i. dukú; p. dúkue (dukwe) 1) halten, heben, aufheben; 2) herbringen, hertragen; 3) auf dem Wasser herschimmen.

Dula, d. dúdula: a. adúla; i. dulaní, sich bücken. Cf. duya.

Dulan, d. dudúlan; a. adúlan: i. dulé, gleiten, fliessen, verfliessen; z. B. kibo dudúlan, das Schiff gleitet dahin.

Duli, 1. pl. dulya, Haarschopf.

Duma, c. pl. témejik, gross, berühmt, mächtig. Ist es prädikativ, so lautet der pl. immer: témejik; ist es attributiv, so steht, bes. nach den nom. agentis (die eig. Verbalien sind) meist: duma, d. h. der sg. als Adverb.

Dúmara, d. dudúmara: a. adúmara; i. dumará; p. dumáji (gewöhnlicher: dúmaji), verführen, in Versuchung führen.

Dumba, d. dudumba; a. adumba: i. dumbé, p. dumma, betrügen. S. dumm.

Dumet, n. pl. dúmetji, Verführung, Versuchung. S. dumba.

Dumm, d. dudumm: a. adumm; i. dummé; p. dumma, betrügen.

Dummet, n. pl. dúmmetji, Betrug. S. dumm.

Dumöddi, n. pl. dumödd, Kupfer.

Dumun, d. dudumun; a. adumun; i. dumú; p. dúmue, nehmen, stehlen.

Dumundya, d. dudumundya; a. adumundya; i. dumundyé; p. dúmue .(dúme), nehmen, entwenden.

Dung, d. dudung; a. adung; i. dungé; p. dungö, schneiden, abschneiden, bes. den Hals abschneiden == schlachten. Cf. D. diong.

Dunget, n. pl. dúngetji, Säge; Schneide-Instrument.

Dunggö, d. dudunggö; a. adunggö; i. dunggé; p. dungö, sägen, schneiden. S. dung.

Dungun, d. dudungun; a. adungun; i. dungú; p. dúngue, verjagen, zurückschlagen. S. dong.

Duöd, 1. pl. duönin, Ochs; Stier.

Duör, c. pl. gl., umwölkt, düster; z. B. ki a duör (aduör) i lólor (oder: i lólor ki aduör), heute ist der Himmel umwölkt.

Dupa, n. pl. dupajin, Ledersack. Dient auch als Wiege, die Kinder zu schauckeln.

Dupyet, c. pl. dupi, Knecht; Magd.

Dur, d. dudur; a. adur; i. duré, kommen, ankommen. bes.: landen.

Duret, n., Wachsthum. S. durjö.

Durít, n. pl. durítji, Schmerz, Leiden, Traurigkeit. S. duru.

Durje, d. dúdurje; a. adúrje; i. durjé; p. dúrö, melken.

Durjö (durjyö), d. dúdurjö; a. adurjö; i. durjyö, wachsen.

Durju, d. dúdurju; a. adúrju: i. durjí, verstimmt, traurig sein. S. duru.

Duru, d. dúduru; a. adúru; i. duruní, traurig sein.

Dúrue, d. dudúrue; a. adúrue; i. duruení, traurig sein.

Dutet, n. pl. dútetjin, Ende eines Gegenstandes; Ausgang.

Dutökin, d. dudutökin: a. adutökin: i. dutökí; p. dutöki, versäumen.

Dutun, d. dudútun; a. adútun ; i. dutú; p. dútue, herausziehen.

Dwör (dwer), s. duör.

E.

Ede (de, dede), später, nach. Vor dem reduplizirten Verb bezeichnen diese Partikeln (bes. de) ein bestimmtes Futur. S. Gr. §. 38, 2.

Eron, früher, vor: bevor. S. Gr. §. 101 und 110.

F.

Fafaracak (paparacak), n., Mondschein.

Faran (parau), n., heller Tag, bes.: Míttag. S. túparan.

Fárana (párana), n., Friede; z. B. f. kó do! pax tecum!

Fárara (párara), n. pl. fararájin (pararájin), Licht, Flamme. Kerze.

Ferok (perok), ... mal: z. B. perok-mucála, dreimal.

Figa (piga), d. fifiga (pipiga); a. afíga (apíga): i. figé (pigé), empfangen, schwanger werden. Selten gebraucht man auch die Form: fige (pige).

Fija (pija), d. fifija (pipija); a. afíja (apíja); i. fijé (pijé); p. pía (fia), fragen, nachfragen. S. pí.

Fungöt, n. pl. fungötö, nates.

Furyö (selten: puryö), d. fufuryö; a. afuryö; i. furyöní, ersticken (intr.).

Fúruc (púrue), d. fúfurue (púpurue); a. afúruc (apúrue); i. furuené (puruené), aufwachen.

G.

Gá, d. gagá; a. agá; i. gají; p. gaya, vertheidigen, beschützen.

Gayu, d. gagayu; a. agayu; i. gaï; p. gála, suchen.

Gap, d. gagap, a. agap; i. gapé; p. gápa, schützen, beschützen.

Gapá, n., Schutzdach, Obdach.

Gapákin. d. gagapákin; a. agapákin; i. gapakí; p. gapáki, auflegen, etwas darauflegen.

Gär, d. gágár; a. agár; i. gáré, schnarchen.

Gege, nie. S. Gr. §. 102.

Geï, d. gegeï; a. ageï; i. geï; p. gelári. gebrauchen

Gele, l. pl. gelya, Schulterbein.

Geleng, c. pl. kade, 1) allein, einer allein; 2) als Einheit bei den zusammengesetzten Zahlen: 11. 21, 31 u. s. w. S. Gr. §. 90.

Gélere, einmal (meist : semel, aber auch: quondam). S. Gr. §. 92.

Gelet, n. pl. géletji, Gerätschaft.

Geng, gewöhnlicher: gönggu, q. v.

Ger, d. geger; a. ager; i. geré; p. géra, ritzen, kratzen. D. gôr.

Giddya, d. u. a. regelm. i. giddyé; p. gíta, abnagen.

Gigíru, n. pl. gigírujin, die Rückenflossen bei den Fischen und Knorpeln beim Krokodil.

Gin, d. gigin; a. agin: i. ginyé; p. ginya (gi'nga), zerreissen (transit.).

Gindya, d. gigindya: a. agindya; i. gindyé, zerreissen (intr.).

Giran, d. gigiran; a. agiran; i. giré; p. girarikin, ausweichen; nge agiraríkin, er ist ein Mensch, dem man ausweicht — homo vitatus.

Go, stark, hart — als einfache Wurzel nicht gebräuchlich. wohl aber in Zusammensetzungen; z. B. lógo (nágo). stark, kräftig: gwörögo, theuer, hart zu kaufen. S. die volle Wurzel in: golet.

Gober, l. pl. góbero, Haut, Fell, Leder.

Godya, d. gogodya; a. agodya; i godi; p. góta. loben. preisen; z. B. godíta Ngun, preiset Gott: Ngun gogóta. Gott sei gepriesen.

Gogok, n. pl. gogokan, die grosse Nil-Ente.

Gogu, d. gógogu: a. agógu; i. goké; p. góko. abhalten, zurückhalten.

Gok, d. gogok; a. agok; i. goké; p. góko, s. gogu.

Gókini, l. pl. gokínyat, Ameisenhaufen mit vielen Löchern.

Golet, n. pl. góletji, Härte, Stärke, Kraft. S. go.

Gólotot, l. pl. gúlujin, Bach.

Gondya, d. gogondya; a. agondya; i. gondí; p. gonya. abreissen, herausreissen. S. gin.

Gor, n. pl. góro, Lanze.

Gore, l. pl. goreki, kleiner Bach.

Goro, l. pl. gorojin, Stall, Hürde.

Gorom, n. pl. góroma, Mauer; Wall.

Got, d. gogot; a. agot; i. goté; p. gotta, spitzen. zuspitzen.

Gotet, l. pl. gótetji, Lob, Preis. S. godya.

Göm. d. gögöm: a. agöm; i. gömí; p. gömö, umkreisen, umgeben.

Gömbu, d. gögömbu; a. agömbu; i. gömbí; p. gömö, umgeben, besonders mit einem Zaun. S. göm.

Gönggu, d. gögönggu; a. agönggu; i. gönggí; p. göngö, einzäunen. D. göng.

Gör, d. gögör; a. agör: i. göré; p. görö. kreuzen (trans.).

Gör, l. pl. görön. Weg, Strasse, im pl. bes. Kreuzwege.

Görígöri, l. pl. görigörye (görigöryet), Regenbogen.

Görju, d. gögörju; a. agörju; i. görjí; p. görö, sich kreuzen (auch trans.). S. gör.

Gringring, n., Erschütterung, Erdbeben.

Gringring-ná-kak, Erdbeben.

Gúbara, d. gugúbara; a. agúbara; i. gubará; p. gubáji, werfen, schleudern, herumwerfen.

Gudu, n. pl. gudulan, Buckel, Höcker (beim Menschen).

Gugu, l. pl. gúguö, Getreidebehältniss. D. guk.

Gulöm, n. pl. gulömo. Grab (für Menschen).

Gukun, d. gúgukun; a. agúkun; i. gukú; p. gúkue. einladen, herladen; z. B. gukú nan, lade mich ein

Gukundya (gukundyö), d. gugukundya; a. agukundya; i. gukuṇdyé; p. gúkue, s. gukun.

Gum. d. gugum; a. agum; i. gumé; p. gúma, werfen.

Gumba, d. gugumba; a. agumba; i. gumbí; p. gúma, werfen·

Guråk. l. pl. guråkan, grosser Vogel, dessen Gefieder als Kopfzierde dient.

Gure, n. pl. gúreki, Taube. D. kuré.

Gurutöt, n. pl. guru, Eidechse.

Gwa, c. pl. gl. 1) so beschaffen, bes. in Beziehung auf die Grösse ; z. B. gwá-nan, gwá-do, gwá-ta, so (gross) wie ich, du, ihr; 2) in der Bedeutung des latein. qua, tamquam; z. B. Yesu gwa katodínanit akondya ngyo? was hat J. als Lehrer gethan? 3) mit den Suffixen: lio, nio, nikang u. s. w. (gleich mir dir etc.); z. B. nge aúju ropet gwá-nikang, er erhielt einen Lohn gleich dem unserigen. Cf. gwôco.

Gwadd (gwaddu), d. gwagwadd (.. u); a. agwadd (.. u): i. gwaddí; p. gwáta, bespritzen, anspritzen [auch in der figürl. Bedeutung, wie rat (q. v.)]; z. B. gwaddí nan. spritze mich an (segne mich). Cf. kwadd.

Gwaket, n. pl. gwáketji, Rinde, Schale.

Gwalak, d. gwagwálak; a. agwálak; i. gwalaké; p. gwálaka. zerbrechen, abbrechen.

Gwá-lo, so (gross) wie dieser. S. gwa und lo.

Gwá-na, so (gross) wie diese. S. gwa und na.

Gwang, n. pl. gwangan, (wilde) Katze.

Gwarût, n. t., Schiesspulver — aus dem arab. barús.

Gwatet, n. pl. gwátetji, 1) das Anspritzen; 2) Segen. S. gwadd.

Gwé, d. gwegwé; a. agwé; i. gwé 1) werden (fieri), geschehen; 2) bleiben. Cf. gwon.

Gwê, n., Spass, Scherz. S. gwujö.

Gwea, n. pl. gweájin, 1) Familie, Volksstamm; 2) Sitte, Gewohnheit.

Gwea-na-Kristi, Kirche (als Gemeinschaft — Familie Christi).

Gwéanit, l. pl. gwéak, Erschaffer, Schöpfer — seltenere Form für: kagwéanit. S. gweja.

Gwecin, n. t., Farbe.

Gwé-cona, genug, wörtlich: so bleiben!

Gweya, d. gwégweya; a. agwéya; i. gweí (gwelé); p. gwéla, vertheilen.

Gweja, d. gwégweja; a. agwéja; i. gwejí; p. gwéa (auch: gweya), 1) formen, bilden, erschaffen; 2) zeugen.

Gwélakin, d. gwegwélakin; a. agwélakin; i. gwelakí; p. gwélaki, andern aus-, mittheilen.

Gwele, n. pl. gwelyat, Gastmahl; Hochzeitmahl.

Gwi, d. gwigwí; a. agwí; i. gwiné (gwijé); p. gwíö, benennen.

Gwíen, d. gwigwíen; a. agwíen; i. gwiené, weinen.

Gwilinggi, d. gwigwilinggi; a. agwilinggi; i. gwilinggí, bei Jemanden wohnen; bleiben. S. gwolong.

Gwiri, l. pl. gwiryla, Wirbelsäule.

Gwó, d. gwogwó; a. agwó; i. gwoné; p. gwóa, treten; zerstampfen.

Gwocé, Adv., wie; ähnlich; gleich. S. gwôco. Cf. gwa.

Gwôco, 1) Adj. c. pl. gwóce (gwócoce), gleich, ähnlich; z. B. gwôco Ngun a ngálo? wer ist Gott gleich? cilo lungacírik gwócoce, diese Brüder sind sich ähnlich (gleich); 2) Adv., wie, ähnlich, gleich.

Gwodan, d. gwogwodan; a. agwodan; i. gwodé, stehen.

Gwoja, d. gwogwoja; a. agwoja; i. gwojí, tanzen.

Gwolo, n. pl. gwolyot, Köcher.

Gwolokok, l. pl. gwolókokan, Kropf.

Gwolo-na-loya, pl. gwolyot-ti-loya, Pfeilköcher.

Gwolong. d. gwogwolong; a. agwolong; i. gwolongé, wohnen, bleiben. Cf. gwilinggi.

Gwolónget, n. pl. gwolóngetji, Wohnung, Aufenthalt. S. gwilinggi.

Gwolong-taling, still sein, still bleiben. S. gwolong u. taling.

Gwon, d. gwogwon; a. agwon (oft auch: gwon); i. gwé, sein, bleiben.

Gwon-dá, wörtlich: wie sein? z. B. do gwon-dá ko nan? wie stehst du zu mir? nan gwon-dá ko do? was habe ich mit dir? S. gwon und adá.

Gwo'ngáli, n., Butter.

Gwongga, d. gwogwongga; a. agwongga; i. gwonggí; p. gwonga, Butter bereiten.

Gwon-taling, s. gwolong-taling.

Gworan, d. gwogworan; a. agworan; i. gworé, gerinnen; z. B. le agworan, die Milch ist geronnen.

Gworat, u. t., geronnene Milch.

Gworo, l. pl. gworolo, Gurgel.

Gworong, l. pl. gwúrungin, Hyäne.

Gwoto, d. gwogwoto; a. agwoto; i. gwotoní, trächtig sein.

Gwöju, d. gwögwöju; a. agwöju; i. gwöjí, heulen.

Gwöng, d, gwögwöng: a. agwöng; i. gwöngí, kriechen.

Gwöre, l. pl. gwörélen (gwörejin), Fuchs.

Gwörit, u. pl. gwöritji, Marktplatz.

Gwörö, d. gwögwöro; a. agwörö; i. gwöröní; p. gwörue, kaufen.

Gwörögo, c. pl. gl., theuer, „hart zu kaufen". S. gwörö u. go.

Gwörökin, d. gwögwörökin; a. agwörökin; i. gwörökí; p. gwöröki, für einen etwas kaufen.

Gwöröri, d. gwögwöröri; a. agwöröri; i. gwörörí; p. gwörörikin, verkaufen; z. B. eine tito agwöröríkin, das sind verkaufte Dinge.

Gwörun, d. gwögwörun; a. agwörun; i. gwörú; p. gwörue, einkaufen.

Gwörundyö, d. gwögwörundyö; a. agwörundyö; i. gwörundyé. p. gwörue, einkaufen. S. gwörun.

Gwujö, d. gwúgwujö; a. agwújö; i. gwujé, scherzen, Spass machen.

Gwulu, d. gwúgwulu; a. agwúlu; i. gwuluné; p. gwúlua, erkennen, kennen (bes. einen Menschen, der von der Ferne herkömmt).

Gwulúngedu, d. gwugwulúngedu; a. agwulúngedu; i. gwulungedí, purzeln.

Gwunyun, d. gwugwunyun; a. agwunyun: i. gwunyú; p. gwúnyue, ausreissen.

Gwuru, l. pl. gwúrua, Rasen, Grasplatz.

Gwuí, d. gwugwut; a. agwut; i. gwuté; p. gwútö, schlagen,
prügeln. S. but. und bit. D. guót (gut).
Gwuíet (butet), n. pl. gwútetji, Prügel, Keule, Stock.
Gwutu, c. pl. gl., abgestumpft. Cf. gwut.

I.

I. 1) in (εἰς und ἐν); z. B. í kadi ná Ngun, in der Kirche
(im Hause Gottes); nán tu í kadi ná Ngun, ich gehe
in die Kirche; s. Gr. §. 109 und 110; 2) als (quam),
bei der Steigerung; s. Gr. §. 88 und 89.
I ... bot. hinter. S. Gr. §. 110.
I ... erou, vor (temporell). S. Gr. §. 110.
Igó, pl. igóta, gehe (gehet) weg. S. Gr. §. 54.
Iit, d. iit; a. aït; i. itú; p. ítue, mit der Angel fischen.
Iitun, d. iitun; a. aïtun; i. itú; p. ítue; s. iit.
I ... kak, unter. S. Gr. §. 110.
I ... ki, über, in ... obeu. S. Gr. §. 110.
I ... kiden, in mitten, darunter. S. Gr. §. 110.
Ipirít (i pirít), anstatt. S. Gr. §. 110.
Ilólor, heute, „an diesem Tage".
Ilot, 1. fem. inot; pl. kulök, fem. kunök, dein. Suff. S. Gr.
§. 29.
I'ngo, was; z. B. do a'ngecu i'ngo? was hast du gegessen?
Inke, ja. S. Gr. §. 94.
Inot, s. ilot.
I-piríten-ling, überall, „an allen Orten".
I-pirit-na-geleng, zusammen, „an Einem Orte".
Itet (bitet), n. pl. ítetji (bítetji), Angel (zum Fischen).
Ití, pl. itíta, unregelm. i. von: tu, gehen.
I-tu, während, wörtlich: im Gehen.

Y.

Yá, d. yayá; a. ayá; i. yalé; p. yála, 1) sich bewegen (vom Wasser); 2) mehr geben; z. B. yalé nau, gib mir mehr.

Yá, wo? woher? S. Gr. §. 97.

Yayu, d. yayúyu; a. ayáyu; i. yaï (yalé), sich bewegen. S. yá.

Yak, d. yayak; a. ayak; i. yaké; p. yáka, steinigen.

Yaka, d. yayaka; a. ayaka; i. yakaní; p. yakaki, spucken, ausspeien, „sich des Speichels entledigen".

Yakanye, n. pl. yakanyejin, Grossmutter.

Yâkit, n. pl. yâkita, Kopfriedl (um darauf Lasten zu tragen).

Yako, d. yáyako; a. ayáko; i. yakolé; p. yakólo, das Ziel verfehlen.

Yala (yála), 1. pl. yalájin, Sturm. S. yá.

Yama, d. yayáma; a. ayáma; i. yamané, gähnen; z. B. do yayáma ngupí ugyo? warum gähnst du immerfort?

Yamet, n. pl. yámetji, das Gähnen. S. yama.

Yanggo, n. pl. koyanggo, Mutter. S. Gr. §. 30 u. 78.

Yangotat, n. pl. yango, Aussatz, Krätze.

Yapa, 1. pl. yapála, Mond; Monat; z. B. nan popó ko yapála bukér bot, ich werde nach sechs Monaten kommen.

Yapa-jore, 1., Vollmond, „Vielmond"; z. B. yapa-jore (yapálo-jore) kwekwélen, der Vollmond ist schön.

Yapa-wilo (yapá-lo-wilo), Neumond. S. wilo.

Yaro, n. pl. yárujin, Nilpferd; z. B. í jur ló Bari yárujin jore, im Lande der Bari (sind) viele Nilpferde. D. râu.

Yaua (nicht: yava oder: yawa), n. t., Bier (aus Durah).

Yega, d. yéyega; a. ayéga; i. yegí; p. yéka, bringen, hertragen, bes. herumtragen.

Yeyé, d. yeyé; a. ayeyé; i. yeyené; p. yeyo, denken, bedenken.

Yeyéet, n. pl. yeyéetji (yeyéyot), Gedanke.

Yeyéju, d. yeyéju; a. ayeyéju; i, yeyejí; p. yeyo. 1) denken, nachdenken; 2) sich erinnern; 3) vertrauen.

Yeye-ná-kak, ein kleines Erdbeben.

Yeja, d. yeyéja: a. ayéja; i. yeji, aufblicken: auf etwas hinblicken.

Yeje, n. pl. yéjeki, Netz.

Yek, d. yeyek; a. ayek: i. yeké; p. yéka, geben, bringen. S. yega. D. yek.

Yekakin, d. yeyékakin; a. ayékakin; i. yekaki; p. yekaki, einem etwas bringen; darbringen, widmen. S. yega.

Yeket, u. pl. yéketji, Gabe, Opfer. S. yekakin.

Yéma, d. yéyema; a. ayéma (aéma); i. yemaní, heirathen (von Mädchen). Yéma ::— p. von: yemba; z. B. kú Bari yéyema ködyji nádidik, bei den Bari heirathen die Mädchen jung.

Yemba, d. yeyemba: a. ayemba; i. yembí. heirathen (vom Manne). Das p. s. oben: yéma.

Yemet, n. pl. yémetji, Ehe. S. yemba und yéma.

Yen, d. yeyen; a. ayen; i. yené; p. yéno. hoffen. erwarten.

Yeng, d. yeyeng: a. ayeng; i. yengé, bleiben.

Yengga, d. yeyengga; a. ayengga; i. yenggí. irgendwo hinkommen, anlangen.

Yeng'ngiu (kontr. auch: ye'ngin), c. pl. gl., ewig. immer bleibend, andaurend. S. yeng und ngin.

Yengundya, yeyengundya; a. ayengundya: i. yengundyé. herkommen. S. yengga.

Yenkí (eig. yeng-ki), c. pl. gl. 1) die Himmelsbewohner — superi; 2) ewig, immer lebend. S. yeng und ki.

Yi (beim schnellen Sprechen fast: i allein). pl. von: nan, ich.

Yici, pl. von: kilolong, Lamm.

Yidin, pl. von: kine, Kleinvieh.

Yig, d. yiyig; a. ayig; i. yigé, p. yíga, drohen.

Yigga, d. yiyígga; a. ayígga: i. yiggé, p. yíga, bedrohen.

Yik, d. yiyik; a. ayik; i. yiké; yíkö. eine Grube ausfüllen.

Yiká, n. pl. yikájin, Strohmatte.

Yí-kade, pl. von: nan-geleng, ich allein. S. Gr. §. 28.

Yilakin, d. yiyílakin; a. ayílakin; i. yilakí; p. yilaki, etwas hineinschöpfen (eine Flüssigkeit, Erde).

Yi-lope'ngat, pl. von: nan-lopeng, ich selbst. S. Gr. §. 28.

14

Yímönö (yimönö, yiyímönö), c. pl. gl., satt, gesättiget. S. toyímönö.

Ying, d. yiying; a. aying; i. yingé; p. yinga, hören, aufmerkeu.

Yinga, d. yiyinga; a. ayinga; i. yinganí, schweigeu. S. ying.

Yinget, n. pl. yíngetji, das innere Ohr; Gehör. S. ying.

Yingga, d. yiyingga; a. ayingga; i. yinggé; p. yinga, hören. S. ying.

Yitéet, n., Rückkehr. S. yítue.

Yitye (yítue), d. yiyitye; a. ayitye; i. yityené, zurückkommen; wiederkommen.

Yitö, d. yiyitö; a. ayitö; i. yitöuí. zurückkehren. S. yityc.

Yítue (auch: yitwe); s. yitye.

Yoyója, d. yoyója; a. ayoyója; i. yoyoji; p. yóyua, gerne heirathen; freien; (p. gerne verehlicht sein, vom Mädchen). Cf. yemba und yéma.

Yoyu, d. yóyoyu; a. ayóyu; i. yoloní; p. yólo, singen. S. yolo.

Yoka, d. yóyoka; a. ayóka; i. yokané, husten.

Yoka, n. pl. yokalan, Husten, Katarrh.

Yokan, d. yoyókan: a. ayókan; i. yoké, faul, träg sein. S. yukan.

Yoke, c. pl. yokya, faul, träg.

Yoket, n., Faulheit, Trägheit.

Yoko, d. yóyoko; a. ayóko; i. yokoné; p. yúkue, befreien.

Yolet, l. pl. yóletji, Gesang, Lied. S. yolo.

Yolo, d. yoyólo: a. ayólo; i. yoloni; p. yólo, singen. S. yoyu.

Yonge, c. pl. gl., fertig, vollendet; reif.

Yorot, d. yoyórot; a. ayórot; i. yoroté; p. yóroto, pressen, auspressen (z. B. den Saft einer Frucht).

Yorót, l. pl. yorótjin, Eule.

Yöbu (yöbú), n. pl. yöbúöt, Wald, Forst.

Yödu (yödú), n. pl. yödúöt, ein schwarzer Stein, der zerrieben dient Geschirre zu glasiren.

Yöyu, d. yöyöyu; a. ayöyu; i. yöï; p. yölö, besuchen.

Yöki, d. yöyöki; a. ayöki; i. yökiné; p. yökiö (yökíö), befehlen. S. yökijö.

Yökiet. n. pl. yökietji, Befehl, Gebot.
Yökijö, d. yöyökijö; a. ayökijö; i. yökijé; p. yökiö (yökiö),
befehlen. S. yöki
Yölit, n. pl. yölitji, Besuch, Besuchung. S. yöyu.
Yu. 1) dort; 2) dorthin: 3) dorther. S. Gr. §. 97.
Yú. d. yuyú; a. ayú: i. yuné, schäumen; gähren.
Yubö, d. yúyubö; a. ayúbö; i. yubé; p. yúpö. dafür halten.
meinen. S. yup.
Ynddú. d. yuyuddú; a. ayuddú; i. yuddí: p. yútu, atzen. er-
nähren; z. B. nguájik lódidik (fem. ng. nádidik) yuyútu
kó le ti aigote, kleine Kinder werden mit der Mutter-
milch ernährt.
Yugu, d. yúyugu; a. ayúgu: i. yugí: p. yúku. hüthen,
Hirt sein.
Yuyúlue, n., Jubel. S. yolo.
Yuk, d. yuyuk; a. ayuk; i. yuké; p. yúkö, Wind machen.
besonders mit dem Blasbalg.
Yukakin, d. yuyúkakin; a. ayúkakin; i. yukakí; p. yukaki.
anhauchen: eiuhauchen; z. B. Ngun ayúkakin molokótyo
i mugun ná ngutu, Gott hauchte die Seele in den Leib
des Menschen.
Yukan, d. yúyukan; a. ayúkan; i. yuké. 1) athmen. schnaufen:
2) ruhen, rasten.
Yuket, l. pl. yúketji, Athem. Seufzer.
Yuket, n. pl. yúketji, Ruhe, Rast.
Yukin, d. yuyukin; a. ayukin; i. yukí, übersiedeln, den
Wohnort (Standort) wechseln.
Yukít, n. pl. yukíten. die Schmiede (Platz zum Schmieden).
Yulen, d. yuyúlen; a. ayúlen: i. yulé, unzufrieden sein;
murren; z. B. nge ayúlen akwé na ropet nádit, er (sie)
war unzufrieden wegen des geringen Lohnes.
Yulön, n., Donner.
Yun, d. yuyun; a. ayun; i. yuné; p. yúna, aufladen; z. B.
kayne ayúna parík, der Esel ist sehr beladen (überladen).
Yungue, d. yúyungue; a. ayúngue; i. yungueuí, Junge
werfen, gebären (auch: Eier legen).

14 *

Yunguet, n., 1) Gebärmutter; 2) Geburt.

Yup, d. yuyup; a. ayup; i. yupé; p. yúpö, glauben. S. yubö.

Yupet, n., Glaube. S. yup.

Yur, d. yuyur; a. ayur; i. yuré; p. yúra, anzünden, verbrennen; z. B. nan ayúr kadi, ich zündete das Haus an.

Yuran, d. yuyúran; a. ayúran; i. yuré, trauern, betrauern.

Yure (yuré), n., 1) Osten. Morgenland; 2) früh; Morgens. Cf. yur.

Yuret, n. pl. yúretji, Sorge, Kummer, Schmerz. S. yuran.

J.

Já, d. jajá; a. ajá; i. jani, sich erbrechen.

Jaga, n. pl. jagajin, breiter Eisenring.

Jakin, d. jájakin; a. ajákin; i. jaki; p. jaki, für einen etwas bringen.

Jambu, d. jájambu; a. ajambu; i. jambi: p. jáma, sagen, reden, sich unterreden. D. jam.

Jame, 1. pl. jamyat, Gespräch, Unterredung. S. jambu.

Jawe, n., Zeit des Regens und Wachsthums.

Jea, d. jejea; a. ajéa; i. jeani. 1) an etwas anstreifen; 2) sich ritzen oder schürfen.

Jegú, c. pl. gl., erzürnt, ergrimmt (von Menschen und Thieren).

Jel, gewöhnlicher: jölö, q. v.

Jelêt, n. pl. jelétji (jeletji), Splitter.

Jéleta, d. jejéleta; a. ajéleta; i. jeletani, ausgleiten, straucheln; fallen.

Jengga, d. jejengga; a. ajengga; i. jenggi, ruhig schwimmen (von Menschen).

Jibi, 1. pl. jibia (jibya), kleine Schnecke.

Jijö, d. jijijö; a. ajijö; i. jijé; p. jiö, reiben (z. B. Mehl).

Jik, d. jijik; a. ajik; i. jiké; p. jikö, führen, ziehen, zerren, bes. Vieh.

Jikun, d. jijikun; a. ajikun; i. jikú; p. jikue, herführen. S. jik.

Jimjime (cimcime), l. pl. jimjim (cimcim), die grosse schwarze
Ameise. D. ajin (ajingin).

Jó, d. jojó: a. ajó; i. joné, genügen.

Jok, d. jojok; a. ajok; i. joké; p. jóka, mit der Faust
schlagen: ausklopfen; dreschen; z. B. bolot ajóka, die
Durah ist ausgeschlagen (gedroschen).

Joket, l. pl. jóketji, 1) Faustschlag; 2) Schlag überhaupt.
S. jok.

Jómani, n. pl. joman, Affe.

Jon, d. jojon: a. ajon; i. jó (jóta); p. júe, bringen; z. B.
nan jojón do kunye le, ich werde dir andere Milch
bringen.

Jondya, d. jojondya: a. ajondya; i. jondi: p. júe, bringen.
S. jon.

Jong, d. jojong; a. ajong; i. jongé; p. jonga, fortnehmen,
fortführen, forttragen.

Jongan, d. jojongan; a. ajongan; i. jongé, in der Falle (gefangen) sein.

Jor. n. pl. jora, Teich.

Jore. d. jojore: a. ajore; i. jorené, voll sein, in Fülle vorhanden sein.

Jore (joré), c. pl. gl.. voll, viel.

Jölö. d. jöjölö; a. ajölö; i. jölöni, sich entfernen, reisen. D. jal.

Jön. d. jöjön; a. ajön; i. jöni, regnen.

Jöruru. n. pl. jörúruöt, Loch, Vertiefung.

Ju, c. pl. julin. Freund (Freundin); z. B. jú-lio. mein Freund;
jú-nio, meine Freundin.

Jú, d. jujú; a. ajú; i. julé; p. júlö. läuten (an die Schelle
oder Glocke stossen).

Jû, d. jujû; a. ajû; i. jujé: p. júö. schleifen. schärfen (z. B.
eine Lanze, einen Pfeil).

Júe, p. von: jon.

Júek (andere Form für: ajók), l. pl. júekön, Satan. D. jåk (jok).

Juét, n. pl. juétji, Wetzstein. S. jú.

Júgwati (júguati), l. pl. júgwa (júgua). Bohne.

Juju, d. juju; a. ajúju; i. jujuné: p. jújua. verbieten: z. B.
nan ajújua, vetitus sum.

Yujuk. n. pl. jujukön. Brust (bei Thieren).

Jupú, d. jujupú; a. ajupú; i. jupuni; 1) sich kleiden. be-
joppen; 2) bekleidet sein.

Juön, d. jujuön: a. ajuön; i. juöné. pedere.

Jur, l. pl. juron. Land; z. B. jur ló Bari, Bari-Land.

Jur-ló-monye, Vaterland.

Juruddyö, d. jujuruddyö: a. ajuruddyö; i. juruddyö. untersinken — mergi.

K.

K (ka). Präfix bei den nomin. agentis. S. Gr. §. 24 Ende.

Ka . . . ., statt: ku (ko) in Verbindung mit: ngit (nyet), yang.
cu, ce - ká'ngit (kányet), kayang, kacu, kace. S. Gr.
§. 25 und 29.

Kabélanit. c. pl. kabélak, 1) Grübler; 2) Geizhals. S. bé.

Kabíanit, c. pl. kabíak, ein Sauger. S. bí.

Kabitönit, c. pl. kabitök, Schläger. Prügelknecht. S. bit.

Kaböngönit, c. pl. kaböngök, einer der etwas vergessen hat;
z. B. kaböngök-tí-Ngun, die Gottvergessenen, Heiden.
S. böngöri.

Kabúkanit, c. pl. kabúkak. ein Stolzer. S. buga.

Kabúkönit, c. pl. kabúkök, Ausgiesser. Vergiesser: z. B. k.
lo rima, Mörder, „Blutvergiesser". S. buk.

Kabúlönit, c. pl. kabúlök, ein Mächtiger. S. bulö.

Kabútönit, c. pl. kabútök, ein Schläger. S. but.

Kacáranit, l. pl. kacárak, Richter. S. car.

Kace (káce). pl. von: lóce (náce), eigentlich: ló ce, ná ce.
pl. ká ce. S. Gr. §. 29 ff.

Kacirökoti, n., Abendstern.

Kacónyonit. c. pl. kacónyok, Bothe (Böthin). S. con.

Kacónyonit-ló-Ngun. pl. kacónyok-tí-Ngun, Apostel „Bothe
Gottes". Engel.

Kacöceri. l. pl. kacöcerijin, Weihrauch.

Kacu (ka-cu. kácu). pl. von: lócu (nácu). S. Gr. §. 29 ff.
und: kacc (ká cc).

Kacúkanit, c. pl. kacúkak. Tröster. S. cuga.

Kacúmanit, c. pl. kacúmak. Giftmischer. S. cum.

Kacúrönit. c. pl. kacúrök, gefrässiger Mensch (auch von
Thieren). S. cur.

Kadákanit, c. pl. kadákak, ein Neidiger. S. dak.

Kade (kadé), c. pl. von: geleng, 1) allein; z. B, yi-, tá-, cé-
kade, wir. ihr, sic allein; s. Gr. §. 28; 2) eigenthümlich.

Kadélanit. c. pl. kadélak, Verheimlicher. Verstecker. S. dé.

Kadélong, eine zweite Form für: kade.

Kaden, pl. von: ködini (Baum), Holz, Scheiter.

Kadénanit, c. pl. kadénak, ein Gelehrter. Weiser. „Wisser".
S. den.

Kaden-ti-kimang, Brennholz. „Scheiter für's Feuer".

Kadéranit. c. pl. kadérak. Koch (Köchin). S. der.

Kadi (kadi). n. pl. kadijik, 1) Zimmer, Haus — wie das lat.
aedes im sg.; 2) im pl.: Ortschaft, Dorf.

Kadi-nádit, pl. kadijik-nádidik. kleines Zimmer, Kammer.

Kadi-ná-kwen, pl. kadijik-ti-kwen. 1) Vogelhaus; 2) Vogelnest.

Kadi-na-lungguö, pl. kadijik-ti-lungguölön. Schneckenhaus.
S. lungguö.

Kadi-ná-Ngun, pl. kadijik-ti-Ngun, Kirche, „Gottesbaus".

Kadinanit, c. pl. kadinak, Schüler (Schülerin). S. diniki.

Kadi-na-todinet, pl. kadijik-ti-todinet. Lehr- oder Schulzimmer.
S. todinet.

Kadi-todinet, statt: kadi-na-todinet.

Kadókonit, c. pl. kadókok, Träger, Trägerin. S. doggu.

Kadólanit, c. pl. kadólak, Sucher, Erforscher. S. doya.

Kadónganit, c. pl. kadóngak, ein alternder Mensch. S. dongga.

Kadongé, 1. pl. kadongéki, 1) die linke Hand; 2) Adj. c.
pl. gl. z. B. môkot kadongé, der linke Fuss: nielo ngutu
môkot kadongé, dieser Mann hinkt am linken
Fuss; 3) Adv., meist mit dem Präfix: a = akadongé,
links (zur Linken).

Kadóngonti, l. pl. kadóngon, Fliege.

Kadöyönit. l. (c.), pl. kadöyök, Verkäufer, Handelsmann.
S. döju.

Kadúmanit, c. pl. kadúmak, Dieb (Nehmer). S. dumun.

Kadúmmanit. c. pl. kadúmmak, Betrüger. S. dumm.

Kadúrönit, c. pl. kadúrök, Melker (Melkerin). S. durje.

Kadúrunit. c. pl. der (die) Leidende, Traurige. S. duru.

Kagu. d. kakágu; a. akágu; i. kagí; p. káka, spalten.

Kagúmanit. c. pl. kagúmak, Schleuderer, Werfer. S. gum.

Kagwéanit, l. pl. kagwéak, 1) Bildner, Schöpfer; 2) Erzeuger.
S. gweja.

Kagwie, c. pl. kagwiéjin, der (die) Weinende.

Kagwienit, c. pl. kagwiek. s. kagwie.

Kagwónganit, c pl. kagwóngak, der (die) Butter Bereitende.
S. gwongga.

Kagwörönit. c. pl. kagwörök, Handelsmann. S. gwörö.

Ka-yang (kayang), bei (für, von, zu, unter) uns. S. Gr. §. 25.

Kayátani, n. pl. kayá, Gekröse.

Kayékanit, c. pl. kayékak, Träger, Bothe; Darbringer. S. yega.

Kayékanit-lo-robangga, pl. kayékak-ti-robangga, Priester.
„Opferdarbringer". S. yega und robangga.

Kayémanit, c. pl. kayémak, Bräutigam (Braut). S. yemba
und yéma.

Kayinganit, c. pl. kayingak, Zuhörer. S. ying.

Kayne (káyne), n. pl. káyneki, Pferd; Esel.

Kayóyuanit, c. pl. kayóyuak, Freier (Freierin). S. yoyója.

Kayólonit, c. pl. kayólok, Sänger, (Sängerin). S. yolo.

Kayökönit. l. pl. kayökök, Befehler, Gebiether. S. yöki.

Kayölönit. c. pl. kayölök, Besucher. S. yöyu.

Kayúkunit, c. pl. kayúkuk, Hirt. S. yugu.

Kayúkunit-lo (na)-kijuk, pl. kayúkuk-ti-kijuk, Kuhhirt. S. kiteng.

Kayúnanit. c. pl. kayúnak, ein Aufleger. S. yun.

Kayúnguenit, n. pl. kayúnguek (kayúnguejin). Gebärerin.
S. yungue.

Kayúpönit. c. pl. kayúpök, ein Gläubiger (fidelis). S. yup.

Kayúranit. c. pl. kayúrak, Brandleger. S. yur.

Káyuti, n. pl. káyot, eine Säugende, Wöchnerin. S. yuddú.

Kayútunit. c. pl. kayútuk, Atzer, Ernährer. S. yuddú.

Kaje (auch: kajye), Adv., gestern.

Kajikönit. c. pl. kajíkök, der Führer (bes. eines Thieres). S. jik.

Kajiönit, n. pl. kajiök, Mehlreiberin. S. jijö.

Kajya, pl. von: tagwok. Kalb.

Kajye, s. kaje.

Kajýélu (kajélu), vorgestern. S. lu.

Kajónganit, c. pl. kajóngak, Bothe (Böthin), Wegtrager. S. jong.

Kajölönit, c. pl. kajölök, Reisender, Wanderer. S. jölö.

Kajú (kaju), früher; schon längst; z. B. nan kajú aying cine. das habe ich schon längst gehört.

Kajúenit. c. pl. kajúek. Bothe, Bringer. S. jon.

Kak, 1) n., Erde, Unterwelt; 2) unten, in der Tiefe; 3) hinab.

Kakámanit. l. pl. kakámak, Ruderer. S. kambu.

Kakatyo, c. pl. kakat. Verwandter. Bekannter; Nächster.

Kaképanit. l. pl. kaképak. Schreiner, Zimmermann. S. keba.

Kakerényanit, c. pl. kakerényak, Zerreisser. S. keren.

Kak-gwé-amúce, Abenddämmerung, „die Erde wird dunkel."

Kâkit, u. pl. kákitan, Kopfriedl. S. yâkit.

Kakitanit, c. pl. kakítak, Arbeiter. S. kita.

Kak-ná-monye, Vaterland. Cf. jur-ló-monye.

Kakokólonit, c. pl. kakokólok, ein Eigennütziger. S. kokóyu.

Kakölönit, c. pl. kakölök,·Erlasser, Nachlasser. S. kölökin.

Kakúrunit, c. pl. kakúruk, Bauer. S. kurju.

Kakwákanit, c. pl. kakwákak, Vermittler, Friedensstifter. S. kwagu.

Kakwéyanit, c. pl. kakwéyak, Zeuge. S. kweja.

Kakwékanit, c. pl. kakwékak, Aufmacher. S. kwekin.

Kakwélianit, c. pl. kakwéliak, 1) ein Wachender (der nicht schläft); 2) die Wache. S. kweli.

Kalab, d. kakalab; a. akalab; i. kalapé; p. kalapa, umarmen.

Kalabá. n. pl. kalabájin, Schüssel.

Kaleléroti, n. pl. kaleléro, Distel.

Kaliöngönit, c. pl. kaliöngök, ein freundlicher Mensch; z. B. nielo matat a k. kó ngutu ling. dieser Häuptling ist mit allen Leuten freundlich.

Kalyeti (kálieti), n. pl. kalye (kálie), Fackel (brennender Span).

Kalúdyanit, c. pl. kalúdyak, Dolmetscher. S. ludya.

Kalúngunit. c. pl. kalungök. Rufer. S. lung.

Kaluökönit, l. pl. kaluökök, Befreier, Erlöser. S. luök.

Kalúpönit, l. pl. kalúpök, ein (unbefugter) Eindringer: Ehebrecher. S. lupö.

Káluti, n. pl. káleto, Pfahl.

Kamánanit, c. pl. kamának. Feind, Hasser. S. man.

Kamánganit, c. pl. kamángak. Verleumder. S. mang.

Kámara, d. kakámara: a. akámara: i. kamará; p. kamáji, herumrudern.

Kamaránganit, c. pl. kamarángak, ein Hohnsprecher, Schmäher. S. maranggu.

Kamátanit, c. pl. kamátak, Trinker. Säufer. S. möju.

Kambu, d. kakambu: a. akambu; i. kambi; p. káma (auch: kamáji), rudern.

Kamé, l. pl. kamélan, Löffel

Kaméranit, c. pl. kamérak, ein Berauschter; Säufer. S. merau.

Kamye, c. pl. kamyeji, krank. S. ko und: myen.

Kamóranit, c. pl. kamórak, Vermittler. Friedensstifter. S. mora.

Kamörönit, l. pl. kamörök. 1) Streiter, Krieger; 2) Versucher. S. mörö.

Kamuket, l. pl. kamuka, Schuh.

Kamulák, n. t., Speichel.

Kana, 1) Adj. c. pl. gl. leer: müssig; 2) Adv. nur; umsonst; vergebens.

Kanáreti, n. pl. kánare, rothe Glasperlen.

Kánat, statt: mukánat, fünf. S. Gr. §. 90.

Kaug, Suff. pl., unser. S. Gr. §. 29 ff.

Kangá, c. pl. kangájin, 1) stark, kräftig; muthig; 2) zornig, wüthend.

Ka'ngáranit, c. pl. ka'ngárak, Gehilfe. Genosse. S. ngarákin.

Ka'ngéranit, c. pl. ka'ngérak, Schnitter. „Ernter". S. nger.

Kango, 1) draussen; z. B. nán a kango, ich bin draussen; 2) hinaus; z. B. nge tutu kango, er geht hinaus: iti kango, geh' hinaus!

Ká'ngit (ka statt: kn (ko), und nge) 1) bei (von. zu) ihm.
ihr: s. Gr. §. 25; 2) das Seinige (Ihrige) == kányet;
s. Gr. §. 29 und 31.

Ka'ngöyönit, c. pl. ka'ngöyök, Lügner, Betrüger. S. ngökin.

Kányet (kanyet), Suff. pl. seine, ihre. S. Gr. §. 29.

Kanyunyúronit. c. pl. kanyunyúrok, Erbarmer. S. nyunyúri.

Kanökönit, n. pl. kanökök, eine Säugende. S. nögu.

Kaónggoti, n. pl. kaónggo, Rinde.

Kapa, n. pl. kapaki. Besitzthum.

Kapálanit, c. pl. kapálak, Heuchler. S. payu.

Kapati, n. pl. kápa. Flur, Trift, Feld. Cf. kapa.

Kapécanit, l. pl. kapécak. Eroberer. S. pecun.

Kapenggo, n. pl. kapenggoat, grosser Sack.

Kapétanit. c. pl. kapétak. Ordner. S. pét.

Kapéti, l. pl. kape. Keim.

Kapikönit, c. pl. kapikök. Führer (von Menschen und Thieren).
S. pik.

Kapíra, n. t., Rachat; Gürtel.

Kápulet, n. pl. kapúletji, Nebel.

Kapútanit, c. pl. kapútak. Jemand, der mehr gibt, der
Meistbietende. S. put.

Káputat, n., gesottenes Fett, z. B. in der Suppe.

Karab, b. kákarab; a. akarab; i. karapé; p. karápa. unter
die Flügel nehmen; beschützen.

Karan. d. kakáran; a. akáran: i. karané, zu Grunde gehen.

Karapa, d. kakarapa; a. akarapa; i. karapani; p. karapári.
sich auf die Eier setzen, ausbrüten.

Kare, l. pl. karya, Fluss. Strom. κατ' ἐξοχὴν der Nil. D. kir.

Karékanit (karerékanit), l. pl. karékak (karerékak). Fessler.
S. rek.

Kare-lógulu, l., Flussbett. „Flusstiefe". S. lógulu.

Karémanit, l. pl. karémak. Zimmermann. S. remba.

Karémonit. c. pl. karémok, Mörder, Todtschläger. S. rembu.

Karére, n. pl. karéretji, Nasenloch.

Kariákanit, c. pl. kariákak, Zänker, Streiter, Räuber. S. riagu.

Karidya (karidia). n pl. karidyak (karídiak), eine Schwangere.

Karín, n. t., Name: z. B. karín-kwe kutuk-náculyeng, mein
Name ist Goldmund; karín-kunök Logwit, dein Name
ist Logwit. D. rin.

Karínganit, c. pl. karíngak. Rächer, Strafer. S. ring.

Karópanit, c. pl. karópak, Schenker, Belohner. S. rob.

Karudya, d. kakarudya; a. akarudya; i. karudyé, gross,
würdig sein, verdienen.

Karúkönit, c. pl. karúkök, Schüler, Jünger. S. rug.

Karut, d. kakarut; a. akarut; i. karuté; p. karúta, tauschen,
vertauschen.

Karútakin, d. kakarútakin; a. akarútakin; i. karutakí; p.
karútaki, vertauschen.

Karútanit, c. pl. karútak, 1) Vertauscher: 2) Erbe, Nachfolger. S. karut und ruddya.

Karútet, n. pl. karútetji, 1) Tausch; 2) Tauschsachen; 3) Erbschaft, Gewinn.

Kata, 1) selten als Verb gebraucht in der Bedeutung: haben,
besitzen; z. B. dó ko kíjuk? kíjuk-kwe kata, hast du
Kühe? ich habe (meine) Kühe; 2) öfter in der Bedeutung: es gibt; z. B. Ngun geleng kata, es gibt nur
Einen Gott; s. Gr. §. 54; 3) Subst. = Eigenthum (nur
pl.); z. B. yí kata tí Monye, wir sind (ein Eigenthum)
des Herrn.

Katá, 1) Subst. n. pl. katájin, das Innere; 2) Adv. inwendig.

Katáanit, c. pl. katáak, Erzähler. S. tá.

Katabíanit, c. pl. katabíak, Sauger, Säugling. S. bí.

Katá-lapaddu, c. pl. katájin-lapaddu, grausam (eigentlich:
grausame Gesinnung).

Katá-náke, c. pl. katájin-náke, freundlich, „innerlich heiter“:
z. B. cilo ngutu ngupí katájin-náke kó ngutu kulye,
diese Leute (sind) immer freundlich mit andern Leuten.

Katélanit, c. pl. katélak, Sieger. S. teya.

Katerot (katerót), c. pl. gl., kalt.

Katíyunit, c. pl. katíyuk, Wächter, Hirt. S. tiju.

Katíkanit, l. pl. katíkak, Eroberer. S. tikun.

Katitímanit, c. pl. katitímak, ein Vorwitziger. S. titimba.

Katobíanit, c. pl. katobíak, Arzt. S. tobía.

Katodénanit, c. pl. katodénak, Lehrer, „der andere wissen macht". S. todeu.

Katodínanit, c. pl. katodínak, Lehrer, „der andere unterrichtet". S. todínikin.

Katogóranit, c. pl. katogórak, Späher (um etwas zu entwenden). S. togorja.

Katoyúpönit, c. pl. katoyúpök, der Andern zum Glauben verhilft, Missionär. S. yup.

Katokélanit, l. pl. katokélak, Heiligmacher, Reiniger. S. kelan.

Katorónyanit, c. pl. katorónyak, der Böses thut, Sünder. S. toron.

Katulúkuti, n. pl. kátolok, Ei; z. B. cine kicáuakan alúpe i kátolok í kibo, diese Gänse sind auf dem Schiffe ausgebrütet worden (aus den Eiern hervorgekommen).

Kau, n. pl. kauki, Peitsche.

Kauréleng, n., Augenschmalz.

Kaúrönit (kawúrönit), c. pl. kaúrök (kawúrök), Schreiber, Zeichner. S. wur.

Kawéyanit, c. pl. kawéyak, Säemanu. S. weja.

Kawíranit, c. pl. kawirak, Spion. S. wirja.

Kawúrönit, s. kaúrönit.

Ké, d. keké; a. aké; i. kelé; p. kélo, braten, rösten.

Keba, d. kékeba; a. akéba; i. kebí; p. képa, in Holz arbeiten; zimmern.

Kedité, l. pl. kedyat, Dachstuhl.

Kek, d. kekek; a. akek; i. kegí; p. kéka, treffen (erschiessen).

Kelan, d. kekélan; a. akélan; i. kelé, rein sein.

Kelé, l. pl. kála, Zahn.

Kelé-lo-tome, pl. kála-ti-tome (k. ti-tomya), Elfenbein, „Elephantenzahn".

Kelet, n., Reinigung; Reinigkeit, Keuschheit.

Kelun, d. kekélun; a. akélun; i. kelú, dämmern (am Morgen).

Ken, d. keken; a. aken; i. kenyé; p. kenya, zerreissen; z. B. nan aken bonggo, ich zerriss das Kleid.

Kén, d. kekén; a. akén; i. kené; p. kéna, zählen. D. kuen.

Kendya, d. kékendya: a akendya; i. kendyé. zerreissen (intrans.). S. ken.

Kéndya, d. kekéndya; a. akéndya: i. kendí: p. kéna. zählen. S. kén.

Kene, n. pl. kenya, Ast.

Kene-nádit, pl. kenya-nádidik. Zweig, „kleiner Ast“.

Kenet, n. pl. kénetji, 1) Zählung; 2) Rechnung. S. kén.

Kengge, c. pl. kenggéki, Zwerg.

Kepoddu (köpoddu), d. kekepoddu: a. akepoddu; i. kepoddí. nachgehen, nachfolgen.

Képoro, defekt. Verb, nachfolgen. S. Gr. §. 54.

Kepot, n., Hautausschlag.

Kere, n. pl. kerya, Flasche (gewöhnlich eine Kürbisschale).

Keren, d. kekéren; a. akéren; i. kerenyé; p. kerenya, zerreissen.

Kere-ná-meme, pl. kerya-tí-meme, „Glasflasche, eig. „Gummiflasche“ (da die Neger anfänglich das Glas für Gummi hielten).

Kerendya, d. kekerendya; a. akerendya; i. kerendyé: p. kerenya. reissen, zerreissen (trans. u. intrans.).

Ki. 1) n. t., das Oben; Himmel, Himmelsgewölbe; 2) oben; hinauf; 3) Luft: z. B. ki anáuin kótyang, die Luft ist Abends feucht.

Kiacér. n. pl. kiacirik, Schwester.

Kibi. l. pl. kibyet (kibiet), Sykomore (Baum und Frucht).

Kibo, l. pl. kibojin, Schiff.

Kibo-lódit. pl. kibojin-lódidik, Nachen, Kahn.

Kicáuak, n. pl. kicáuakan. grosse Gans (mit rother Krone am Kopfe, und rother nackter Haut am Vorderhals).

Kicer (kicér), l., Beginn der Regenzeit. Vergl. jawe.

Kiden, 1) n., Mitte; 2) mitten.

Kídi, l. pl. kídia (kidya), Brunnen, Quelle.

Kidir, u. pl. kidirínö, Rücken (bei Menschen und Thieren).

Kidó, n. pl. kidóni, Brust (der Männer).

Kíet (kíyet), n. pl. kíetji. 1) das Aufsteigen: 2) Leiter. Stiege. S. kija.

Kigbúr, l. pl. kigbúran, Ameisenhaufen.

Kigwo, n. t., Brühe, Suppe.

Kigwo-ti-lókore, Fleischbrühe.

Kiidi, l. pl. kiidyö, 1) Arm (von der Hand bis zur Schulter);
2) Elle; 3) Schulter. S. kidîr.

Kiyang (k'yang), Adv. zuerst.

Kija, d. kikija; a. akíja; i. kijé, steigen. D. keyj.

Kija-kak, herabsteigen. S. kija und kak.

Kija-ki, hinaufsteigen. S. kija und ki.

Kijakútat, n. pl. kíjakua. Thier, besonders Raubthier; Raubvogel.

Kijek. Adv. schnell; reduplizirt: plötzlich.

Kijít, n. pl. kijítön, Ufer, Rand. S. kija.

Kikiji. c. pl. kikijikö, eine Waise.

Kiko, l. pl. kikólan, Weg, Fusssteig.

Kí-ko-kák-ling, das Weltall.

Kikuöti, n. pl. kikua, Dorn.

Kili, l. pl. kílila, Gabelspitze.

Kilior, n. pl. kilioryin, Thurm.

Kilitö, l. pl. kili, Kornwurm.

Kíliba, l. pl. kilibájin, Pfeife; Flöte.

Kilolong, l. pl. yici, Lanim.

Kimang (kímang), n. pl. kimangin, Feuer; Brand.

Kimang-tiyit, n. pl. kimangin-tiyit (kimangin-tiyitji), ein Wachtfeuer (gegen wilde Thiere u. s. w.). S. tiju.

Kiméli, l. pl. kimá, Durah-Rispe.

Kimurte, l. pl. kimur, Mücke, Gelse.

Kin, d. kikin; a. akin; i. kini; p. kinu, schliessen, sperren.

Kin, als Suffix bei Verben bedeutet: 1) einem oder für einen
etwas thun u. s. w.; s. Gr. §. 23 unter: kin; 2) ein ....,
hinein ....

Kin, n. t., Koth, Mist.

Kinát, l. pl. kinátji. Busen (der Weiber).

Kine. n. pl. yidin. 1) Kleinvieh (Ziegen, Schafe); 2) Wild;
z. B. diong-lo-yidin, ein Jagdhund.

Kinga, 1. pl. kingájin, Jahr; z. B. i kingájin puök erón nan gwón i Afrika, vor zehn Jahren war ich in A.
Kingájin-ling, jährlich „alle Jahre".
Kinga-lu, voriges Jahres, „jenes Jahr".
Kinft, n. pl. kinitan (kinftji), Thür (nicht die Oeffnung, sondern die schliessende Materie: Holz. Matte u. s. w.) Cf. kotumit.
Kinyo, n. pl. kinyojin, Speise, Nahrung.
Kinyong, 1. pl. kinyongo, Krokodil. D. nyang.
Kipijáti, n. pl. kipija, Ausschlag, Krätze.
Kipita, n. pl. kipitála, Faden, Band.
Kipya, 1. pl. kipyála, 1) Blitz und Donner: 2) Feuergewehr, Büchse.
Kipundyö, d. kikipundyö: a. akipundyö: i. kipundyé. nachkommen, folgen.
Kir, 1. pl. kirön, ein Baum, dessen Wurzeln im Wasser aufgeweicht als Heilmittel dienen.
Kiri, n. t., die Glasperlen von weisser und schwarzer Farbe.
Kiríti, 1. pl. kiruö, 1) Rohr, Schilfrohr; 2) Dachlatte (aus Rohr).
Kirituani (kirituöni), n. pl. kirituan, Falte.
Kirydi (kíridi), n. pl. kirydiat (kirídiat). Schlucht.
Kirkok, n. pl. kirkokan, Chamäleon.
Kirut, c. pl. gl., wahr, recht, wirklich. Auch Adverbial; z. B. nan takín ta kirut, burá, wahrlich. wahrlich sage ich euch.
Kirut, n., Gerechtigkeit.
Kit, d. kikit; a. akit; i. kité; p. kítö, 1) zuspitzen (bes. Holzsachen); 2) kämmen.
Kita, d. kikita (kíkita); a. akita; i. kitaní; p. tokíta, arbeiten.
Kita-burá, c. pl. gl., fleissig, „arbeitet recht".
Kitáct, n. pl. kitáetji. Arbeit, Werk.
Kité, 1. pl. kiténi, Tamarinde (Baum und Frucht).
Kíteng, n. pl. kíjuk (kícuk), Kuh.
Kitet, n. pl. kítetji, Kamm (zum Kämmen). S. kit.
Kitó, 1. pl. kitólan, Skorpion.
Kitobok, n. pl. kitobokon. die kleine Schildkröte.

Kitun, n. pl. kítutön, die schwarze Viper. Warum sie bei den alten Bari auch: yakanye (Grossmutter) heisse, sieh bei Kaufmann a. a. O. S. 188.

Kiwe, d. kikiwe; a. akíwe; i. kiwené (kiwé). steigen. Cf. kija.

Kiwe-kak, herabsteigen. S. kiwe.

Kiwundya, d. kikiwundya; a. akiwundya; i. kiwundyé, steigen, besonders: sich niederlassen (z. B. hochfliegende Vögel).

Kyden, s. kiden.

Kyati, n. pl. kyat, Dolebpalme.

Ko, 1) Präpos. mit; z. B. kó do (ta, ce), mit dir (euch, ihnen); s. Gr. §. 109; 2) Konjunkt. wenn, gesetzt dass; z. B. kó do nyanyar, wenn du willst (mit deiner Einwilligung); s. Gr. §. 105, β; D. ko. 3) Negations-Partikel beim Verb und zwar: einfach der Wurzel oder dem Stamme (Infinitiv) vorgesetzt, bildet es den (negirenden) Imperativ; z. B. ko ngecu, ko kókoya, du sollst nicht essen, nicht stehlen; s. Gr. §. 52; mit dem Präfix: a (ako) negirt es im: a; z. B. nan ako ngecu, ich habe nicht gegessen; s. Gr. §. 41; 4) bei den Subst.: baba, yanggo, monye und ngote bildet es als Präfix den Plural; s. Gr. §. 78.

Kó. d. kokó; a. akó; i. koné; p. kóa, beissen; z. B. kaje dioug akó nan, gestern hat mich ein Hund gebissen.

Kob. d. kokob; a. akob; i. kopé; p. kópo, auffangen, z. B. Steinchen, einen Ballon.

Koba, d. kókoba; a. akóba; i. kobí; p. kópa, flicken, zusammenheften.

Kóbaba, pl. von: baba; s. Gr. §. 78.

Kóbubud, n., erste Morgendämmerung. S. bud.

Kocó, 1. pl. kocojín, Tabakbeutel.

Kode, oder; vielleicht: beinahe; z. B. nán kode dó, ich oder du; kodé nan popo, vielleicht komme ich. D. kód.

Kode … kode, entweder … oder. S. Gr. §. 106.

Kódije (kó-dije), c. pl. gl., meinend „mit der Ansicht". S. dije.

Kodú, 1. pl. kodúlan, Hügel. Cf. gudu.

Kóet, n. pl. kóetji, That, Handlung. S. kon und konet.

15

Ko-gúdu, c. pl. gl., buckelig. S. gudu.

Kogwon (ko und gwon), weil (ital. essendo chè).

Koya, s. kókoya, welches viel gewöhnlicher ist.

Koyanggo, pl. von: yanggo. S. Gr. §. 78.

Koyure (koyuré, ko-yure), 1) der Morgen (von Osten her); 2) morgens; z. B. dika koyure, heute morgens. S. yure.

Koja, d. kókoja; a. akója; i. kojí; p. kóa, beissen; z. B. nan akóa kó diong, ich bin von einem Hund gebissen worden. S. kó.

Koka. n. pl. kokajin, Leopard (Tiger).

Ko ... kode (statt: kode ... kode), ob ... oder nicht. S. Gr. §. 105.

Kókoya, d. kókoya; a. akókoya; i. kokoï; p. kokóla, stehlen. Cf. D. koál.

Kokóyu, d. kokóyu; a. akokóyu; i. kokoï, eigennützig sein; gerne nach fremder Habe greifen.

Kokólakin, d. kokólakin: a. akokólakin; i. kokolakí; p. kokólaki, für einen etwas stehlen.

Kokólet, n. pl. kokóletji, Diebstahl. S. kókoya.

Kokorite, n. pl. kokorí, Wurzel.

Ko-kuré, c. pl. gl., durstig. „mit Durst". S. kuré.

Kolánit, c. pl. kolák, Dieb. S. kókoya.

Kolieti, l. pl. kolie, Papagei. Cf. kulya.

Kólo, l. pl. kólolo, ein kleiner Hammer.

Kolong, n., die Sonne. D. akol. Der Stand der Sonne dient den Bari zur Bestimmung der Tageszeit. Als Dr. Knoblecher auf seiner ersten Reise zu den Bari ihnen begreiflich machte, dass ihm diesen Dienst seine Uhr leiste und diese aus dem Koftan zog, sagten sie: „metéta! Baba Solimán ko kolong í mugun!" Sehet! B. S. hat die Sonne im Bauch!

Kolong-amúkö, Sonnenfinsterniss, „die Sonne ist bedeckt". S. muk.

Kolórotot, l. pl. kolóro, die weisse holzfressende Ameise.

Ko-magor, c. pl. gl., hungerig, „mit Hunger". S. magor.

Komong, n. pl. komocikan, Gesicht.

Komonit, c. pl. komon, Fremdling, Gast. Cf. D. kamán.
Kómonye, pl. von: monye, Vater, Herr. S. Gr. §. 78.
Kómu'ngi, pl. von: mu'ngi. S. Gr. §. 30.
Ko-muri, c. pl. gl., fieberig, „mit Fieber". S. muri.
Kon, d. kokon; a. akon; i. koné; p. kóna, machen, thun.
Ko-na (ko-ná), 1) desswegen, „mit dem", dass; 2) als
(temporell).
Ko-ná-kwe, desswegen, „ex hoc capite" (titulo). S. kwe.
Kon-alógo, hart, stark machen. S. kon und lógo.
Kon-anágo, hart, stark machen. S. kon und lógo, fem. nágo.
Kondya, d. kokondya; a. akondya; i. kondí (auch: koné);
p. kóna, machen. S. kon.
Konet, n., das Machen, Handeln. S. kon und kóet.
Konge, l. pl. konyen, 1) Auge; 2) Frucht, bes. Baumfrucht.
„Augen des Baumes".
Konge-geleng (ko-konge-geleng), c. pl. gl., einäugig, „mit
Einem Auge".
Ko-ngyo, womit, wodurch, woran? „mit was?" S. Gr. §. 35. 6.
Kó'ngote, pl. von: ngote, Mutter. S. Gr. §. 78.
Kó'nguti, s. Gr. §. 30.
Konyen-tí-kaden, Obst. „Baumaugen".
Konyen-won, d. konyen-wowon (wowon-konyen); a. konyen-
awon; i. woné-konyen, sich erbarmen (mit „thränenden
Augen"). S. won.
Kó-nut (kónut), bei (von, zu) dir. S. Gr. §. 25.
Kopájur (ko pá jur), Dorf bei Gondókoro, wörtlich: „verlass
die Heimat nicht" == bleibe daheim!
Kopor, n. pl. kóporo, Kiste; Sarg.
Kor, d. kokor; a. akor; i. koré; p. kóra, theilen.
Kórakin, d. kokórakin; a. akórakin; i. koraki; p. kóraki,
einem andern etwas mittheilen.
Koret, l. pl. korétji, Körbchen (auch als Masseinheit ge-
braucht, beiläufig unser: „Massl").
Koriri, n., Nachmittag.
Korja, d. kókorja; a. akórja; i. korjí (koré); p. kóra, ver-
theilen. S. kor.

15*

Korju, s. kurju, das viel gewöhnlicher ist.

Koródo, c. pl. gl., schmutzig, kothig.

Koródoti, n. pl. koródo, Schmutz, Unrath.

Korópotat (korófotat), n. pl. korópo (korófo), Blatt eines Baumes; auch Papierblatt u. s. w.

Korópoti, zweite Form im sg. für: korópotat.

Korûk, l. pl. korûkan, Rabe.

Kótyang, 1) n., Abend; 2) Adv. Abends.

Kotok, s. kutuk.

Ko-töxyli-lóbut, c. pl. gl., barmherzig, „mit gutem Herzen“. S. töwyli und lóbut.

Kotumit (kotomit), n. pl. kotumítji (kotumítön), Oeffnung, Thür. Cf. kinit.

Kotumólu, morgen (cras).

Kóun, d. kokóun; a. akóun; i. koú; p. kóa (kóc), herbeissen. S. kó.

Kö, statt: ku in Verbindung mit: nan, gibt: kö-yö, bei (von, zu) mir. S. Gr. §. 25.

Kö, d. kökö; a. akö; i. köli; p. kölö, lassen; erlauben.

Kö, n. pl. köjin, Krieg.

Köbbu, d. kököbbu; a. aköbbu; i. köbbi, nachfolgen. Cf. kepoddu oder: köpoddu.

Köbityo, n. pl. köbylu, Schaf.

Köbungöt, n. pl. köbúngötji, Luft, Wind.

Köbungöt-ná-kak, Erdenluft.

Köbungöt-ná-ki, die obere Luft.

Köbungöt-na-koyuré, Morgenwind (auch: Ostwind).

Köbungöt-na-loki, Südwind.

Köburjö, d. kököburjö: a. aköburjö: i. köburjé; p. köbúrö, verwirren, ängstigen.

Ködi, n. pl. ködíet. Kürbis.

Ködini (ködiní), l. pl. kaden, Baum (im pl. Scheiter); z. B. nielo ködini (a) lio, dieser Baum ist mein.

Ködiö, beinahe, fast; oft verstärkt durch: aling (ganz und gar)·

Ködyji, pl. von: dyet. S. Gr. §. 78.

Ködúduö, n. pl. köduduölön, Schatten (nur von Menschen und Thieren). Cf. tilimöt.

Köïmöt, n. t., gebratener und dann geriebener Sesam (könyúmi).

Köji, n. pl. köjínö, Stall, Hürde.

Köli, l. pl. kölici, Lied, Gesang.

Kölikö, zuweilen statt: kölökin, s. d.

Kölipönit, l. pl. kölipinök, Knabe.

Kölökin, d. kökölökin; a. akölökin; i. kölökí; p. kölö (kölöki), Jemanden lassen, etwas verlassen, nachlassen, vergeben.

Kölökin-bot, hinterlassen. S. kölökin.

Kömyru, l. pl. kömíruöt. Löwe.

Könin, l. pl. köníji, Hand.

Könín-lo-tome, pl. köníji-ti-tomya. Elephantenrüssel.

Könyúmi, l. pl. könyum. Sesam.

Köpoddu, s. kepoddu.

Köpú, n. pl. köpúöt, Schaufel; kleines Ackereisen.

Köpúkö, d. kököpúkö; a. aköpúkö; i. köpuköní, straucheln, stolpern; fallen.

Köpuköni, n. pl. köpúkön, Flügel.

Köpuröt (köfuröt), n. pl. köpurötji (köfurötji), Rauch.

Kör, d. kökör; a. akör; i. köri; p. körö, 1) stören, zerstören; 2) verschwenden.

Körijö, n. pl. körijöki, puerpera (die eben geboren hat).

Körít, n. pl. körítji. Verwüstung; Verschwendung. S. kör.

Köt, d. kököt; a. aköt; i. kötí; p. kötö, verwunden.

Kötúröni, n. pl. kötúrön. Blüthe, Blume. S. turö.

Ku, bei; z. B. dika lungacér-lio gwón ku baba, heute war mein Bruder beim Vater. S. Gr. §. 25 und 109.

Kú, d. kukú; a. akú; i. kuni; p. kuyú, verwunden.

Kuára, s. kwara.

Kubí, n pl. kubílan, Netz.

Kucúru, n. pl. kucúruöt. kleiner Sack.

Kudi, d. kúkudi; a. akúdi; i. kudié; p. kudílö, lugen. schauen.

Kudik. c. pl. gl., wenig. Auch Adverb.

Kudöpöti, n. pl. kudöpöt, Staub.

Kudu, n. t., Regen.

Kudué, n. pl. kuduéni (kuduéki), ein Mutterthier.

Kuga, d. kúkuga; a. akúga; i. kugé; p. kúka, an die Eltern der Braut ein Geschenk machen.

Kuyútyo, l. pl. kuyú, Bein, Knochen.

Kujeti, n. pl. kuje, Sandkorn (pl. Sand).

Kujîk, s. kudîk.

Kujönéet, n., Furcht. S. kújönö.

Kujönit, c. pl. kujönök, ein Furchtsamer, Feigling. S. kújönö.

Kujirat, n. pl. kujir, Augenwinkel.

Kújönö (kujönö), d. kukújönö; a. akújönö; i. kujönöní, sich fürchten. Furcht haben.

Kujönö-ná-Ngun, Gottesfurcht.

Kujötöt, n. pl. kujö (kuje), Sand. S. kujeti.

Kujú, c. pl. kujúlön, gehörlos.

Kujukit, n. pl. kujukiten, Mörser.

Kuky, n. pl. kuk, Kohle.

Kukudi, d. kukudi; a. akukudi; i. kukudiné; p. kukudila, kitzeln.

Kukûdi, l. pl. kukûdilan, Achselhöhle.

Kukúdija, d. kukúdija; a. akukúdija; i. kukudijé; p. kukúdia, kitzeln.

Kúkuli, n. pl. kuku, Durah-Stroh.

Kúkuön, als Adverb gebrauchtes Verb, öffentlich. S. kuön.

Kula, d. kúkula; a. akúla; i. kulaní, harnen.

Kulya, d. kukulya; a. akulya; i. kulyaní, reden, sprechen; z. B. nan kukulya Bari, ich rede barisch.

Kulya, n. t., Sprache; z. B. kulya ti Bari, die Bari-Sprache. S. kulyatat.

Kulyáet, n. pl. kulyáetjin, Rede, Gespräch.

Kulyájin, pl. v. kulyatat (s. d.), wörtlich, mit Worten

Kulyatat, n. pl. kulyájin, Wort. S. kulya.

Kulye, pl. von: lele, s. d.

Kulo, pl. von: lo, s. d.

Kulök, Suff. pl. m. deine, f. kunök. S. Gr. §. 29.

Kulu, s. lu.

Kulu-yu (kulú-yu), s. lu-yu.

Kulújite, l. pl. kulúji, (wilder) Reis.

Kulúngeri, l. pl. kulúröng, (wilder) Oehlbaum.

Kumé, l. pl. kuméjin (kumucikön), Nase. Cf. D. úm.

Kune, s. lo, 2.

Kungú, l. pl. kunguât, Knie.

Kunyar, d. kukunyar; a. akunyar; i. kunyaré (auch: kunyár); p. kunyára, acht geben. S. ku und nyar.

Kunye, s. lele.

Kunyitat, n., Hiru; Mark (in den Knochen).

Kunök, s. kulök.

Kunu, s. lu.

Kunú-yu (kunu-yu), s. lu-yu.

Kunúreg, n. pl. kunúreki, Handhabe an der Hacke.

Kuön, d. kúkuön; a. akuön; i. kuöné (kuné), überall bekannt werden.

Kuöng, s. kwöng.

Kuörö, d. kukúörö; a. akúörö; i. kuörö, sich verbreiten, bekannt werden.

Kuperúte, n. pl. kuperú, Fischflosse.

Kupiröt, l. pl. kupir, Feder, Haar.

Kupir-ti-nyékem, Bart, „Kinnhaare".

Kupö, l. pl. kupöjin, Korb.

Kuré, l. pl. kurejin, Durst; z. B. kuré leléng nan, der Durst bringt mich aufs äusserste.

Kuréjati, l. pl. kuréja, eine Art Weizen mit kleinen Körnern (das arab. duchn).

Kurit, n. pl. kúritön, Giraffe.

Kurju (selten: korju), d. kukurju; a. akurju; i. kurji; p. kurú (kúru), anbauen, ackern.

Kurö, d. kúkurö; a. akúrö; i. kuröni, Scham empfinden, sich schämen.

Kurök (kurön), n. t., Asche.

Kurúduet, c. pl gl., Zwilling.

Kurutöt, l. pl. kuru, Wurm, „Erdwühler". S. kurju.

Kut, d. kukut; a. akut; i. kuté; p. kúta, blasen (ein Instrument).

Kut-kiliba, auf der Flöte (einer Pfeife) blasen. S. kut.

Kutuk (kotok), n. pl. kútucen, Mund, Maul. Cf. D. wtok.

Kwacet, n., Verehrung, Hochachtung. S. kwadd.

Kwadd, d. kwakwadd; a. akwadd; i. kwaddí (meist: kwacé); p. kwáca, ehren, verehren, preisen.

Kwagu, d. kwakwagu; a. akwagu; i. kwagi; p. kwáka, vermitteln, Friede stiften.

Kwaje (kwajye), 1) n. pl. kwajelin, die Nacht; 2) Adv. Nachts. S. túkwaje.

Kwaje-kiden, (um) Mitternacht.

Kwjye, s. kwaje.

Kwaket (kuaket), l. pl. kwáketji, Gabel.

Kwara (kuára), l. pl. kwáraki, Zange, bes. Feuerzange. D. kuarang.

Kwaru (kuáru), l. pl. kwárujin (kuárujin), Leopard.

Kwe, n. pl. kujik, 1) Kopf, Haupt, Spitze; 2) der (die) erste, besonders mit dem Präfix: lo, na (lókwe, nákwe, auch: lókokwe, nákokwe); s. Gr. §. 91; 3) Ursache — gewöhnlich mit dem Präf.: a =· akwe (a kwe), wegen. ex titulo.

Kwe, Suff. pl., meine. S. Gr. §. 29.

Kweddya, d. kwekweddya; a. akweddya; i. kweddí; p. kwétu, winken; z. B. nan kwekwéta, man winkt mir.

Kwega, d. kwékwega; a. akwéga; i. kwegí; p. kwéka, öffnen; z. B. eine Nüsse.

Kweyet, n. pl. kwéyetji, 1) Zeugniss; 2) Zeichen. Merkmal. S. kweja.

Kweja, d. kwékweja; a. akwéja; i. kweji; p. kwéya, 1) Zeugniss geben; 2) bezeichnen; 3) zeugen.

Kwékani, l. pl. kwékan, Blutsauger (ein Vogel, etwas kleiner als ein Rabe, der den Thieren Blut aussaugt).

Kwekin, d. kwékwekin; a. akwékin; i. kweki; p. kweki. 1) für einen andern Zeugniss geben; 2) einem etwas zeigen, beweisen; 3) mahnen.

Kwelen (kuélen), d. kwekwélen; a. akwélen; i. kwelengé,
schön sein.

Kweli, d. kwékweli; a. akwéli; i. kweliné, wachen, schlaf-
los sein.

Kwelit, n., das Wachen (ohne Schlaf); Wachsamkeit. S. kweli.

Kwen, pl. von: kwenti.

Kweni, d. kwekwéni; a. akwéni; i. kweniné, lachen; auslachen.

Kwéniakin, d. kwekwéniakin; a. akwéniakin; i. kweniaki; p.
kwéniaki, dazu geben, ergänzen.

Kwenyet, n. pl. kwenyetji, Zugabe, Ergänzung.

Kwenti, n. pl. kwen, Vogel.

Kwilok, l. pl. kwilokon, Fischadler.

Kwokwo, n. pl. gl., Mehl.

Kwóroko, l. pl. kworokólo, Bein, Schienbein (vom Knie bis
zum Knöchel).

Kwö, d. kwökwö; a. akwö; i. kwöní, sich baden.

Kwödd, d. kwökwödd; a. akwödd; i. kwöddí; p. kwötö, auflesen, besonders aufpicken.

Kwöddu, d. kwökwöddu; a. akwöddu; i. kwöddí (kwökwöddí);
p. kwötö. 1) aufpicken; 2) sammeln; lesen — colligere
und legere.

Kwöng (kuöng). nie (entspricht dem ital. mai, non mai);
z. B. nan akó gwon kuöng (auch: nan kuöng akó gwon),
ich bin nie gewesen.

Kwörinit, c. pl. kwörinikö. 1) reich; 2) glücklich, selig.

L.

Labákin, d. lalabákin; a alabákin; i. labakí. 1) hineinspringen;
2) hineinfallen.

Labún, d. lalabún; a. alabún; i. labú. herhüpfen; heraus-
springen.

Lagó, n. pl. lagójin, eine Art kleiner Gazellen.

Laya, n. pl. layat (layatjin, Ruder.

Lak, d. lalak; a. alak; i. laké; p. láka, lösen, ablösen.

Laket, n. pl. láketji, Lösung, Nachlassung.

Lala, d. lala; a. alala; i. lalají; p. lalá, waschen.

Laláet, n. pl. laláetji. Waschung; Taufe.

Laláju, d. laláju; a. aláláju; i. lalají. p. lalá (lalári). taufen, waschen. S. lala. Cf. D. lák.

Lala - kó - piom - ti - Ngun, taufen. „waschen mit dem Wasser Gottes."

Lalet, l. pl. lian, Mann, Gatte.

Lam, d. lalam; a. alam; i. lamé, hüpfen, springen.

Lang, d. lalang; a. alang; i. langé, überspringen; hinüberspringen.

Lango, c. pl. lángoki, unbekleidet, nackt.

Lányakin, d. lalányakin; a. alányakin; i. lanyaki; p. lányaki, an Jemand vorübergehen.

Lapaddu, d. lalapaddu; a. alapaddu; i. lapaddí, grausam sein.

Láun, d. laláun; a. aláun; i. laú, gleichgiltig sein.

Laúndya, d. lalaúndya; a. alaúndya; i. laúndyé, p. láu, vernachlässigen. S. láun.

Le, n. t., Milch. S. letat.

Lege (legé), c. pl. legelok, ein anderer.

Lele, fem. nene, pl. m. kulye, fem. kunye, 1) einer, ein gewisser, Jemand; 2) ein anderer; z. B. lele bot lele, einer nach dem andern; lele ko lele, einer mit dem andern (untereinander).

Lele, n. pl. lelya, 1) Felsen, Stein; z. B. Tirol ko lelya lödír (jore), T. hat viele Felsen; 2) kahl (wie ein Stein). D. alel.

Lele-an (nene-an, kulye-an, kunye-an), keiner, Niemand.

Lele-lalet (fem. nene-nakwan; pl. kulye-lian, fem. kunyewáte), ein anderer.

Lelérun, d. lelérun; a. alelérun; i. lelerú, herabstürzen (vom Wasser); z. B. piom lelérun, das Gewässer stürzt nieder.

Lembe, l. pl. lembyot, Kiefer (maxilla).

Leme, l., der Hitzmonat, etwa unsern „Hundstagen" entsprechend, aber dort im Februar und März.

Leng, d. leleng; a. aleng; i. lengé (auch: lenggí); p. lenga, aufs äusserste — an den Rand des Grabes, zu Tode — bringen.

Lenggu, d. lelenggu; a. alenggu; i. lenggí, einen Umweg machen; vorübergehen, ausweichen.

Leru, noch; z. B. gwé leru kö-yö, bleibe noch bei mir.

Letat, n., Milchtropfen; pl. le — Milch; lejin, Milchgeschirre.

Lé-ti-kíteng (lé-ti-kíjuk), Kuhmilch.

Líbi, c. pl. gl., feucht; z. B. kadi alíbi, das Zimmer (Haus) ist feucht.

Lídingi, n., Schwärze; Tinte; z. B. yi wuwúr ko l., wir schreiben mit Tinte.

Lidok, n. pl. lidokon, Rülpser (Magenwind).

Lija, d. lílija; a. alíja; i. lijé; p. lía, durchseihen.

Lík, c. pl. gl., kühl, frisch.

Likang, fem. nikang, pl. kang, Suff., unser. S. Gr. §. 29.

Líkijo, n. pl. likijójin, Wittwe.

Likíkiri, l. pl. likikiríen, Fabel, Märchen.

Likin, d. lilíkin; a. alíkin; i. likí; p. líki (gewöhnlicher: lilíki), hängen; z. B. kaje kolánit alilíki, gestern ist der Dieb gehängt worden.

Likin. d. lilíkin; a. alíkin; i. likí; p. likin, verlieren; z. B. titoni na likin, eine verlorene Sache.

Likiörö, d. lilikiörö; a. alikiörö: i. likiörö, vergehen, verloren gehen.

Líkito, n. pl. likitolon (likitojin), 1) Hase; 2) eine Art Schmetterling.

Liliati, n. pl. liliat, Schafmist.

Lilíja, d. lilíja; a. alilíja; i. lilijé, ruhig, still sein.

Lilik, d. lilik; a. alilik; i. liliké, 1) trocken sein; 2) sich trocknen (in der Sonne).

Lilikin, d. lilikin; a. alilikin; i. lilikí; p. liliki, aufhängen. S. likin.

Lilíma, d. lilíma; a. alilíma; i. lilimaní, tröpfeln, leise regnen. Oft mit: kudu (Regen) verbunden.

Lilinggö, d. lilinggö; a. alilinggö; i. und p. lilinggö, bestreichen, bes. glasiren; z. B. nan alilinggö níelo cape yödú, ich habe diesen Krug glasirt. S. yödú.

Lim, d. lilim; a. alim; i. limé; p. líma, schimpfen, beschimpfen.

Lin, d. lilin; a. alin; i. lingé; p. lingö, mit Lehm bestreichen.

Lin, n. pl. gl., Rus.

Lindyö, d. lilindyö: a. alindyö; i. lingé; p. lingö, s. lin 1.

Ling, c. pl. g., Jeder: alle; ganz. Meist in Verbindung mit einem Substantiv.

Lingö, c. pl. gl., glatt, geglättet. S. lin 1.

Lio, fem. nio, pl. kwe, 1) Suff. bei den Poss. Pronom. S. Gr. §. 29: 2) selbstständ. Possess. S Gr. §. 31.

Liöngit, n. pl. liöngítön, Freude.

Líöngön, d. liöliöngön; a. alíöngön; i. liöngí, sich freuen, Freude haben.

Lipo, n. pl. lipólon, Lehm: Koth, Mist.

Lipó-na-capya. pl. lipólon-ti-capya. Lehm zu Krügen.

Lipu, c. pl. gl., frisch, bes. von der Milch.

Lirin, n. t., Rus. S. lin.

Lite, n. pl. líteji (liteki), Bündel; z. B. lite na dèru, ein Bündel Gras

Litöt, c. pl. lúy, 1) frei; 2) reich.

Litu, d. lílitu; a. alítu, voll sein.

L'yá, fem. n'yá, pl. kul'yá, fem. kun'yá (kontr. aus: lo-yá. na-yá, kulo-yá, kune-yá). wo? z B. nge l'yá? nge n'yá? ce kul'yá (kun'yá)? wo ist er (sie)? wo sind sie?

Lyábetat, l. pl lyábe. Unkraut (z. B. unter der Durah).

Lyangan, d. lilyangan (lyalyangan); a. alyangan: i. lyangí: p. lyanga, verlieren.

Lo, 1) Artikel masc. und Zeichen des Genitiv, pl. ti; s. Gr. §. 69; 2) Demonstrativum, dieser. pl. cilo (kulo); 3) zuweilen Relativum, fem. na, pl. ce, fem. cine (kune).

Ló, d. loló; a. aló; i. loné; p. lóa. (in der Sonne) trocknen; z. B. nan loló bolot, ich trockne das Getreide.

Lóbeke, fem. nábeke, pl. gl., zweifarbig.

— 211 —

Lobibiit, 1. pl. lobibiitan, Blutegel. Cf. bi.

Lobiu, 1. pl. lobiúlan, Lippe.

Lobod, n., Norden.

Lóbot, f. nábot, pl. gl., dick, fett.

Lóbucet, f. nábucet, pl. lóbucetji. f. nábucetji, gütig, gnädig. S. bucan.

Lobúdya, f. nabúdya; pl. gl., besser; gesegnet, gebenedeit. S. bucan.

Lóbulut, f. nábulut, pl. gl., glatt, eben.

Lóbut, f. nábut, pl. gl., gut, brav.

Lóce (ló-ce). f. náce (ná-ce), pl. kace (c.), 1) Suff.: s. Gr. §. 29; 2) selbstständ. Pronom.

Lócit, f. nácit, pl. lócijik, f. nácijik, klein. S. lódit.

Lócok, f. nácok. pl. gl., mager. Cf. D. cok.

Lócu (ló-cu, locu), f. nácu (ná-cu), pl. kacu (c.), 1) Suff.; s. Gr. §. 29; 2) selbstständ. Pronom.

Lóculyeng, f. náculyeng, pl. gl., glänzend; golden.

Lode, n. t., Urin (der Thiere).

Lodek, 1. pl. lodeka, Dach: Obdach.

Lódere, 1. pl. loderéla, Heuschrecke.

Lodíet, 1. pl. lodíetji, Deckel, Stöpsel.

Lodíret, n. pl. lodíretji, Menge, Masse. S. lödír.

Lódit, f. nádit, pl. lódidik, f. nádidik, klein. S. lócit.

Lódon, f. nádon, pl. lódok, f. nádok, roh, unreif.

Lodoke, 1. pl. lodokya, Kröte; Frosch.

Lódu, f. nádu, pl. gl., hoch; z. B. mere alódu, der Berg ist hoch; kadi anádu, das Haus ist hoch.

Lóe, 1. pl. loya, Pfeil.

Lóforong (lóporong), f. náforong (náporong), c. pl. gl., gelb.

Logerí, 1. pl. logerilen, Kreuz. Cf. D. agèr.

Lógo, f. nágo, pl. gl., hart, stark.

Logoró, 1. pl. logorólan, Fischreiher.

Lógucu, f. nágucu, pl. lóguculak, f. náguculak, eng.

Loguya, 1. pl. loguyálan, Haarschopf (ähnlich dem ciuffo de' bravi bei Manzoni), auch ein künstlicher, z. B. von den Federn des guràk.

Logulâu, l. pl. logulóat, Hahn.

Lógulu, f. nágulu, pl. lógululök, f. nágululök. tief.

Lóyur, f. náyur, pl. gl., traurig.

Loja, d. lóloja; a. alója; i. loji, leuchten (bes. von der Sonne).

Lójere, f. nájere, pl. gl., braun.

Lójyo, f. nájyo, pl. gl., 1) lang; 2) hoch.

Lok, d. lolók; a. alok; i. loké; p. lóka, 1) binden; z. B. dang-inot ako lóka burá, dein Bogen ist nicht recht gebunden; 2) fangen (bes. Mäuse mit der Falle).

Lóke, f. náke, pl. gl., klar, rein. heiter. S. lókwe.

Loki, n., Süden.

Lókiling, l. pl. lokilinga, der Ellbogen.

Lókinga, heuer, „dieses Jahr". S. kinga.

Lókiri, f. nákiri, pl. gl., bunt.

Lokokorit, l. pl. lokokorítan, Gränze. Marke.

Lókokwe, f. nákokwe, pl. tikokwe, „der an der Spitze" steht. der (die) erste; Fürst (Fürstin). S. kwe.

Lokong, c. pl. gl., verständig, bes.: pfiffig.

Lókore, n. pl. lokório, Fleisch.

Lókwe, f. nákwe, pl. gl., weiss, rein; heilig. S. lóke.

Ló-kwe (lókwe), f. ná-kwe (nákwe). pl. tíkwe (tí-kwe). der (die) erste. S. kwe, und Gr. §. 91.

Lóliling, f. náliling, pl. gl., zart (von der Haut).

Lolok, n. pl. lolókon, Gummifresser (eine Art Eichhörnchen, die so klein sind, wie eine grössere Maus).

Lólor, heute, „dieser Tag." S. lor.

Lom, l. pl. loma, Seite; Lende. D. lom.

Lomerl. c. pl. lomeríka, arm, verarmt.

Lomérya, l., zeitweiliger Wahnsinn.

Lómilin, f. námilin, pl. lóminyak. f. náminyak. fein; (z. B. Mehl, Staub).

Lómin, f. námin, pl. gl., dünn, zart.

Lomonti, n. pl. lomon, Krokodilsdrüse.

Lómore, c. pl. lómoryat, frei (nicht Sklave).

Lomucukat, l., die Faust.

Lómukök (ló-mukök), f. námukök, pl. tímukök, der (die) letzte. S. mukök.

Lómunyan, f. námunyan, pl. lómunyak, f. námunyak, schwach, zart, weich.

Lómurye, f. námurye, pl. gl., blau.

Lón, f. nán, pl. kúlon, f. kúnön, welcher? S. Gr. §. 35, 4.

Long, d. lolong; a. along; i. longé; p. longa, umgeben.

Ló'ngem, f. ná'ngem, pl. gl., grün. S. ngeman.

Longét, n. pl. longétji, Kreis, Rundung. S. long.

Longga, d. lolongga; a. alongga; i. longgi, herumgehen, umkreisen. S. Gr. §. 110, Ende.

Longgwe, l. pl. longgwéla, Muschel.

Ló'ngit, f. ná'ngit, pl. ká'ngit (c.), sein, ihr u. s. w.

Longyéde, f. nangyéde, pl. gl., 1) mässig, bes. in Bezug auf Tiefe; 2) nicht gar viel.

Ló'ngyumöng, l. pl. lo'ngyúmöngan, Igel.

Ló'ngoke, f. ná'ngoke, pl. gl., grau.

Longon, f. nangon, pl. gl., böse, schlecht.

Longuyum, l. pl. longuyuman, Ferse.

Lóngutut, f. nángutut, pl. gl., kurz.

Longwét (longuét), l. pl. longwétji (longuétji), Ecke, Kante.

Lónyet, f. nányet (nanyet), pl. kányet (kanyet), c. Suff., sein, ihr, S. Gr. §. 29.

Lopeng, c. pl. lope'ngat, 1) selbst; 2) freiwillig.

Lópi, f. nápi, pl. gl, scharf, schneidig.

Lópijyot, l. pl. lopíjyoki, das Männchen beim Kleinvieh (Schafen, Ziegen); z. B. l. lo méetyo, der Bock.

Lópir, f. nápir, pl. gl., fett, dick.

Lopíret, l. pl. lopíretji, 1) ein kreuzförmiger Quirler beim Kochen; 2) Schwalbe.

Lopútule, l. pl. lopútu, Fisole.

Lor, l. pl. loron, Tag.

Lor-duma, l. pl. loron-témejik, Festtag, „grosser Tag“.

Lorêregti, l. pl. lorêrek, (wilde) Rebe.

Lori, l. p. lórila (lorya), Anker.

Lor-ló-Ngun, pl. loron-tí-Ngun, Sonntag, „Tag Gottes". Die übrigen Wochentage drückt man durch die Ordinalien aus: lór-to-muréke (der zweite Tag = Montag); lór-to-mucála (der dritte Tag Dienstag) u. s. w.

Loró, l. pl. loróki (lurúki), ein Bächlein.

Lóron, f. náron, pl. lórok, f. nárok, böse, schlecht.

Loron-ling, täglich, „alle Tage".

Lorúme (seltener: lórume), f. narúme, pl. gl., ein Thier, welches eine Mackel in der Farbe hat.

Lóteyon, f. náteyon, pl. gl., trocken, hart. S. teteyon.

Lotole, n. t., eine hohe Grasart.

Lótor, f. nátor, pl. gl., roth; röthlich.

Lotorok, l. pl. lotorokon, Magen des Federviehes.

Lótulur, f. nátulur, pl. lóturulak, f. náturulak, rund.

Lótun, f. nátun, pl. gl., stumpf, nicht schneidig; z. B walélio lótun (alótun), mein Messer ist stumpf; gór-nio nátun (anátun), meine Lanze ist nicht schneidig.

Lotutúni, l., 1) Krampf; 2) paralysis.

Lóuyn, f. náuyn, pl. gl., feucht, nass; z. B. ki anáuyn kótyang, die Luft ist Abends feucht.

Lödír (lödir), c. pl. gl., viel, zahlreich. Auch Adverb.

Löm (gewöhnlicher: lömbu), d. lölömbu; a. alömbu; i. lömbí; p. lömö, schimpfen, beschimpfen, bes. Schimpfworte entgegnen. D. lòm (lam).

Löngi, l. pl. löngöt, 1) Affenbrodbaum; 2) dessen Frucht.

Löpuk, d. lölöpuk; a. alöpuk; i. löpuké; p. löpúkö, umwenden, umkehren.

Löri, n. pl. löryö, 1) Trommel; 2) Musik.

Lu, f. nu, pl. kulu (cilu), f. kunu (cinu), jener. S. Gr. §. 32. Zuweilen auch relativ statt: lo; s. Gr. §. 34.

Lubá, l. pl. lubájin, Handhabe (Stiel) der Schaufel oder Hacke.

Lúböng, f. náböng, pl. gl., dumm.

Lubulö, l. pl. lubulölö, Darm, bes. Mastdarm.

Lúcatyo, l. pl. lúcak, ein junger Mensch, Jüngling.

Lúcatyo-ló-kadi, pl. lúcak-ti-kadi, Verwalter, (Hausmeister).

Ludang, l. pl. ludangin, Wade.

Ludya, d. lúludya; a. aludya; i. ludyaní; p. ludyaki, dolmetschen; in einer fremden Sprache reden.

Ludukotyo, c. pl. húdukö, neu.

Lúgalang, f. nágalang, pl. lúgalangak, f. nágalangak, breit.

Lugögörí, l. pl. lugögörílen, Spinne.

Luguluceni (lukuluceni), l. pl. lugulúceu, Adler, Geier.

Lugweti (lugueti), l. pl. lugwat, der Pechbaum.

Lu-yu, f. nu-yu. pl. kulu-yu (cilu-yu), f. kunu-yu (cinu-yu), jener dort. S. Gr. §. 33.

Luji, l. pl. lujikö, membr. virile. Auch Schimpfwort.

Luk, d. luluk; a. aluk; i. luki; p. lúku, ziehen, zerren.

Lúkak, Adv., 1) unten. unter; z. B. nán gwon lúkak, ich war unter (der Verlierende beim Raufen). S. Gr. §. 99; 2) Präpos. unter.

Luköpurö (luköfurö), n. pl. luköpuröki (f). Lunge.

Lukuluceni, s. luguluceni.

Lukulúli, l. pl. lukulúliet, Fledermaus.

Lúkwölöng, f. nákwölöng, pl. lúgwölöngök, f. nákwölöugök, krumm; verbogen.

Lulúdyet, n. pl. lulúdyetjin, Bachstelze. D. alueluet.

Lúluet, n., Jammer, Wehklage.

Lúlujö, d. lúlujö; a. alúlujö; i. lulujé. jammern, schreien.

Lulupi, l. pl. lulúpiet, Fenster; Oeffnung.

Lulur, d. lulur; a. alulur; i. lulurí: p. lulúru, etwas rund ausschneiden.

Lumátet, l. pl. lumátetji, Kiel (Federkiel).

Lundya, d. lulundya; a. alundya; i. lundyé; p. lunya, zahlen, bezahlen.

Lung. d. lulung; a. alung; i. lungí; p. lungu, rufen, nennen; z. B. níelo kölípönit lulungu Wani, dieser Knabe heisst W.

Lunga, auch; zuweilen: und; s. Gr. §. 106.

Lungacér, l. pl. lungacírik, Bruder.

Lúngayok. f. nángayok, pl. gl., uneben, holperig.

Lunggu, d. lulunggu; a. alunggu; i. lunggi; p. lungu, 1) nennen, rufen; 2) nach etwas rufen, etwas benöthigen. S. lung.

16

Lungöcúr, 1. pl. lungöcúrök, eine zweite Form für: lungacér-ilot, lungacírik-kacu.

Lungun, d. lulungun; a. alungun; i. lungú (lungí); p. lungu, herrufen, einladen.

Lungguö, 1. pl. lungguölön, Schnecke.

Lungutöt, l. pl. lunguö (lungutötji), Glocke, „Ruferin". S. lung.

Luök, d. luöluök; a. aluök; i. luökí; p. luökö, erlösen, befreien; z. B. Kristus aluök ngutu ling, Chr. hat alle Menschen erlöst.

Luökit, n., Erlösung, Befreiung.

Luön, Adv. heimlich.

Luönít, n. pl. luönítji, Geheimniss (Sakrament).

Lupe, d. lúlupe; a. alúpe; i. lupé, herauskommen.

Lupö, d. lúlupö; a. alúpö; i. lupöní, hineingehen, eindringen, bes. unbefugter Weise.

Lupunit, l. pl. lupunikö, Geschirr, Topf.

Lur, d. lulur; a. alur: i. lurí, schläfrig sein, aus Schläfrigkeit den Kopf sinken lassen.

Lurit, l. pl. luríten, breiter Pfad, Weg, bes. für Thiere.

Luru, l. pl. gl., Dunst, Nebel. D. alaururur.

Lurú, l. pl. luruât, Hügel.

Lurújö, d. lulurújö; a. alurújö, es nebelt.

Lúruö, f. náruö, pl. lúruök, f. náruök, schwarz.

Lurutát. l. pl. lurutátjin, Hügel. S. lurú.

Lut, c. pl. gl., schmutzig (nur von Menschen).

Lutáten, l., die rechte Hand. S. alutáten.

Lutú, c. pl. lutújin, Schwiegersohn (Schwiegertochter).

Lútua, f. nátua, pl. gl., todt. S. lu (lo) und tuán.

Lutútu, l., Sturm.

Luwawang, n. pl. luwawangan, der schwarze Ibis.

M.

Maca, l. pl. macala, ein Schlag (Backenstreich) mit flacher Hand.

Madâk, n., Abendröthe; madâk ná ki, Röthe am Himmel.

Madang, Adv., langsam. D. mâd.

Magor, n., Hunger; z. B. nán ko magor, ich habe Hunger (ich mit Hunger).

Magóra, d. mamagóra; a. amagóra; i. magorani, hungerig sein. S. magor.

Magu, d. mamúgu; a. amágu: i. magí: p. máka, 1) aufheben; 2) holen.

Malanggu, d. mamalanggu; a. amalanggu; i. malanggí, blitzen, wetterleuchten.

Mali, c. pl. máliat (malyat), friedfertig; demüthig.

Mamála, d. mamála; a. amamála; i. mamalaní, närrisch sein. Cf. D. muol.

Mamála, c. pl. mamálajin, Narr (Närrin).

Mamána, c. pl. gl., verhasst, gehasst. S. man.

Man. d. mamán; a. amán; i. mané; p. mána, hassen. D. mán.

Manánye, l. pl. manányejin, Bruder der Mutter, Oheim. D. naná.

Manet, n. pl. mánetji, Hass, Feindschaft. S. man.

Mandu, d. mamandu: a. amandu; i. mandi; p. mána, hassen.

Manya, n. pl. manyájin, die Nil-Eidechse.

Mang, d. mamang; a. amang; i. manggí; p. manga, verleumden, falsch anklagen. Cf. D. mang.

Marangget, n. pl. maránggetji, Hohn, Verachtung.

Maranggu, d. mamaranggu; a. amaranggu; i. maranggí; p. maranga, verschmähen, verachten.

Máring, n. pl. máringa, Zaun.

Matat, c. pl. kimák, Häuptling, Fürst (Fürstin).

Matat-ló-jur, pl. kimák-tí-jur, Landesfürst.

Matat-na-ciua, Bienenkönigin.

Mate, Adv. leihweise.

16*

Mé, d. memé; a. amé; i. mené; p. meya, treiben, führen.

Méaddu, d. meméaddu: a. améaddu; i. meaddi; p. méaji (meáji), wegtreiben. S. mé.

Méara, d. meméara: a. améara: i. meará: p. méaji (meáji), wegtreiben, bes. herumtreiben. S. mé.

Mede, n. pl. mídijik, Haus (aedes im pl.); z. B. nán tu mede, ich gehe (nach) Hause.

Meddya, d. mémeddya: a. améddya: i. meddi (medi); p. méta, 1) sehen; 2) leben.

Méctyo, n. pl. mélon, Ziege; m. ná le, Milchziege.

Mey, n. pl. meya, Fanggrube, bes. für Elephanten und Nilpferde.

Meyun (méun), d. meméyun: a. améyun; i. meyú; p. méyue, hertreiben. S. mé.

Mekor, n. pl. mekora, Büffel.

Mele, d. meméle; a. améle: i. melené; p. méta, sehen, erblicken. S. mé.

Melecén, n. pl. melecéno, Acker; Garten.

Meling, l., Zeit der Hitze (der ganze Sommer). Cf. leme.

Meme, n. pl. mémelan, Gummi. Da die Bari das ihnen unbekannte Glas für „Gummi“ hielten, nannten sie es auch: meme.

Meme-na-lugweti. Pech. „Harz des Pechbaumes“.

Mer, n. pl. mera, Stirne.

Meran (méran), n., Rausch.

Meran (méran), d. meméran; a. améran; i. meré, 1) sich berauchen; 2) berauscht sein.

Mere, l. pl. merya, 1) Berg; 2) im sg. eine Zahl von „zehn“ — δεκάς, im pl. „Zehner“, z. B. merya-murék, zwei Zehner — zwanzig.

Merénye, l. pl. merényejin, Grossvater.

Meret, n. pl. méretji, 1) das Zechen: 2) Rausch.

Mérete, l. pl. mara, Seite, Rippe. S. amérete.

Merya-budök, achtzig.

Merya-bukér, sechzig.

Merya-bunguán, neunzig.

Merya-buryâ, siebzig.

Merya-mucála, dreissig.

Merya-mukánat. fünfzig.

Merya-murék. zwanzig.

Merya-puök, hundert.

Merya-unguán, vierzig.

Merya-wod-geleng, einundzwanzig.

Met, d. memet; a. amet; i. meté; p. méta, 1) sehen, schauen; 2) leben. S. meddya.

Metet, n. pl. métetji, 1) Anblick; Spiegel; 2) Leben. S. met.

Méun, s. méyun.

Mí, d. minú; a. amí; i. mijé; p. miö, schmelzen (Metall).

Mí. d. minú; a. amí; i. milé: p. míla. durchbohren.

Miet, n. pl. míetji, Schmerz. S. myen.

Míya, d. mimíya; a. amíya; i. miyé; p. míla, durchbohren. S. mí.

Miyan, n. t., Dinge, die in einem Zimmer hängen. S. míya.

Míji, l. pl. mijok, Maus; Ratte.

Mijö, d. mímijö; a. amíjö: i. mijé; p. miö, schmelzen (trans.). S. mí.

Mijun, d. mimijun; a. amijun (amíjun): i. mijú, sich nähern, nahe kommen.

Míkile (mikyle), l. pl. miki, die rothe Ameise.

Milya, l. pl. milyálan, Blitz, Wetterleuchten.

Milyang. c. pl. gl., glänzend.

Milyanggu, d. mimilyanggu; a. amilianggu; i. milyanggí, blitzen; glänzen.

Milyö, n., das Schwören (d. Schwur); nan ngecu milyö, ich esse den Schwur -- ist die kräftigste Betheurung bei den Bari.

Milön. d. mímilön; a. amílön; i. milé, untertauchen.

Mi'ngatat, n. pl. mi'nga, Schmuck, Zierde.

Mingé, c. pl. mingéki, taub, gehörlos. D. min (ming).

Mirakindya. d. mimirakindya; a. amirakindya; i. mirakindyé, prahlen, grossthun.

Míriku, l. pl. mêrok. Feind, Gegner.

Myen, d. mimyen; a. amyen; i. miné (myené), krank sein, Schmerz haben.

Myene, n., Schmerz, Leiden. S. myen.

Mó, d. momó; a. amó; i. molé; p. mólo, bitten; beten.

Mô (kontr. aus: molu), später, dann.

Môbur, d. momôbur; a. amónbur; i. monébur, übel riechen. S. mon.

Modoké, c. pl. modokéno, blind.

Modong (màdong), c. pl. múdungin, alt, bejahrt.

Moét, n. pl. moétji, Geruch, bes. übler. S. mon.

Mogon, s. mugun.

Moyu, d. mómoyu; a. amóyu; i. molé (moyí); p. mólo, bitten; z. B. moyíta (moléta) Ngun, bittet Gott. S. mó.

Moja, d. mómoja; a. amója; i. mojí; p. móa, riechen, beriechen.

Mok, d. momok; a. amok; i. moké; p. móka (mókari), ergreifen, fangen; z. B. yaro amóka í dili, das Nilpferd ist in der Grube gefangen (worden). D. muok (mûk).

Mókari, n., p. von: mok, Gefangennahme und Abführung.

Mok-comot, tischen, „Fische fangen“. S. mok.

Móken, n. pl. mókenya, Schwiegermutter.

Moket, n. pl. móketji, Fang. S. mok.

Môkot, l. pl. môkotji, Bein (von der Hüfte abwärts mit Einschluss des Fusses).

Molet, n. pl. móletji, Bitte; Fürbitte; Gebet. S. moyu. Cf. sloven. móliti.

Mólokin, d. momólokin; a. amólokin; i. molokí; p. móloki, einen (oder für einen) um etwas bitten; fürbitten. S. moyu und múlukin.

Molokótyo, l. pl. molókojin, Seele, Geist.

Molokótyo-duma, der grosse Geist; κατ' ἐξοχὴν der heilige Geist.

Molokótyo-longon, l. pl. molókojin-longon, der böse Geist; Satan.

Molu, später, dann. Steht, wenn es vorzugsweise das Futur bezeichnen soll, dem Verb nach. S. Gr. §. 38, 2.

Molúlu, 1) noch später; 2) in specie: übermorgen.

Mon, d. momon; a. amon; i. moné, riechen, Geruch verbreiten.

Mon, n., Geruch; auch: Geschmack.

Món, d. momón; a. amón; i. mononé; p. mouya, binden.

Monya, d. mómonya; a. amónya; i. monojí, als Sklave behandelt werden; „gebunden sein". S. món.

Monye, l. pl. kómonye, Vater; Herr. S. Gr. §. 30.

Monye-kó-ngote, die Eltern (Vater und Mutter).

Monye-mede (monye-lo-mede), l. pl. kómonye-mídijik, Hausherr.

Mono, d. mómono; a. amóno; i. mononé; p. monya, einen als Sklaven behandeln. S. món.

Mor, d. momor; a. amor; i. moré; p. móra, mischen, vermischen.

Môr, d. momôr; a. amôr; i. môré; p. môro, schmähen, verspotten.

Mora, d. mómora; a. amóra; i. moraní (morarf), sich aussöhnen, Friede machen, „sich wieder vereinigen". S. mor.

Morét, n., das Zusammenkommen (im Frieden); Gemeinschaft; Vereinigung. S. mora und mor.

Môret, n. pl. môretji, Schimpf, Spottreden. S. môr.

Morínet, l. pl. morîn, Finger oder Zehe.

Morínet-ló-könin, pl. morîn-ti-könin (-köníji), Finger (der Hand).

Morínet-lo-môkot, pl. morîn-ti-môkot (môk, môkotji), Zehen, Fussfinger.

Môriri, defekt. Verb, wohlriechen. S. mon und riri; z. B. niena kötúröni môriri, diese Blume riecht gut. S. Gr. §. 54.

Morja, d. mómorja; a. amórja; i. morjí, sich vermengen, übereinkommen. S. mor.

Morju, d. momórju; a. amórju; i. morjí, fluchen, lästern, beleidigen. S. môr.

Morogó, n. pl. morogójin, Zelt, Gezelt.

Morundya, d. momorundya; a. amorundya; i. morundyé; s. morja.

Möitöni, l. pl. mónyet, Darm, Mastdarm. Cf. lubulö.

Möjyuli, l. pl. möjyúluet, die Lanze mit dickem Eisenknopf unter der Schneide.

Möju, d. mömöju; a. amöju: i. möjí; p. máta, trinken: auch trans. = tränken.

Möjú-taba, Tabak rauchen (trinken), s. möju.

Mön, d. mömön; a. amön; i. möní; p. mönö, warten, erwarten.

Möndu, d. mömöndu; a. amöndu; i. möndí (möní), p. mönö, warten, erwarten; z. B. dika ngoté-nio mömönö, heute wird meine Mutter erwartet. S. mön.

Mönig, l. pl. mönyken, Männchen (mas).

Mönig-köbityo, pl. mönykeu-köbylu, Widder, „Schafmännchen."

Mönig-méetyo, pl. mönyken-mélou, Bock, „Ziegenmännchen."

Mönit, n. pl. mönitji, Erwartung. S. mön.

Mör, d. mömör; a. amör: i. möri; p. möre (mörö), versuchen, verführen.

Möri, n. pl. möriet, Schuld (culpa und debitum); z. B. dó ko möríet, du hast Schulden (du bist Schuld).

Mörikö, n. pl. mörikölö, Narbe.

Mörju, d. mömörju; a. amörju; i. mörji; p. möre, verführen, verleiten. S. mör.

Mörö, d. mömörö; a. amörö; i. möröuí, sich zanken, streiten, kämpfen.

Möröki, n., Dank, Danksagung. S. mörökin.

Mörökin, d. mömörökin: a. amörökin; i. möröki; p. möröki, 1) danken, einem seine Schuld abtragen; z. B. nau mömörökin do, ich danke dir. S. möri; 2) für einen andern kämpfen. S. mörö.

Mörökindya, d. mömörökindya; a. amörökindya; i. mörökindyé, s. mörökin 1.

Mu, c. pl. mu-kúlo, fem. mu-kúne, soviel; z. B. nge akorakín ngutu muntyelan, mú ce anyar, er vertheilte den Leuten Brod, soviel sie wollten.

Mucála, drei.

Múce (mucö), d. múmuce; a. amúce; i. mucení, finster, dunkel werden. Cf. muk.

Mucuk, d. mumúcuk; a. amúcuk: i. mucuké; p. mucúka, 1) drücken, drängen; 2) die Faust machen (drohen). S. lumucukat und muju.

Mudá, wieviel? S. Gr. §. 96.

Muddya, d. mumuddya; a amuddya; i. muté; p. múta, überfallen, überraschen.

Mudyng (muding), n. pl. mudingin, Gegend; z. B. muding na Gondókoro kwekwélen, die Gegend von G. ist schön.

Mudú, n., Modergeruch (von Leichen).

Múdue (mudwe), c. pl. gl., dunkel, finster. S. muce. D. mood.

Mugö, d. múmugö; a. amúgö; i. mugö, p. mükö, zudecken, zumachen.

Mugun (mogon), n. pl. berik, 1) Leib, Körper; 2) Bauch; 3) für: mich, dich, sich u. s. w. S. Gr. §. 27.

Múgunya, n. pl. berik, Leib, Körper. S. mugun.

Muy, l. pl. muyjun, Nashorn, Einhorn.

Mújinet, l. pl. mújin, Nagel (an den Fingern oder Zehen); Klaue.

Muju, d. múmuju; a. amúju; i. mují; p. múyu, drängen, drücken, auf etwas stürzen. Vergl. mucuk.

Muk, d. mumuk; a. amuk; i. muké: p. múkö, decken, bedecken.

Mukánat (gekürzt; kánat), fünf. S. Gr. §. 90.

Muket, n. pl. múketji, Deckel; Stöpsel.

Mukök, 1) Subst. n., Ende; z. B. mukök ná lor, das Ende des Tages; mukök na bonggo, der Saum des Kleides. 2) Adj. c. pl. gl., der (die) letzte; z. B nán lo (na) mukök, ich bin der (die) letzte; tá ti mukök, ihr seid die letzten. S. lómukök. 3) Adv., zuletzt.

Muku, l. pl. múkue, Gebüsch, dunkler Wald.

Mukúlo, f. mukúne. 1) soviele; 2) ebenso viele. S. mu.

Mukunyet, l. pl. mukun, die kleine schwarze Ameise.

Mulu, d. múmulu; a. amúlu; i. muluné; p. múlua, überschwemmen.

Muluja, d. mumúluja; a. amúluja; i. mulujé; p. múlua,
  s. mulu.
Múlukin, s. mólokin.
Muluritö, l. pl. muluri, die zuckerfressende Ameise.
Mu'ngi, l. pl. kómu'ngi, dein Vater. S. Gr. §. 30.
Munyet, n. pl. múnyetji, die Leber.
Muntye, n. pl. muntyelan (muntyélan), Brod.
Munu, l. pl. múnuö, Schlange.
Murék (muréke), zwei; ein Paar. S. Gr. §. 90.
Murék-ko-murék, paarweise.
Muri, n., das Fieber.
Múri, n. pl. muryéki, Antiloppe mit langen Hörnern.
Murilöni, l. pl. murilö, die Ader.
Murin, n. t., Teig (Mehl im Wasser).
Murye, c. pl. gl., blau. S. lómurye.
Muruö, n. pl. muruöki, eine Ruine.
Murut, n. pl. murutö, Hals.
Murut-mimyen, Halsweh, „der Hals schmerzt"; z. B. murút-
  nio mimyen, ich habe Halsweh.

N.

Na, 1) Demonstrat, n. pl. cine (kune), diese; s. Gr. §. 32:
  2) Artikel fem. und Zeichen des folgenden Genit., pl. ti;
  s. Gr. §. 69; 3) Konj., als, nachdem.
Nabúdya, s. lobúdya.
Náce, s. lóce.
Nácit, n. pl. nácijik, Stücklein, Brosamen. S. lócit.
Nádit, s. lódit.
Nácu, s. lócu.
Nágulu, s. lógulu.
Náyur, s. lóyur.
Nak, n. pl. naka, Zelt, Gezelt.
Nákiri, s. lókiri, bunt; z. B. niena bonggo anákiri, dieses
  Kleid ist bunt.
Nákokwe, n., die an der Spitze steht, Fürstin. S. lókokwe.

Nakwan, n. pl. wâte, 1) Frau, Weib; 2) Mädchen.

Nan, c. pl. yi, Pronom. pers., ich. S. Gr. §. 25. D. an.

Náu, gekürzt aus: nga ná, was für eine? S. lón.

Naná, d. naná; a. ananá; i. nanané; p. nána, erschüttern.

Nanáju, d. nanáju; a. ananáju; i. nanají; p. nána, s. naná.

Nang, d. nanang; a. anang; i. nangé; p. nanga, mit der flachen Hand schlagen.

Nan-geleng, c. pl. yi-kade, ich allein. S. Gr. §. 28.

Nanggu, d. nananggu; a. ananggu; i. nanggí; p. nanga, 1) mit den Händen klatschen; 2) mit flacher Hand „einem eine stecken“. S. nang.

Nányet, s. lónyet.

Nan-lopeng, c. pl. yi-lope'ngat, ich selbst. S. Gr. §. 28.

Nanu (nanú), wann? z. B. do popo nanú? wann kommst du?

Nárok, s. lóron.

Nékenet, n. pl. nekénetji, ein Strick.

Ngá, 1) wer? z. B. ngá akon cona? wer hat so gehandelt? ngá tu ngerot? wer geht voraus? 2) zuweilen auch für: derjenige welcher; z. B. ngá ku cúö, ti nge ying, wer Ohren hat, der höre (lass ihn hören).

Ngá, d. nga'ngá; a. a'ngá; i. ngané; p. nga (ngáji), öffnen. D. ngay.

Nga, c. pl. gl., offen, geöffnet; z. B. kotumit nga (a'nga), die Thür ist offen; kotumitji nga (a'nga), die Thüren sind offen.

Ngaddu, d. nga'ngaddu; a. a'ngaddu; i. ngaddí, sich vergrössern.

Ngályati, l. pl. ngalya, 1) Glasperlen; 2) Geld.

Ngálo (ngá-lo), f. ngána (ngá-na). pl. ko'ngálo (ku'ngálo), f. ko'ngána (ku'ngána), wer? welcher? S. Gr. §. 35, 2.

Ngá'ngaddu, s. ngaddu; z. B. diká a'nga'ngaddu, die Wunde hat sich vergrössert.

Ngara, d. nga'ngára; a. a'ngára; i. ngarjí, mit einander essen. S. ngarju.

Ngarákin' d. nga'ngarákin; a. a'ngarákin; i. ngarakí; p. ngaráki, einen unterstützen, einem helfen.

Ngaret, n. pl. ngáretji, Gleichniss.

Ngarju, d. nga'ngarju; a. a'ngarju; i. ngarjí, 1) gleich, ähnlich sein; 2) mit einander essen. S. ngara.

Ngato, l. pl. ngatójin, die Fusssohle des Elephanten und Nilpferds.

Nge, c. pl. ce (cilo, kulo), er (sie). S. Gr. §. 25.

Ngê, d. ngê'ngê; a. a'ngê; i. ngêci; p. ngê, essen. S. ngecu.

Ngébi, l. pl. ngébia (ngebya), die Wange.

Ngecu (ngécu), d. nge'ngecu; a. a'ngecu; i. ngeci; p. ngê, essen.

Ngecu-kótyang (ng.-na-kótyang), Abendessen.

Ngédeb, l. pl. ngédepa, Zunge (von Menschen und Thieren).

Nge-geleng, c. pl. cé-kade, er, (sie) allein. S. Gr. §. 28.

Nge-lopeng, c. pl. ce-lope'ngat, er (sie) selbst. S. Gr. §. 28.

Ngeman, d. nge'ngéman; a. a'ngéman; i. ngemé, grünen.

Ngen, d. nge'ngen; a. a'ngen; i. ngené (ngendi), knurren, knirrschen.

Ngê-na-koyure, Frühstück, Frühessen.

Ngendya, d. nge'ngendya; a. a'ngendya; i. ngendi, knurren, knirrschen. S. ngen.

Nger, d. nge'nger; a. a'nger; i. ngeré; p. ngéra, ernten, „scheren“.

Ngerja, d. nge'ngerja; a. a'ngerja; i. ngerjí; p. ngéra, ernten, scheren; z. B. lókinga yi nge'ngerja perok-murék. dieses Jahr (heuer) werden wir zweimal ernten.

Ngerot, vor, vorne, (räumlich); z. B. nán tu ngerot, ich gehe vor (voraus). S. Gr. §. 100 und 110.

Ngí, d. ngi'ngi: a. a'ngí; i. nginí; p. ngyú, 1) aufrichten (was liegt); 2) aufwecken.

Ngíen, d. ngi'ngíen; a. a'ngien; i. nginé, aufstehen, auferstehen.

Ngiet, n., die Auferstehung. S. ngíen.

Ngiju, d. ngi'ngiju; a. a'ngiju; i. ngiji, aufwecken; aufstellen. S. ngí.

Ngímuye, c. pl. ngimúyejin (ngimúyeki), Statue, Bild. S. nimuyö.

Ngin, 1) darin; 2) hinein; 3) herein.

Ngin. d. ngi'ngin: a. a'ngin: i. nginé (ngi'ngé); p. ngi'nga, gärben. d. h. eine getrocknete Haut durch Reiben weich machen.

Ngi'ngiret. n. pl. ngi'ngiretji, Schweiss.

Ngiret, n., Fett (von Gebratenem); Schmalz.

Ngyang-Bara, die westlichen Gränznachbaren der Bari. Ihre Sprache ist nach dem, was Hr. Morlang nach einer Reise durch ihr Gebiet mitgebracht hat, von der Barischen und Dinkaischen ganz verschieden. S. Petermann's Mittheilungen etc. Ergänz. Heft Nr. 11 (1863).

Ngyer. n. pl. ngyerjin, die grosse Schildkröte. D. nyér.

Ngyo, 1) was? z. B. iu atín do ngyo? was hat er dir gegeben? 2) warum? z. B. do akó po ngyo? warum bist du nicht gekommen?

Ngyóna. 1) defekt. Verb. nahe sein. S. Gr. §. 54, 3; 2) Adv. nahe, in der Nähe; gewöhnlich mit: ko zu fügen.

Ngyu, s. nyu.

Ngo. n. pl. gl., ein Etwas, Sache, Ding: z. B. ti nau ngo, gib mir etwas.

Ngodé, c. pl. ngodéki, krumm, lahm. D. ngol.

Ngo-duma, n. pl. ngo-témejik, etwas Grosses; Wunder.

Ngogwo, l. pl ngogwojin, Schwiegervater.

Ngólitani, n. pl. ngólitan, Thräne.

Ngom. d. ngo'ngom; a. a'ngom; i. ngomé: p. ngómia, grüssen, begrüssen. S. roman.

Ngomóti (ngomoti), l. pl. ngomot, Samenkorn; Kern.

Ngondya, d. ngo'ngondya; a. a'ngondya; i. ngondí; p. ngo'nga, schneutzen.

Ngongga, d. ngo'ngongga; a. a'ngongga; i. ngonggí. leiden, erdulden.

Ngongga, n., Geduld.

Ngo'ngólija. d. ngo'ngólija; a. a'ngo'ngólija; i. ngo'ngolijé, Mitleid erwecken. betteln: erbetteln.

Ngonyet, n. pl. ngónyetji, Unfreundlichkeit. S. ngonyo.

Ngonyo, d. ngo'ngonyo; a. a'ngonyo (a'ngo'ngonyo); i. ngonyoni, unfreundlich sein, verachten.

Ngor, d. ngo'ngor; a. a'ngor; i. ngoré; p. ngóro, mit Pfeilen
schiessen; z. B. nan tutú ngor kwen, ich gehe auf die
Vogeljagd, „Vögel zu pfeilen".

Ngoret, n. pl ngóretji, die Jagd.

Ngóritat, n. pl. ngori, Kette.

Ngorokótyo, c. pl. ngoróko, alt, abgenutzt.

Ngote, n. pl. kó'ngote, Mutter. S. Gr. §. 30 und 78. Cf.
D. nguot.

Ngote-mede (ngote-na-mede), pl. kó'ngote-mídijik, Haus-
mutter.

Ngöit, n. pl. ngöitji, Gefäss für Speisen; Futtertrog, Krippe.

Ngökin, d. ngö'ngökin; a. a'ngökin; i. ngöki; p. ngöki, einen
falsch anklagen.

Ngö'ngögu, d. ngö'ngögu; a. a'ngö'ngögu; i. ngö'ngögi, erzählen; plaudern.

Ngörini, c. pl. ngörinikö. Neffe (Nichte) mütterl. Seite.

Ngu, noch; zusammenges. mit: ako -- akó-ngu, noch nicht
== beinahe, kaum.

Ngúdu, ngu'ngúdu; a. a'ngúdu; i. ngudulé; p. ngúdula, einwickeln.

Ngúdulakin, d. ngu'ngúdulakin; a. a'ngúdulakin; i. ngudulaki;
p. ngúdulaki, einen (etwas) einwickeln. S. ngúdu.

Ngúdulet, n. pl. ngúduletji, Windel.

Nguéyo, c. pl. gl., kothig, schmutzig; z. B. kiko a'nguéyo,
der Weg ist kothig.

Ngufi (ngupi), 1) immer; sehr oft; oft; 2) ewig; Ewigkeit.

Ngulubé, c. pl. ngulubéki, stumm.

Ngumí, l. pl. ngumíad, eine Nadel.

Ngun, l. pl. ngunyen, Gott (pl. Gottheiten), von: tó'ngun,
übertreffen, der Höchste sein. S. Einleitung S. XV.

Ngupí, s. ngufí. Logwit gebrauchte vorherrschend die Form
ngupí.

Nguro, c. pl. nguájik, Kind; Knabe (Mädchen).

Nguro-dupyet, n. pl. nguájik-dupi, Magd, „Dienstmädcheu."

Nguro-kwe, c. pl. nguájik-kwe, der (die) Erstgeborne.

Nguro-lókokwe, pl. nguájik-tíkokwe, der erstgeborne Sohn.
S. lókokwe.

Nguro-nákokwe, pl. nguájik-tíkokwe, die erstgeborne Tochter.

Nguro-nakwan, n. pl. nguájik-wâte, 1) Mädchen; 2) Tochter.

Ngúrupit (ugurupit), n. pl. ngurup (ngúrup), Stein.

Nguti, n. pl. kó'nguti, deine Mutter. S. Gr. §. 30.

Ngutu-an, c., Niemand, keiner. S. ngutu und an.

Ngutu-yeng-ki (yengki), die Seligen, Himmelsbewohner. S. yeng und ki.

Ngutu-ló-jur, pl. ngutu tí-jur, Landsmann. S. jur.

Ngutu-ló-ki, pl. ngutu-tí-ki, Himmelsbewohner.

Ngutu-lútua, l. pl. gl., ein Todter. S. lútua.

Ngutu-ná-jur, pl. ngutu-tí-jur, eine Landsmännin.

Ngutu-nátua, n. pl. gl. eine Todte. S. lútua.

Ni, 1) hier, da; z. B. i kak ni, auf der Erde hier; náu lo (na) ni, da bin ich; 2) Suffix, mit derselben Bedeutung, bei: kulo, kune u. s. w. = kúloni, kúneni, s. Gr. §. 33. 3) Präfix bei Demonstrativen; z. B. níelo (ni und lo), niena (ni und na); s. Gr. §. 33; 4) her, hieher; z. B. pó ni, komm her!

Niddyö, d. niniddyö; a. aniddyö; i. niddyö; p. nítö, schmieden.

Nielo (ni, lo), f. niena (ní, na), pl. cíloni (ce, lo, ni), kúloni, (ku, lo, ni), f. cineni (ci, na, ni), kúneni (ku, na, ni), dieser da. S. Gr. §. 33.

Nielu, gewöhnlicher: níilu (níylu), f. níenu (níinu, níynu), pl. cilu (kulu), f. cinu (kunu), 1) jener dort; 2) derselbe — idem, cadem; idem ipse.

Nikang, s. likang.

Nímuyö, n. pl. nímuyöjin, eine Figur (aus Holz u. s. w.). S. ngímuye.

Nin, d. ninin; a. anin; i. niné; p. nína, 1) schrauben; 2) bohren.

Nindya, d. ninindya; a. anindya; i. nindyé; p. nína; s. nin.

Ninet, n. pl. nínetji, Schraube, Bohrer.

Nio, s. lio.

Nitet, n. pl. nítetji, Handwerkszeug zum Schmieden. S. niddyö.

Nyákwari, c. pl. nyakwáryat, Enkel.

Nyanggé, n. pl. nyanggéjin, die Milz.

Nyar, d. nyanyar; a. anyar; i. nyaré; p. nyára, lieben,
ehren; z. B. nyaréta lunga cilo, ce mamán ta, liebet
auch diejenigen, die euch hassen.

Nyarju, d. nyanyarju; a. anyarju; i. nyarjí; p. uyára, lieben,
ehren. D. wnyar. Diess Verb wird im Infinit. und Aor.
oft reduplizirt.

Nyékem, n. pl. nyékema, Kinn.

Nyérun, d. nyenyérun; a. anyérun; i. nyerú, aufgehen, bes.
von der Sonne.

Nyob, d. nyonyob; a. anyob; i. nyopé; p. nyópa, grüssen.
S. roman und ngom.

Nyópet, n. pl. nyópetji, Gruss.

Nyökit, n. pl. nyökitji, die Zurückgabe, Vergeltung. S. nyökökin.

Nyökökin, d. nyönyökökin; a. anyökökin; i. nyökökí; p.
nyököki, 1) einem etwas zurückgeben, vergelten; 2) an-
zeigen.

Nyökun, d. nyönyökun: a. anyökun; i. nyökú; p. nyökue,
herbringen; zurückbringen.

Nyömöddu, d. nyönyömöddu; a. anyömöddu; i. nyömöddi;
p. nyömöji, begleiten.

Nyömörö, d. nyönyömörö; a. anyömörö; i. nyömörö; p.
nyömöji, begleiten. S. nyömöddu.

Nyu, s. yu.

Nyúkwak, d. nyunyúkwak; a. anyúkwak; i. nyukwaké; p.
nyúkwaka, ergreifen, haschen (z. B. der Habicht einen
Vogel).

Nyumbö, d. nyunyumbö; a. anyumbö; i. nyumbé; p nyúmö,
wählen, auswählen.

Nyunyúmite, u. pl. nyunyúmi, Stern.

Nyunyúret, n., das Weinen: Barmherzigkeit.

Nyunyúri, d. nyunyúri; a. anyunyúri; i. nyunyuriné, weinen;
barmherzig, weichherzig sein.

Nokan, d. nónokan (nonokan); a. anókan; i. noké, brennen (intrans.); z. B. kadi nónokan, das Haus brennt.

Noket, n. pl. nóketji, der Brand. S. nokan.

Nög, d. nönög; a. anög; i. nögí, saugen (Milch).

Nögu, d. nönögu; a. anögu; i. nögí, s. nög. u. tunögu.

Nu, s. lu.

Nu-yu, s. lu-yu.

Nuk, d. nunuk; a. anuk; i. nuké; p. núka, begraben; z. B. berik tí ngutu lútua nunúka, die Leiber der Verstorbenen werden begraben.

O.

Odió, odió, Interjekt., Wehruf, bes. der Weiber. D. adyau (adyáo).

On, Konj., damit nicht. S. Gr. §. 105.

Oója, d. oója; a. aoója; i. ooji; p. óoa, schauckeln; z. B. nguro aóoa, das Kind wurde geschauckelt.

Otorot, n. pl. otorotji, Bienenstock.

Öddu, d. ööddu; a. aöddu; i. öddí; p. ötö, schinden (die Haut abziehen); schlachten. Kaötönit, c. pl. kaötök, Schinder.

Öri, zwei (nur beim Zählen). S. Gr. §. 90.

P.

Pá, d. papá; a. apá; i. pané; p. paya, verlassen; i. negat. = ko pá, daher: ko pá jur. S. Kopájur.

Pacúcua, c. pl. gl., sauer; bitter.

Padede (padedé), c. pl. gl., leicht, nicht schwer; z. B. kita padedé, eine leichte Arbeit. Auch leicht von Gewicht.

Pádungi, 1. pl. pádong, Gebüsch, bes. Schilf.

Payu, d. papáyu; a. apáyu; i. paï; p. pála, heucheln.

Pajyo, Adv., weit, weit entfernt; z. B. Kopájur pajyo i Brixen, K. ist weit von Br. entfernt.

Paleleng, c. pl. gl., süss, angenehm (auch vom Geruchsinne); z. B. mijok paleleng, die Mäuse (ein Leckerbissen der

17

Bari) sind süss; nſena kötúröni momon p., diese Blume riecht angeuehm.

Panéne, u. pl. panéuelan, Affenbrod. S. löngi.

Panyak, u. pl. panyaka, Euter; z. B. lalanéta panyak na kíteng, kó ta dedék le náke, waschet das Euter der Kuh, wenn ihr reine Milch wollet.

Pape (papé), c. pl. gl., heiss, sehr warm.

Paracak (faracak), d. paparacak; a. aparacak; p. paracaké, leuchten.

Parácakin, d. paparácakin; a. aparácakin; i. paracakí; p. parúcaki, einem andern leuchten.

Paráyet, n. pl. paráyetji, Licht, Glanz; Herrlichkeit, Ruhm.

Paran, 1) n., Mittag; 2) Adv., Mittags. S. túparan.

Párara (fárara), n, Licht, Flamme.

Parik (parik). farik (farík), sehr, recht.

Pátali, n. pl. páta, elastische Baumzweige, die als Stricke gebraucht werden.

Pé, d. pepé; a. apé; i. péne: p. péa, 1) schiessen; 2) treffen, erschlagen (vom Blitz).

Pecun, d. pepécun; a. apécun; i. pecú; p. pécue, rauben, berauben; erobern. D. pêc.

Pedya, d. pépedya; a. apédya; i. peddi; pêta, herrichten, ordnen, bereiten.

Peyik, c. pl. gl., warn. Auch Adv. Cf. peyu.

Peyu, d. pepéyu; a. apéyu; i. pelé (peï); p. pélo, 1) backen; z. B. nan pepéyu muntye, ich backe Brod; daher: kapélonit, c. pl. kapélok, Bäcker; 2) allgemein: im Feuer braten.

Peja (pejya), d. pepéja; a. apéja; i. peji, 1) schiessen; 2) einschlagen (v. Blitz). S. pé.

Pekén, d. pepekén; a. apekén; i. pekenyé; p. pekénya, ' brechen, zerbrechen. Auch im Aor. oft reduplizirt.

Pekendya (pepekendya), s. pekén.

Pele, n. pl. pélela, Bauch, Wanst.

Pele-mimyen, Bauchweh, „der Bauch schmerzt". S. myen.

Pendya, d. pependya; a. apendya; i. pendí, zusammenkommen.

Peng, d. pepeng; a. apeng; i. pengé; p. penga, ablöschen.
Pepen, d. pepen; a. apepen; i. pepené; p. pepéna, sammeln.
Pepénun, d. pepénun; apepénun; i. pepenú; p. pepénue, versammeln, vereinen.
Pêt, d. pepêt; a. apêt; i. peté; p. pêta, ordnen.
Pêtet, n. pl. pêtetji, die Ordnung.
Petö, c. pl. gl., 1) kühl (nicht heiss); 2) nicht hitzig, sanftmüthig; z. B. köbityo petö, ein sanftes Schaf.
Pi, d. pipi; a. api; i. piné; p. pia, fragen.
Piga (pige), s. figa.
Piget (figet), n. pl. pígetji, Empfängniss. S. piga.
Pija (pijya), s. fija.
Pik, d. pipik; a. apik; i. piké; p. píkö, führen; ziehen.
Pikaríkin, d. pipikaríkin; a. apikaríkin, empfangen werden. S. piga.
Piköri, p. von: pik statt píkö.
Pikun, d. pipikun; a. apíkun; i. pikú; p. píkue, herausziehen. S. pik.
Pilya, n. pl. pilyála (pilyálan), Spitze, Giebel, Gipfel.
Piom, n. t., Wasser. S. piomtot. D. piu.
Piom-tí-jor, Teichwasser.
Piom-tí-kare, Flusswasser.
Piomtot, n. pl. piom, ein Wassertropfen; pl. Wasser.
Pipi, l. pl. pípia, Insel (bes. eine kleinere).
Pipídit, n. pl. pipíditon, 1) Punkt; 2) Tropfen.
Pipíuga, d. pipíuga; a. apipiuga; i. pipiugé, pfeifen.
Pir, d. pipir; a. apir; i. piré; p. píra, bohren.
Píriki, d. pipíriki; a. apíriki; i. pirikiné, sich legen, niederlegen, Platz nehmen. S. pirít.
Pirít, n. pl. piríten, Ort, Platz, Gegend.
Pirja, d. pipirja; a. apirja; i. pirjé; p. píra, s. pir.
Pit, d. pipit; a. apit; i. pité; p. píta, binden, verbinden; z. B. eine Wunde.
Pitet, n. pl. pítetji, Binde, Band. S. pit.
Pitönö, c. pl. gl., übrig, erübrigt.

17*

Pitun, d. pípitun; a. apítun: i. pitú; p. pítue, 1) übrig sein; 2) zurücklassen; 3) nachlassen, verzeihen.

Po, d. popo; a. apo; i. pó (pl. póta), kommen. D. bo.

Pode, u. pl. podyo, 1) Kürbisschale; 2) Becher.

Póet, u. pl. póetji, Ankunft. S. po.

Poïn, d. popoïn; a. apoïn; i. poï, niedersitzen (gewöhnlich mit: kak); z. B. poïta kak, setzet euch!

Pok, d. popok; a. apok; i. poké; p. póka, begiessen.

Pori, defekt. Verb, im Aor. gebräuchlich: apori. S. Gr. §. 54.

Pot, d. popot; a. apot; i. poté; p. póto, putzen, reinigen.

Pôt, d. popôt; a. apôt; i. poté, leben.

Potet, n. pl. pótetji, Putzmittel, bes. Seife. S. pot.

Potét, u. pl. potétji, das Leben. S. pôt.

Pöyiyik, c. pl. gl., lauwarm.

Pöyti, l. pl. pöit, Ebenholz.

Pömöni, c. pl. gl., schwer (Gegensatz von: padedé). ·

Pöryö, d. pöpöryö; a. apöryö; i. pöryöní, schwimmen.

Pötuör, c. pl. gl., bitter; sauer.

Pucö, l. pl. pucöjin, Taubenei (Glasperle dieser Form).

Pudité, u. pl. pudi, Schale, Hülse.

Puyu, d. pupúyu; a. apúyu; i. puyuné; p. púyua (pupúyua), reiben; streichen; anstreichen.

Puk, d. pupuk; a. apuk; i. puké, keimen, sprossen.

Pukínö, hunderte; z. B. p. murék, mucála, 200, 300 u. s. w. S. Gr. §. 90.

Pukun, d. púpukun; a. apúkun (apukun); i. pukú, 1) hervorsprossen; 2) erscheinen. S. puk.

Pukundye, s. pukun; i. pukundyé.

Púlöti, n. pl. pulö, brennende Kohle.

Pun, d. pupún; a. apún; i. puné, sprossen; z. B. bolot pupún, die Durah sprosst. Cf. puk.

Puntong, u. pl. puntongan, die Springmaus.

Puök, zehn. S. Gr. §. 90.

Puök-wod-budök, achtzehn.

Puök-wod-bukér, sechzehn.

Puök-wod-bunguán, neunzehn.

Puök-wod-buryå, siebzehn.

Puök-wod-geleng, eilf.

Puök-wod-mucála, dreizehn.

Puök-wod-mukánat, fünfzehn.

Puöd-wod-murék, zwölf.

Puöd-wod-unguán, vierzehn.

Puökit, n. pl. puökitji, der zehnte Theil, Zehent.

Pupútut, l. pl. pupútutji, Thau (ros).

Puri, l. pl. púriöt (puryöt), Stock, Stab (für alte Leute, meist oben gabelförmig).

Puri, d. púpuri; a. apúri; i. puriné, jucken; z. B. böriköt púpuri, die Haut juckt.

Purijö, d. pupúrijö; a. apúrijö; i. purijé, rauchen; z. B. cilo kaden tí tule, ce pupúrijö, diese Scheiter brennen nicht, sie rauchen (nur).

Put, d. puput; a. aput; i. puté; p. púta, 1) mehr geben (addere); 2) die Dosis wiederholen.

Putet, l. pl. pútetji; 1) Volksversammlung; 2) Gericht; 3) ein oben gabelförmiger Stock, den die Bari bei solchen Versammlungen zu tragen pflegen. S. puri l.

Putukin, d. pupútukin; a. apútukin; i. putukí; p. putuki, einem etwas geben, darreichen. S. put.

Putukö, d. pupútukö; a. apútukö; i. putukóní, verrenkt sein.

Putut, l. pl. pútutji, Schnur, Saite; z. B. nan lolók dang ko putut, ich binde den Bogen mit der Schnur.

R.

Rab, d. rarab; a. arab; i. rapé; p. rápa, bedecken.

Rabat (arabat), c. pl. gl., nicht recht; z. B. nielo (cine) rabat, das ist nicht recht. Auch Adv.

Rapet, n. pl. rápetji, Decke, Deckel. S. rab.

Raratat, n. pl. rara, Armring aus Elfenbein.

Rat, d. rarat; a. arat; i. raté; p. ráta, 1) bespritzen, bes. mit Speichel, was Vater und Grossvater am Scheitel der Kinder und Enkel als Zeichen ihres Segens vornehmen; 2) segnen; preisen.

Ratáji, d. raratáji; a. aratáji; i. ratajinć (rataji), fliegen; z. B. kwen raratáji ko köpúkön, die Vögel fliegen mit den Flügeln.

Ratet, n. pl. rátetji, Segen; Preis.

Reat, n. pl. re, Eisen.

Reat-nátor, pl. re-nátor, rothes Eisen == Kupfer.

Rebá, d. rerebá; a. arebá; i. rebí; p. repá, schlürfen.

Rego (arégo), c. pl. regyot, schief; z. B. níelo kilior arégo, dieser Thurm ist schief.

Reja, d. rereja; a. areja; i. rejí (rené); p. reya. kehren, ausfegen.

Rek, d. rerek; a. arek (arerek); i. reké (rereké); p. reréka, binden, in Ketten legen. Cf. D. rêk.

Rem, d. rerem; a. arem; i. remé; p. rémo, tödten. Cf. D. rêm.

Remba, d. réremba; a. arémba; i. rembí; p. réma, bauen (Haus); z. B. kadi-nio aréma lókinga, mein Haus wurde diess Jahr gebaut.

Rembu, d. rérembu; a. arémbu; i. remé; p. rémo, tödten, bes. mit der Lanze. S. rem.

Renya, d. rerénya; a. arénya; i. renyaní; p. renya, 1) verneinen; 2) entsagen.

Reréket, n. pl. reréketan, Fessel, Kette. S. rek.

Retá, d. reretá; a. aretá; i. retaní, sich räuspern.

Retet, n. pl. rétetji, das Herausgehustete, Schleim. S. retá.

Ré-ti-cúö, n. t., Ohrringe, „Ohreisen“. S. re und cúöt.

Ri, Suff. beim p. mit der Bedeutung: weg (vom Platze). S. das Verb: rí.

Rí, d. rirí; a. arí; i. rilé; p. ríla, zersprengen.

Ri, d. riri; a. arí; i. riné; p. ríö, strecken, ziehen, gerade machen.

Rid, 1., Zeit der Reife.

Ridya (rídia), d. riridya; a. aridya; i. ridyaní, schwanger sein (werden). S. rí.

Ridyköt (rídiköt), n. pl. ridik, Falle (z. B. für Mäuse).

Rie, d. rierie; a. arie; i. rieni; p. rie, finden.

Riet, n. pl. rietji, 1) das Finden; 2) der Fund.

Rigilet, l. pl. rígiletji, Riegel (Block, die Thür zu verrammeln).

Rigwo (rígwo), c. pl. gl., gerade (rectus); z. B. níelo ködini r., dieser Baum ist gerade.

Rigwökit, n. pl. rigwökitji, Schrecken, Furcht.

Rigwökö, d. rirígwökö; a. arígwökö; i. rigwökö, erschrecken, Furcht haben.

Riya, d. ririya; a. aríya (aría); i. riyé, zerspringen (von selbst). S. ri.

Riköni, n. pl. rikön, ein Balken.

Rikörö, d. riríkörö; a. aríkörö; i. rikörö; p. riköji, hetzen, jagen, verjagen.

Rilet, n. pl. riletji, Spalte, Riss, Furche; Gränze. S. ri 1.

Rimatat, n. pl. rima (selten: rema), Blutstropfen (pl. Blut). D. ryam.

Ring, d. riring; a aring; i. ringé; p. ringa, ermahnen, rügen; strafen.

Ringga, d. riringga; a. aringga; i. ringgé, poltern. Getös machen (z. B. Donner).

Ringit, n. pl. ringiten, Kraft, Macht.

Ringitö, d. riringitö; a. aringitö; i. ringitöní, kräftig. stark sein.

Ringwat (ringuat), n. pl. ringwátan, ein Vogel (arab. habára).

Riokét, l. pl. riokétji, Fuss (vom Knöchel abwärts, bes. Fusssohle).

Riri, Adv., wohl, gut (nur in Verbindung mit: mon — móriri wohlriechen, gebräuchlich).

Ririg, d ririg; a. aririg; i. ririké; p. riríka, ausbessern (z. B. einen Korb).

Ryágu, d. ryaryágu; a. aryágu; i. ryagí; p. ryáka, 1) zanken. streiten; 2) zerstören; rauben. Cf D. ryok-bey.

Ryak (riak), d. ryaryak; a. aryak; i. ryaké; p. ryóka, s. ryagu.

Ryáket, n. pl. ryáketji, Zerstörung, Verwüstung; Raub.
S. ryágu.

Ryok, d. ryoryok; a. aryok; i. ryoké; p. ryóka, zu Boden
werfen; mit Füssen treten.

Rob, d. rorob; a. arob; i. robí; p. rópa, belohnen. D. ryop,
Roba, d. roroba; a. aróba; i. robí; p. rópa, belohnen. S. rob.

Robangga, 1. pl. robánggajin, Gabe, Opfer.

Roddu, d. roroddu; a. aroddu; i. roddí, verdorren; z. B.
níelo ködini korópo aïn, nge aroddu, dieser Baum hat
keine Blätter, er ist verdorrt.

Rogo, n. pl. rógojin, Tisch.
Rogo-na-robangga, pl. rógojin-ti-robangga, Opfertisch, Altar.

Roya, d. róroya; a. aróya; i. roï; p. róda, kratzen; z. B.
nan royá mugun, ich kratze mich.

Rokon, d. rórokon; a. arókon; i. rokongé; p. rokonyo, abbalgen (z. B. einen Vogel).

Roman, d. roroman; a. aróman; i. romé; p. rómue, grüssen,
begrüssen (mit: ko zu fügen); z. B. yi popo roromán
ko dó ni, wir kommen, dich hier zu begrüssen; jú-lio
rorómue, sei gegrüsst, mein Freund.

Romet, n. pl. rómetji, Gruss, Begrüssung.

Rondya, d. rorondya; a. arondya; i. rondí; p. ronya, entblättern; z. B. ködini aronya, der Baum ist entblättert.

Rondu, d. rorondu; a. arondu; i. rondi; p. ronyo (ro'ngo),
rupfen (z. B. einen Vogel).

Ropakin, d. rorópakin; a. arópakin; i. ropakí; p. ropaki,
sich rächen, die Schläge erwiedern, „einen zahlen“. S. rob.

Ropet, n. pl. rópetji, Lohn, Bezahlung. S. rob.

Roro, 1. pl. rorolo, die Stimme.

Rot, d. rorot; a. arot; i. roté; p. róto, abstreifen, bes. die
Blüten, Blätter.

Rōb (röp), n. pl. röpö, 1) Rahm; 2) das Zwerchfell.

Ru, d. ruru; a. aru; i. rudé; p. rúda, feststampfen, fest-
drücken; z. B. den Lehm am Boden.

Rú, d. rurú; a. arú; i. runé; p. ruyú, begiessen.

Rucukin, d. rurúcukin; a. arúcukin; i. rucukí; p. rucuki, anziehen (z. B. ein Kleid).

Rucún, d. rurucún; a. arucún; i. rucú; p. rúcue, ausziehen (ein Kleid).

Rud, d. rurud; a. arud; i. rudé; p. rúda, gerüttelt anfüllen.

Rudya (ruddya), d. rurudya; a. arudya; i. rudyé, 1) würdig sein, verdienen; 2) erben.

Rudu, 1. pl. ruduö, 1) Dickicht, Dunkel; 2) Gefahr; z. B. níelo ngutu akangá, nge tí den rudu, dieser Mensch ist muthig, er kennt keine Gefahr.

Rúdue, d. rúrudue; a. arúduc; i. ruduení, träumen.

Rúduet, n. pl. rúduetji, Traum.

Rug, d. rurug; a. arug; i. ruké; p. rúkö, folgen, gehorchen.

Rûg, n. pl. rûkan, Rücken, bes. der Höcker bei Thieren.

Rugö, d. rurugö; a. arugö; i. rugö; p rúkö, antworten. S. rug.

Rugungö, d. rurugungö; a. arugungö; i. rugungöní, knicn.

Ruju (rujyu), d. rurúju; a. arúju; i. rují; p. ruyú, begiessen. S. rú.

Ruk, d. ruruk; a. aruk; i. ruké; p. rúka, ankleiden, berocken. D. ruk (ruok).

Rukéet, n. pl. rukéetji, Antwort S. rugö.

Ruket, n, Gehorsam; daher: ko-ruket, gehorsam. S. rug.

Rukún, s. rucun.

Rum, d. rurum; a. arum; i. rumé, 1) begegnen; z. B. nun arúm ko kömyru, ich begegnete einem Löwen; 2) eilen. Cf. D. rom.

Rumet, n., Eile, Lauf. S. rum.

Rumön, d. rúrumön; a. arúmön; i. rumöní, brüllen. D. ròm.

Rumun, d. rurúmun; a. arúmun; i. rumú, schnell, herkommen. S. rum.

Runcak, n. pl. runcakan, der weisse Ibis (ibis sacra).

Rung, d. rurung; a. arung; i. rungé; p. runga, niederdrücken.

Rúnguli, s. únguli.

Ruönyityo, n. pl. ruönyok, wildes Thier.

Rupu (rupú), d. rurupu; a. arupu; i. rupuní; p. rúpu, lauern, aufpassen; z. B. nan rurupu, téng ko Ifkito po, ich werde passen, bis der Hase kömmt.

Rurnö, n. pl. ruruöki, Loch, Vertiefung.

Ruruö-ná-mijok, pl. ruruöki-tí-mijok, Mäuseloch.

Rut, l. pl. rutan, membr. virile.

Rutet, n. pl. rútetji, die Erbschaft. S. rudya.

T.

Ta, 1) c. ihr, pl. von: do; 2) Suff. der 2. Pers. pl. i.

Tá, d. tatá; a. atá; i. tané; p. taya, sagen, reden.

Taba, n. pl. tábajin, Tabak. D. taba.

Tadok, n. pl. tadóka, irdener Topf, bes. zur Bereitung der: yaua.

Tadú, d. tatadú; a atadú; i. taduní; p. tadúe, gebären; z. B. ngote atadú tore, die Mutter hat einen Sohn geboren.

Tadúet, n. pl. tadúetji, die Geburt.

Táet, n. pl. táetji, Sage, Erzählung. S tá.

Tagwok, l. pl. kajyá (kajya), ein Kalb mittlerer Grösse.

Taká, n. pl. takájin, Bank, Brett, Tafel, Scheibe.

Tá-kade, s. do-geleng.

Taká-na-meme, pl. takájin-tí-meme, Glasscheibe. S. meme.

Takin, d. tatakin; a. atakin; i. takí; p. táki, einem sagen, mit einem reden.

Takindya, d. tatakindya; a. atakindya; i. takindyé; p. táki, s. takin.

Ta-ling (tá-ling), wörtlich: 1) ihr alle; 2) c. pl. gl., ruhig, still; z. B. gwé (gwéta) tá-ling, sei (seid) ruhig!

Ta-lope'ngat, s. do-lopeng.

Tamíröt, l. pl. tamer, die grosse Bremse.

Tan, d. tatan; a. atan; i. tanyé; p. tanya, berühren.

Tápingi, n. pl. tápengou, Perlhuhn.

Táun, d. tatáun; a. atáun; i. taú, herreden, antworten; z. B. ce ako táun, sie schwiegen (gaben keine Antwort).

Té, d. teté; a. até; i. telé; p. téla, stark sein, siegen.

Teya, d. teteya; a. ateya; i. teï (telé); p. téla, siegen, überwinden.

Tem, d. tetem; a. atem; i. temé; p. téma, messen. anpassen. D. tèm.

Temakin, d. tetémakin; a. atémakin; i. temakí; p. temaki, einem etwas zumessen. S. tem.

Temba (tembi), d. tetemba; a. atemba; i. tembi; p. téma, mit dem Korbe (koret) messen. S. tem.

Temet, l. pl. témetji, Mass (zum Messen). S. tem.

Tene, nicht mehr. Cf. ti.

Teng, bis (gewöhnlich mit: ko verbunden); z. B. téng ko rima, bis auf's Blut. Auch temporell; z. B. téng ko dó po, bis du kommst.

Teng, d. teteng; a. ateng; i. tengé; p. tengo, einschränken, abhalten, sich enthalten, fasten (letzteres meist mit: téng-mugun (berik) ausgedrückt).

Ter, l. pl. teron, Stange (bei den Schiffen zu schieben).

Tera, c. pl. gl., satt, gesättiget.

Térere, n. pl. teréryat, Oede, Wüste.

Teteyon, d. teteyon; a. ateteyon; i. teteyoné, vertrocknen, verdorren; z. B. ko kudu aïn bolot teteyon. ohne Regen verdorret die Durah.

Tetén, d. tetén; a. atetén; i. tetené; p. teténa, herrichten. bereiten; z. B. das Essen.

Tetenakín-mugun-ki, sich aufrichten; s. tetén; i. tetenakí-m.k.

Tetendya, d. tetendya; a. atetendya; i. tetendí; p. teténa. herrichten, ausbessern.

Ti (tí), 1) Artikel pl. und Zeichen des Genit.; s. Gr. §. 69; 2) Negation im Durativ; 3) Imperat. von: tin.

Tí, 1) p. von: tin; 2) oft statt: ti beim Satzton; s. Gr. §. 17.

Tiat, n. t., Saft.

Tiat-ti-lorérek, Wein, „Rebensaft".

Tiben (tí-ben). defekt. Verb, nicht wollen. S. Gr. §. 54, 10.

Tí-bulö, d. tí-bulö; a. akó-bulö, nicht können. S. bulö.

Ticun, d. títicun; a. atícun; i. ticú; p. tícue, drängen, treiben, bes. mit Gewalt fordern.

Tidya, d. titidya; a. atidya; i. tidyé; p. tíja, anklagen, beschuldigen.

Tiyit, 1) Subst. c. pl. tiyitji, Wächter, Wache; 2) Adj. wachbar, wachsam. S. tiju.

Tiju, d. titiju; a. atiju; i. tiji (tini); p. tiyu, bewahren, hüthen; tijú-mugun (tijú-berik), sich hüthen.

Ti-kek, nicht treffen. S. kek.

Tiken, l. pl. tikenyo, grosse Insel.

Tikö, d. titikö; a. atikö; i. tiköni, sich anlehnen.

Tikön, n. pl. tiköni, die andere Seite; daher: i-tikön (itikön), jenseits.

Tikun, s. ticun.

Tilimöt (tilimöt), n. pl. tilimötji, der Schatten, den leblose Gegenstände werfen. Cf. köduduö.

Tillöngön, c. pl. gl., unzufrieden. S. ti und liöngön.

Timi, l. pl. timiat, Ohrkettlein; Ohrring.

Tin, d. tintin; a. atin; i. ti (ti); p. ti, geben. Dieses Verb reduplizirt im Act. auch den zweiten Konsonanten, hat also nie: titin, wie die Missionäre schrieben, sondern: tintin.

Tinet, n. pl. tínetji, Gabe, Geschenk.

Tir, l. pl. tirön, Volksstamm (Tribus).

Tiribi, l. pl. tiríbiat, Tabakpfeifenrohr.

Tit, d. titit; a. atit; i. tijé; p. tíja, zwingen. Cf. ticun.

Titibu, d. titibu; a. atitibu; i. titibi; p. titipu, tätowiren.

Titik (tütük), d. titik; a. atitik; i. titiké; p. titikö, sperren, verschliessen.

Titíket, l. pl. titíketji, Schlüssel S. titik.

Titimba, d. titimbu; a. atitimba; i. titimbé, vorwitzig sein.

Titoni, n. pl. tito, 1) Sache, Ding; 2) Schatz, Waffe.

Titunti, l. pl. teton, jung (von Menschen).

Tyer, d. tyetyer; a. atyer; i. tyeré, Funken sprühen.

Tyér, n. pl. tyeréji, ein Funke.

To, 1) als Präfix beim Verb bedeutet es: machen; s. Gr. §. 24; 2) vor einer Grundzahl verwandelt es diese in die entsprechende Ordnungszahl; s. Gr. §. 91.

Tó, d. totó; a. ató; i. tolé; p. tólo, 1) würgen, 2) erdrosseln, tödten.

Toátuan (tuátuan); d. totoátuan; u. atoátuan, sterben; verdorren; z. B. ködini toátuan, der Baum verdorrt (stirbt).

Tobáka, d. totobáka; a. atobáka; i. tobakané; p. tobakalá, fertig machen, vollenden.

Tobia, d. totobía; a. atobia; i. tobiané, gesund machen, heilen. S. bía.

Tobiáju, d. totobiáju; a. atobiáju; i. tobiají, s. tobía.

Tobíct. n. pl. tobietji, 1) Heilung; 2) das Heil.

Tobunun, d. totobunun; a. atobunun; i. tobununí (tobuní), zaubern, einen Zauberer spielen. S. búnit.

Tobur, d. totobur; a. atobur; i. toburé; p. tobúrö, faul machen. S. bur.

Toburá, d. totoburá; a. atoburá; i. toburané; p. toburá, recht machen. S. bura.

Tocída, d. totocída; a. atocída; i. tocidané; p. tocidaki, setzen, „sitzen machen", stellen. S. cida.

Todára, d. totodára; a. atodára; i. todarané, ermüden, müde machen. S. dâra.

Todéba, d. totodéba; a. atodéba; i. todepé; p. todépa, anzünden, „brennen machen"; z. B. kimang atodépa, das Feuer brennt, „ist angezündet." S. deba (1).

Toden, d. totoden; a. atoden; i. todené; p. todéna, „wissen machen", unterrichten. S. den.

Todínct, n. pl. todínetji, Lehre, Unterricht; Schule.

Todíniki, d. totodíniki; a. atodíniki; i. todinikí, lernen (gelehrt werden).

Todínikin, d. totodínikin; a. atodínikin; i. todinikí; p. todíniki, einen belehren, unterrichten.

Todóro, d. totodóro; a. atodóro; i. todoroné, stürzen, „fallen machen".

Todúpyen, d. totodúpyen; a. atodúpyen; i. todupyené; p. todupyéuo, Jemanden bedienen, einen Diener machen.

Todurjö, d. totodurjö; a. atodurjö; i. toduré; p. todúrö, gross machen, erheben. S. durjö.

Togo (togó), d. totogo; a. atogo; i. togolé; p. togólo, hart, stark machen.

Togó-ko-welet-ná-Ngun-Molokótyo-duma, stärken mit dem Oehle des heil. Geistes, firmen.

Togólet, n. pl. togóletji, die Stärkung, Firmung.

Togorja, d. totogorja; a. atogorja; i. togorjí; p. togóra, spähen (um etwas zu stehlen).

Togu, d. totógu; a. atógu; i. togí (toké); p. tóko, hacken, hauen. S. tók.

Togwé, d. totogwé; a. atogwé; i. togwené; p. togwéa, erschaffen. S. gwcja.

Togwídikin, d. totogwídikin; a. atogwidikiu; i. togwidikí, legen, stellen.

Togwo, d. totogwo; a. atogwo; i togwoué; p. togwa, tauschen.

Tagwódet, n. pl. togwódetji, Stelle, Platz (um etwas hinzustellen).

Toïk, d. totoïk; a. atoïk; i. toïké, fechten (mit der Lanze oder Keule).

Toyéyu, d. totoyéyu; a. atoyéyu; i. toyeyí; p. toyéyo, einen erinnern (denken, nachdenken machen).

Toyímönö (toyimönö), d. totoyimönö; a. atoyímönö; i. toyimöné; p. yímönö, sättigen, satt machen.

Toyng, d. totoying; a. atoyng; i. toyingé; p. toyinga, hören machen, zu hören (gehorchen) zwingen.

Toyng, d. totoyng; a. atoyng; i. toyngé; p. toynga (toy'nga), beruhigen.

Toyong, d. totoyong; a. atoyong; i. toyongené; p. toyonge, kochen, brauen.

Toyonge, d. totoyonge; a. atoyonge; i. toyongené; p. toyonge, 1) fertig machen; 2) fertig sein (bes. vom Kochen).

Toyu, d. totoyu; a. atoyu; i. toï (tolé); p. tólo, ausbrüten.

Toyúkan, d. totoyúkan; a. atoyúkan; i. toyuké; p. toyúka, rasten machen.

Toyúket, n. pl. toyúketji, 1) Beruhigung; 2) Ruhe, Rast.

Toyúlen, d. totoyúlen; a. atoyúlen; i. toyulené; p. toyúle, unzufrieden machen.

Toyumbö, d. totoyumbö; a. atoyumbö; i. toyumbé, wohlthätig sein.

Toyup, d. totoyup; a. atoyup; i. toyupé; p. toyúpö, glauben machen, zum Glauben verhilflich sei. S. yup.

Toyúpet, n., die Hilfe zum Glauben.

Toyur, d. totoyur; a. atoyur; i. toyuré; p. toyúra, ängstigen, verdriesslich machen.

Toyúran, d. totoyúran; a. atoyúran; i. toyuré; p. toyúra, s. toyur und yuran.

Tojó, d. totojó; a. atojó; i. tojoné; p. tójo, fertig machen, vollenden.

Tojong, d. totojong; a. atojong; i. tojongé; p. tojonga, fangen, zum Gefangenen machen.

Tojóre (tojore), d. totojóre; a. atojóre; i. tojorené; p. tojóro (tojóre), füllen, voll machen.

Tojulin, d. totojulin; a. atojulin; i. tojuliné, zum Freunde machen. S. ju.

Tojup, d. totojup; a. atojup; i. tojupí; p. tojupu (tojupú)‚ Jemanden kleiden.

Tojurut, d. totojurut; a. atojurut; i. tojuruté; p. tojúrutö, etwas versenken. S. juruddyö.

Tok, d. totok; a. atok; i. toké; p. tóko, klopfen, anklopfen; z. B. ngá totok kinit? wer klopft an der Thür?

Tók (togu), d. totók; a. atók; i. toké; p. tóko, 1) abhauen; z. B. nan tí nyar togu (tók) nielo ködini, ich will diesen Baum nicht umhauen; 2) hacken; beissen; z. B. munu atók nan, die Schlange hat mich gebissen (gehackt).

Tokarudya, d. totokarudya; a. atokarudya; i. tokarudyé; p. tokarúta, würdig machen.

Tokélan, d. totokélan; a. atokélan; i. tokelé; p. tokéla (tokélan), rein machen. S. kelan.

Tokélet, n. pl. tokéletji, 1) Reinigung; 2) Reinigkeit.

Tokú, d. totokú; a. atokú; i. tokuné; p. tokúki, verkünden, bekannt machen.

Tokulya (tokúlya), d. totokulya; a. atokulya; i. tokulyaní, reden machen. S. kulya 1.

Tokuön, d. totókuön; a. atókuön; i. tokuöné; p. tokuöji, überall bekannt machen. S. kuön.

Tokukin, d. totokúkin; a. atokúkin; i. totukí; p. tokuki, andern etwas verkünden.

Tokúörö, d. totokúörö; a. atokúörö; i. tokuörö; p. tokuöji, bekannt machen, verkünden.

Tokúun, d. totokúun; a. atokúun; i. tokú; p. tokúe (selten: tókue), überall her verkünden, etwas neues herbringen.

Tolien, d. totólien; a. atólien; i. toliené, besitzen.

Tolien, n. pl. tólienji, Besitz, Habe; z. B. babá ko tolien jore, mein Vater ist reich, hat grossen Besitz.

Tolig, d. tótolig; a. atólig; i. toliké; p. tolika, abkühlen. S. lik.

Tolíkin, d. totolíkin; a. atolikin; i. tolikí; p. tolíki, verlieren. S. líkin.

Tolilija, d. totolilíja; a. atolilíja; i. tolilijé: p. tolília, stillen, beruhigen; z. B. nguro atolília kó ngote, das Kind wurde von der Mutter gestillt.

Tolilík, d. totolilík; a. atolilík; i. toliliké; p. tolilíka, trocknen (besonders an der Sonne). S. lilík.

Toliöng, s. tuliöng.

Toliöngön, s. tuliöngön.

Tolítu, d. totolítu; a. atolítu; i. tolituné; p. tolítu, voll machen, anfüllen. S. líte.

Tomagóra, d. totomagóra; a. atomagóra; i. tomagoré, hungerig machen. S. magor.

Tomat (tumat), d. totomat; a. atomat; i. tomaté; p. tomáta, tränken; z. B. nan totomát do kó piom, ich tränke dich mit Wasser. S. möju.

Tome, 1. pl. tomya (tómia), Elephant.

Tomeddya, d. totomeddya; a. atomeddya; i. tomeddí; p. tométa, leben machen; zeugen.

Tomun, d. totomun; a. atomun; i. tomunyé; p. tomunya, schwächen.

Tomunyet, n. pl. tomúnyetji, die Schwäche, Schwachheit.

Tong, d. totong; a. atong; i. tongé (tonggí); tonga, zwicken.

To'ngaddu, d. toto'ngaddu; a. ato'ngaddu; i. to'ngaddí; p. to'ngáta, vergrössern.

Tongga, s. tong; z. B. nan tonggá mugun, ich zwicke mich.

To'ngien, d. toto'ngien; a. ato'ngieu; i. toto'nginé, erwecken, aufwecken. S. ngíen.

Tó'ngun, d. totó'ngun; a. ató'ngun; i. to'nguné; p. tó'ngue, übertreffen, grösser sein.

To'ngundya, s. tó'ngun; i. to'ngundyé.

Tó'ngutut, d. totó'ngutut; a. ató'ngutut; i. to'ngututé; p. to'ngútö, abkürzen.

Tonok, d. totonok; a. atonok; i. tonoké; p. tonóka, verbrennen (tr.). S. nokan.

Tononga, d. totononga; a. atononga; i. tonongí, sich todt stellen.

Topir, d. totopir; a. atopir; i. topiré; p. topírö, mästen.

Topírikin, d. totopirikin; a. atopírikin; i. topirikí; p. topíriki, etwas stellen, legen. S. pirít.

Topodya, d. totopodya; a. atopodya; i. topoté; p. topóta, ernähren, erhalten.

Topôt, d. totopôt; a. atopôt; i. topoté; p. topóta, versorgen, ernähren.

Topuri, d. totopuri; a. atopuri; i. topuriné; p. topuryö, Rauch machen; räuchern.

Tor, d. totor; a. ator; i. toré; p. tóra, binden.

Toran, d. totóran; a. atóran; i. toré, reifen (von der Frucht).

Tore, l. pl. toréla, 1) Sohn, Abkömmling; 2) auch von Thieren die „dulces alumni".

Toré, l. pl. toriot (toríyot), Pfeife (zum Blasen); Trompete.

Toréet, u. pl. toréetji, 1) das Untereinanderwerfen; 2) Chaos.

Torékin, d. totorékin; a. atorékin; i. toreki; p. toréki (toréa), unter- und auseinanderwerfen.

Toret, n. pl. tóretji, Bündel; Bund. S. tor.

18

Torígwök, d. totorígwök; a. atorígwök; i. torigwöké; p. torígwökö, einen erschrecken.

Torígwökö, erschrecken (intrans.). S. rígwökö und torígwök.

Toríma, d. totoríma; a. atoríma; i. torimané, blutig machen. S. rima.

Toróboti, n. pl. tórobo, Waffe, bes. Lanze und Keule.

Toroddu, d. totoroddu; a. atoroddu; i. toroddí; p. toróto, verdorren machen; dörren.

Torou, d. tótorou; a. atórou; i. toronyé; p. torónya, 1) schlecht machen, verführen; 2) sündigen.

Torondya, d. totorondya; a. atorondya; i. torondí (toronyé); p. torónya, schlecht machen, lästern.

Torónyet, n. pl. torónyetji, Unrecht, Sünde, Laster. S. toron.

Totéyon, d. tototéyon; a. atotéyou; i. toteyoné; p. toteyóno, ausdörren, härten (trans.): z. B. kolong tototéyon déru, die Sonne trocknet (dörret) das Gras.

Totéra, d. tototéra; a. atotéra; i. toterané, sättigen. S. tera.

Totitimba, verwitzig machen; s. titimba.

Totóre, d. totóre; a. atotóre; i. totorené; p. totoreya, zerstreuen.

Totórekin, d. totórekin; a. atotórekin; i. totorekí; p. totóreki, einem andern etwas zerstreuen.

Tótu (aus: tó-tuan), d. totótu; a. atótu; i. totuné; p. tútua, tödten.

Totúet, c. pl. totúetji, etwas Tödtliches, Gift.

Totúja, d. tototúja; a. atotúja; i. totuné; p. tótua (tútua), morden.

Totún, d. tototún; a. atotún; i. totungé; p. totúnge, stumpf machen.

Towálala, d. totowálala; a. atowálala; i. towalané; p. walála (walala), sieden (trans.).

Towor, d. totowor; a. atowor; i. toworé; p. towóra, erzürnen, zornig machen. S. woran.

Töki, wieder; noch.

Tör (törr), n. pl. törön, See.

Tör-na-balang, pl. törön-ti-balang, Meer, „Salzsee".

Töwyli, l. pl. töwilyet, 1) Herz; 2) Gemüth; 3) Wille.

Tu, d. tutu; a. atu; i. ití (itíta), gehen. Cf. D. tuyn.

Tu, 1) Präpos., nach, gegen (gen); z. B. nan jöjölo tu Afrika, ich reise nach A.; 2) Präfix bei Verben statt: to, z. B. tubáka == tobáka; 3) Präfix bei Substantiven, welche dann meist adv. Bedeutung erhalten; z. B. kótyang, Abend, túkotyang, Abends.

Tu, eins (aber nur beim Zählen). S. Gr. §. 90.

Tú, d. tutú; a. atú; i. tulé; p. túlö, bohren, hineinbohren.

Tuáji, n., das Sterben, der Tod. S. tuán.

Tuán (toán), d. tuátuan (toátuan); a. átuan; i. tuané, sterben, „hingehen."

Tuán, n., der Tod; pl. tuána, Todesarten.

Tuán, c. pl. gl., todt.

Tubáka, s. tobáka.

Tudáraju, d. tutudáraju; a. atudáraju; i. tudarané; p. tudára, abhetzen. S. dára.

Tuja, d. tutúja; a. atúja, Eckel (Erbrechen) verursachen. S. já.

Tuk, d. tutuk; a. atuk; i. tuké; p. túkö, bekennen.

Tukangan, n. pl. tukánganji, Stärke, Kraft.

Tukar, d. tútukar; a. atúkar; i. tukaré; p. tukára, verschleudern, verschwenden.

Túkotyang, n., s. kótyang. Meist Adv., Abends.

Tukör, d. tútukör; a. atúkör; i. tukörí; p. túkörö, verderben, in Unordnung bringen. S. kör.

Tukúöro, bekannt machen, verkünden. S. kuörö.

Túkwaje, Adv., Nachts; z. B. nan ako doto t., ich habe in der Nacht (Nachts) nicht geschlafen. S. kwaje (kwajye).

Tukwöryen, n., der Besitz. S. kwörinit.

Tule, d. tútule; a. atúle; i. tulené, brennen, sich entzünden.

Tuléet, n. pl. tuléetji, Licht.

Tulekin, d. tutúlekin; a. atúlekin; i. tulekí, andern leuchten.

Tuli, l. pl. túlia (tulya), ein Topf (bes. zum Kochen).

Tuliöng, d. tutuliöng; a. atuliöng; i. tuliöngí; p. tuliöngö, erfreuen, Freude machen. S. liöngön.

Tuliöngön, s. tuliöng und liöngön.

18*

Tulyanggu, d. tutulyanggu; a. atulyanggu; i. tulyanggí;' p. tulyanga, verlieren.

Tulyélyeti, n. pl. tulyélye, Distel.

Tulu, l. pl. tuluö, eine grosse Hacke.

Túlutut, .l. pl. tulútutjin, 1) Hodensack; 2) eine hernia.

Tumaddu, d. tutumaddu; a. atumaddu; i. tumaddí; p. tumáta, tränken. S. tomat und: möju.

Tuman, d. tútuman; a. atúman; i. tumané, einander anfeinden; z. B. yi tutumán ko do (lele ko lele, f. nene ko nene), wir hassen uns einander. S. man.

Tumatyan, n., Herrschaft, Reich. S. matat.

Túmunit, l. pl. tómonok, Handwerker, bes. Schmied.

Túmunit-lo-yukít, pl. tómonok-ti-yukít, Schmied. S. yukít.

Túmunit-ló-kare, pl. tómonok-tí-kare, Fischer. S. kare.

Tun, d. tutun; a. atun; i. tuné; p. túna, 1) aufräumen, ordnen; 2) sammeln.

Túnakin, d. tutúnakin; a atúnakin; i. tunaki; p. túnaki, 1) für einen andern aufräumen; 2) für einen andern sammeln.

Tunakindya, d. tutunakindya; a. atunakindya; i. tunakindyé, p. túnaki, 1) ordnen (auch intr.); 2) sich versammeln.

Tu'ngê, d. tutu'ngê; a. atu'ngê; i. tu'ngení; p. tu'ngê, zu essen geben, füttern. S. tun und ngê.

Tu-ngérot, vorausgehen. S. tu und ngérot.

Tunögu, d. tutunögu; a. atunögu; i. tunögi, säugen, saugen machen. S. nögu.

Túpape, 1) n., die Hitze; 2) Adv. zur Zeit der Hitze. S. pape.

Túparan, 1) n., Mittagszeit; 2) Adv. zur Mittagszeit (Mittags). S. paran.

Tupé, n. pl. tupéjin, Stück, Theil, bes. der grössere. S. Gr. §. 92.

Tupét, n. pl. tupétji, die Beschneidung; Schnitt. S. tupun.

Tupun, d. tutupun; a. atupun; i. tupú; p. túpue, schneiden, beschneiden.

Tur, d. tutur; a. atur; i. turé; p. túrö, einstürzen (trans.).

Tur, l. pl. turön, Weiler, Dorf.

Tur-duma, pl. turön-témejik, grosses Dorf; Stadt.

Ture, l. pl. túria (turya), Stab, Stock, Keule.

Turé-lo-reat, pl. túria-ti-reat, Eisenkeule. S. reat.

Turja (turjya), d. tuturja; a. aturja; i. turjé; p. túra, hineinschütten.

Turjö, d. tuturjö; a. aturjö; i. turjé, einstürzen (intr.).

Turö, d. tutúrö; a. atúrö; i. turöné, blühen.

Turukti, l. pl tórok, 1) Kieselstein; 2) Hagelsteine. (Hagel ist nicht selten im Lande der Bari).

Tutúlet, n. pl. tutúletji, Loch, Oeffnung.

Tutuö, n. pl. tutuölön, der Vogel Strauss.

U.

Uddya, d uúddya; a. aúddya; i. uddyé, p. uja (uyú), 1) wegnehmen; 2) intrans., weggehen.

Ugut, l. pl. ugutji, Storch (grösster Art).

Uiní, l. pl. uiníkö, Arznei. S. winí.

Uinyöti, n. pl. uin, der Durah-Stengel.

Uju (wuju), d. uúju; a. aúju; i. uji; p. uyú, 1) nehmen, fangen; 2) halten; 3) aufladen.

Uk, s. buk.

Ukuli, l. pl. ókolot, der Gummibaum.

Uluet (wúluet), n. pl. ulúétji, die Wahl. S. wulun.

Ulun, s. wulun.

Ulundyö, d. uulundyö; a. aúlundyö; i. ulundyé; p. úlue, wählen, auswählen. S. wulun.

Uluti (úluti), l. pl. bolot (olot), 1) Durah; 2) Getreide überhaupt.

Undye, d. uúndye; a. aúndye; i. undyé, affici; z. B. kolánit aúndye ko kújönö, der Dieb wurde von Furcht ergriffen.

Unguán, vier. S. Gr. §. 90. D. unguan.

Unguli (únguli), l. pl. ungúlyet, der Uhu.

Ungwuri (úngwuri), l. pl. óngwora, Horn.

Uölu, n., Westen.

Ur, s. wur.

Urbanga, n. pl. urbángajin, der Pelikan.
Uret, n. pl. úretji, Kranz, Krone.
Uri, n. pl. uryat, der Korkbaum.
Uri (ûri), l. pl. ûryö, Eber.
Urönit (burönit), c. pl. urönök (burönök), Lügner. S. urönö.
Urönö, d. uúrönö; a. aúrönö; i. urönöuí, lügen.
Uröt, s. buröt.
Urute (úrute), n. pl. woro, Mist, bes. Kuhmist.
Utöt, n. t., der Eiter.
Uugö, d. uugö; a. aúugö, stürmen, brausen.
Uugö, n., der Sturm, das Brausen.

W.

Wa, c. pl. wála, muthig, herzhaft.
Waconok, s. aconok.
Waddu, d. wawaddu; a. awaddu; i. waddí, schwimmen (mit den Händen rudern).
Wayu, d. wawayu; a. awayu; i. waï, muthig, furchtbar sein.
Waji, n. t., Buttermilch.
Wala, d. wawála; a. awála; i. walani, spazieren, „wallen".
Waláji, d. wawaláji; a. awaláji; i. walajiné, spazieren, „sich ergehen".
Wálala, d. wawálala; a. awálala; i. walalané, sieden (intr.).
Wale, l. pl. walya, Messer.
Wandu, d. wawandu; a. awandu; i. wandí, anbeten, beten.
Wanet, n. pl. wánetji, Gebet. Cf. molet.
Wanet-na-túkotyang, Abendgebet.
Wang, d. wawaug; a. awang; i. wangí; p. wanga, kosten (gustare).
Wangetat, l. pl. wange, die Halbreife. Auch adj. = halbreif.
Wanglek, 1) n., Vormittag; 2) Adv. Vormittags.
Waran, d. wawaran; a. awaran; i. waré, tagen (imperson.). Cf. paran.
Waratat, n., ein Baumwollfaden; pl. waro, Baumwolle.
Wâte, pl. von: nakwan.

Wé, d. wewé; a. awé; i. weï (welé); p. wéla, salben, einschmieren.

Weya, d. weweya; a. aweya; i. weï; p. wéla, besalben, beschmieren. S. wé.

Wéya, n. t., Saat (das Gesäete). S. weja.

Weja, d. wewéja; a. awéja; i. wejí; p. wéya, säen, aussäen.'

Wekin, d. wewekin; a. awekin; i. wekí; p. wéki, 1) für einen andern säen; 2) aussäen.

Welan, d. wéwelan; a. awélan, anschwellen; z. B. diká (mogon) wéwelan, die Wunde (der Leib) schwillt an.

Welét, n. pl. welétji, Salbe, Oehl, Fett, Rahm, Butter.

Welét-na-kulúngeri, Oehl, „Fett des Oehlbaumes".

Wereyo, d. wewereyo; a. awereyo; i. wereyoné, versickern; z. B. piom awereyo i kuje, das Wasser versickerte im Sande.

Wí, d. wiwí; a. awí; i. wilé; p. wilo, schlingen, verschlucken.

Wid, d. wiwid; a. awid; i. wité; p. wítö, im Kreise drehen.

Wiyö, d. wíwiyö; a. awiyö; i. wiyení, unerschrocken sein; Gefahr laufen.

Wíyute, n. pl. wiyu, 1) Eisenstein; 2) eiserne Kugel, eiserner Nagel.

Wiju, d. wiwiju; a. awiju; i. wijí; p. wíu, zielen.

Wililí, n. pl. wílilyu, Ente (kleiner Art).

Wilo, c. pl. gl., der kleinere Theil eines Ganzen.

Wilun, d wiwílun; a. awilun; i. wilú, hervorsprossen; aufgehen (auch vom Mond). S. bilan.

Wingé, d. wiwingé; a. awingé; i. wingé; p. wingö, schütteln, erschüttern.

Winí, l. pl. winíkö, Heilmittel, Arznei; z. B. katobíak yeyékakin kamyeji winíkö, die Aerzte geben den Kranken Arzneien. S. uiní.

Wirí, l. pl. wiríet, Gift; z. B. kó do möju wirí, do tuátuaṇ, wenn du Gift trinkest, so stirbst du.

Wirja (wirjya), d. wiwirja; a. awirja; i. wirjé; p. wíra, spioniren.

Witi, n. pl. witiet, s. wíyute.

Wiwijö, d. wiwijö; a. awiwijö; i. wiwijö; p. wiwyö, spinnen; drehen.

Wó, d. wowó; a. awó; i. woné; p. wówa (wója) im Wasser erweichen; z: B. hartes Brod.

Wocet, 1. pl. wócetji. „über zehn"; z. B. to wocet geleng, der erste über zehn = der eilfte. Gewöhnlicher ist aber die gekürzte Form: wod, aber dann immer in Verbindung mit dem entsprechenden Zahlwort. S. Beispiele in der Gr. §. 90.

Wod, s. wocet.

Wodya, d. wowodya; a. awodya; i. woddi, mit dem Löffel essen.

Wódodo, c. pl. gl., kothig, schmutzig (vom Wege).

Woja, d. wówoja; a. awója; i. wojí; p. wóa, ausjäten.

Wójet (wodyet), n., das Essen mit dem Löffel. S. wodya.

Won, d. wowon; a. awou; i. woné, rinnen, sprudeln, rieseln, bes. auch von den Thränen. S. konyen-won.

Wongcrikın, d. wowongerikin; a. awongerikin; i. wongerikí; p. wongeriki, einem widersprechen; z. B. nan wowongeríki ngupi ko do, mir wird von dir immer widersprochen.

Wongon, d. wowongon; a. awongon; i. wongé, schreien. klagen, jammern.

Wor, d. wowor; a. awor; i. woré; p. wóro, schaben. abkratzen; gärben.

Wora, d. wowóra; a. awóra; i. worani, anders werden, sich verändern.

Woran, d. wowóran; a. awóran; i. woré, zürnen. S. bora.

Woret, n. pl. wóretji, 1) Veränderung; 2) Zorn.

Woryo, c. pl. woryólau, liederlich.

Worju, d. woworju; a. aworju; i. worjí; p. wóro, abschaben. abkratzen. S. wor.

Wówe, 1. pl. wówejin, Falke.

Wowója, d. wowója; a. awója; i. wowojí (wowoné); p. wówa, versorgen.

Wögirí, d. wöwögirí; a. awögirí; p. wögiríkin, ein Mädchen entführen; z. B. kiacér na Wani awögirikin ko Medi, die Schwester des W. ist von M. entführt worden.

Wögiríkin, n. pl. gl., eine Entführte.

Wököa, d. wöwökön; a. awökön; i. wökí, davon gehen; laufen; sich flüchten.

Wölu, n., Westen. S. uölu.

Wöröji, d. wöwöröji; a. awöröji; i. wöröjí (wöröjiné), wegziehen, abfahren.

Wörökána, Adv., umsonst, „ungekauft". S. gwörö und kana.

Wöwu, n. pl. wöwuki, Loch, Grube.

Wú, d. wuwú; a. awú; i. wuní (ují, wují); p. wúyu, nehmen, annehmen. S. uju.

Wuyut, l. pl. wui, die Hinterbacken.

Wujú (wuju), d. wuwujú; a. awujú; i. wují; p. wúyu, annehmen. S. uju.

Wúluet, s. úluet.

Wulun (ulun), d. wuwúlun; a. awúlun (aúlun); i. wulú (ulú); p. wúlue (úlue), auswählen, erwählen.

Wur, d. wuwur; a. awur (aúr); i. wuré; p. wúrö (úrö), kratzen, zeichnen, schreiben.

Wuret, n. pl. wúretji, Schrift, Text, Buch.

Wúrökin, d. wuwúrökin; a. awúrökin; i. wurökí; p. wúröki, 1) für einen andern schreiben; 2) etwas einschreiben, eintragen; z. B. níena wuret-na-kulyájin awúrö, lunga awúröki i cine korópo i yapá lo tó mukök ló kinga 1866 — dieses Wörterbuch wurde geschrieben und in diese Blätter eingetragen im letzten Monat des Jahres 1866.

Anhang.

Kleines Vokabular der Sprache der Ngyang-Bara. [1]

I. Pronomina.

Ngyang-Bara	Bari	Dinka	Deutsch
lidi,	nan,	an (ghên),	ich.
mi,	do,	yin,	du.
benê,	nge,	yen,	er (sie).
lidi-mu,	yi,	ghôg,	wir.
mi-tudi,	ta.	yêk,	ihr.
manê-ma,	ce,	kêk,	sie.
maro [2]),	lio (nio),	dia,	mein.
miro,	ilot (inot),	du,	dein.
madaro,	lónyet (nányet),	de.	sein.
maro,	likang (nikang),	da,	unser.
miroya,	lócu (nácu),	dûn,	euer.
dakâro,	lóce (náce),	den.	ihr.

II. Verba.

Ngyang-Bara	Bari	Dinka	Deutsch
abiamidá,	but (bit),	duy (gut),	schlagen.
ágege,	gwörö,	ghâc,	kaufen.
âlala,	dung-murut,	tem-ròl,	schlachten.
âtata,	jambu (tá),	jam,	reden.
êdidi,	tó,	nak (nek),	tödten.
émfufu,	möju,	dek,	trinken.
kodopá,	toyonge.	acî-tâb,	es ist fertig.
langa,	lungi.	cole,	rufe!
lodje.	tyak (tyek),	yemba (yéma),	heirathen.

[1]) Gesammelt von Hrn. Morlang auf einer Reise durch ihr Gebiet 1859. Den mir geschickten Reisebericht theilte ich Hrn. Dr. A. Petermann mit. (S. Mittheilungen, 11. Erg. Heft 1863.) Zur leichtern Vergleichung gebe ich nebenstehend die barisch-dinkaische Uebersetzung. Die Aussprache der Buchstaben ist gleich der im Barischen; das „z" fast wie „s."

[2]) Maro, miro u. s. w. sind Suffixe.

Ngyang-Bara	Bari	Dinka	Deutsch
maleko,	nan ti uddya,	an acíc lo,	ich gehe nicht.
mibeko,	nan tíben,	an acíc nang-puóu,	ich will nicht.
mifi,	nganė,	ngay,	öffne!
minga,	nginė,	jo-rot,	stehe auf!
minya,	ngecí,	came,	iss!
miri-furú,	cidakinė,	nyuce.	setze dich nieder!
moalité,	nan apo,	an aci ben,	ich bin gekommen.
ngaze,	kiní,	wtyòke,	schliesse!
nguduté,	doto,	nin,	schlafen.
nyeci (nyari),	pó ni,	bar,	komme her!
nyemu,	wökí,	kate,	laufe!
nyoi,	uddyé,	lor bey,	gehe fort!
ombe-ombe,	lok (pit),	duot (mac).	binden.
udé,	kula,	lâc,	harnen.
udu,	doro,	loyn,	fallen.
ûrii,	kújönö,	ryoc,	fürchten.
woiké.	nge aúddya.	yen aci lo bey,	er ist fortgegangen.
zilifa,	koré,	bañe,	theile!

III. Substantiva.

adupi,	kiacér,	nyân,	Schwester.
a-ga,	yóu,	kido (kinát),	Brust.
airi,	kurutöt,	kom,	Wurm.
anzoa,	rut (luji),	cul,	männl. Glied.
arė,	rima,	ryam,	Blut.
arėze,	tutuö,	ut (û),	Strauss (Vogel).
aringua,	kwenti,	dyet (dit),	Vogel.
a-ti (teng),	kíteng,	ghuen,	Kuh.
aroa,	yaro,	râu,	Flusspferd.
a-uru,	pele,	yec (yic),	Bauch.
aza,	cet,	uèc,	Besen.
azí.	kimang	mac (mayc),	Feuer.
ba,	bung (bang)	bay-ic,	Hofraum.
bâ-na,	tur,	bay,	Dorf.
beli (lidi),	bolot,	lôb (rab),	Getreide.
beze,	re,	uèd,	Eisen.

Ngyang-Bara	Bari	Dinka	Deutsch
bi,	cúöt,	yêj (yîj),	Ohr.
bibi,	lukulúli,	anyen,	Fledermaus.
bibi,	nyunyúmite,	kuèl,	Stern.
bili,	lobiu,	wtok,	Lippe.
bu,	ki,	wnyal.	Himmel.
bûdûli.	yulön,	mâr,	Donner.
dâ,	dâk,	toyn-e-tab,	Tabakpfeife.
dango,	duöd,	buoc,	Ochs.
di,	kwe,	nom,	Kopf.
diringua,	kinît,	gar,	Thür.
dri,	könin,	cyèn (cyn),	Hand.
drufi (iyâ, iyang), ngote.		mâ,	Mutter.
ebi.	kömyru,	cuer (kòr),	Löwe.
eduñ,	lungacér.	uanmad.	Bruder.
eyi,	dêru,	uâl,	Gras.
ezû,	goro,	tong,	Lanze.
fafo,	kiko,	dèl (dòl),	Weg.
guâ,	toréla.	mîwt,	Kinder (Söhne).
ibî,	kupiröt,	nyèm.	Haar.
ibî,	cúmuti,	rèc,	Fisch.
idre,	miji,	ryèc,	Maus.
imba,	yapa,	pêy.	Mond.
imba,	kipya,	yuèl,	Blitz.
imbe,	murut,	rol (ròl),	Hals.
indri,	köbityo,	amâl,	Schaf.
ini,	böriköt,	del,	Haut.
inî,	kudöpöti,	tur (lyêt),	Staub.
inî,	kurön,	a-nyed,	Asche.
inî,	munu,	kerór,	Schlange.
inîdi,	kak,	piñ,	Erde.
inye,	kinyong,	nyang,	Krokodil.
iti ¹),	longgwe.	wtyal,	Muschelschale.
i-tu,	kolong,	ruel (akol),	Sonne.
izâ,	lókore,	ring,	Fleisch.
izî,	piom,	piu,	Wasser.

¹) Die geschliffenen heissen: zoro.

Ngyang-Bara	Bari	Dinka	Deutsch
izí,	kare,	uar,	Fluss.
izîzi,	nyékem,	yoal,	Kinn.
kalla (ala?),	kutuk,	wtok.	Mund. ·
katûka,	köpuröt,	tôl,	Rauch.
kébi,	gurutöt,	arîk,	Eidechse.
keti,	kotumit,	wtok.	Thüröffnug.
koa,	koka,	kuac,	Tiger.
kwâ,	kuyútyo,	yom.	Knochen.
ladra,	ngédeb,	lyeb,	Zunge.
lafáya (lafayi).	gwecin.	aguel.	Farbe.
langa,	kaden,	tim,	Holz (Scheiter).
lebêgu,	gworong.	a-nguy,	Hyäne.
lei (kilîfo),	le,	câ,	Milch.
limfo,	cape-ló-piom,	gul-e-piu.	Wasserkrug.
limi,	wuyut (fungöt),	tar,	der Hintere.
liwâ,	tome,	akòn.	Elephant.
lorê,	jómani.	agòg,	Affe.
mi,	konge,	uyen,	Auge.
okô,	nakwan,	tik,	Weib.
omfo,	kumé,	um (ûm),	Nase.
onyo-bayi.	mújinet.	ryòp.	Fingernagel.
oû.	cúkuri,	ajid.	Henne.
pa,	riokét,	còk.	Fuss.
pâraga,	lodek,	dol,	Dach.
rubi,	kupir-ti-uyéken,	nim-yoal,	Barthaar.
taba,	taba.	tab,	Tabak.
tata,	ba (baba).	u (un),	Vater.
tu,	kiidi,	kòk,	Arm.
tu-onyoi,	morînet,	mêy-cyèn.	Finger.
uze,	kudu,	deng,	Regen.
wa,	yaua,	mâu.	Bier.
zengingi.	bibi,	aruop,	Käfer.
zi,	kelé,	lèj,	Zahn.
zí,	tórok,	koy,	Hagel.
ziliwâ,	kilyba,	lòj,	Pfeife (zum Blasen).
zo (zuâ),	mede (kadi),	ghut,	Haus.

IV. Adjectiva und Adverbia.

Ngyang-Bara	Bari	Diuka	Deutsch
ame-ame,	pape,	atuc,	heiss.
gede,	katerot,	yuîr,	kalt.
jdizu,	kajye,	akol-uêr,	gestern.
idu,	kotumólu,	wnyak,	morgen.
lengî-fara,	nge alóbut,	yen apuát,	er (ist) gut.
lengîko,	nge lougon,	yen arac,	er (ist) schlecht.

V. Numeralia.

	Ngyang-Bara	Bari	Dinka
1	a-lô.	tu (geleng),	tok.
2	e-rî,	öri (murék),	róu.
3	na,	cála (mucála),	dyak.
4	zu,	unguán,	u-nguan.
5	zik,	kánat (mukánat),	wdyec.
6	di-a-lô,	bukér,	wdetem.
7	di-e-rî,	buryà,	wderóu.
8	di-a-nâ,	budök,	bêt (bêd).
9	di-na-zû,	bunguán,	wde-nguan.
10	butê,	puök (mere),	wtyer.
11	gap-a-ló,	puök-wod-geleng,	wtyer-ko-tok.
12	gap-e-rî,	puök-wod-murék,	wtyer-ko-róu.
20	butê-n-crî,	merya-murék.	wtycr-róu.
21	buteneri-gapalô,	merya-murék-	wtyer-róu-ko-tok.
		wod-geleng,	
30	butê-n-a-nâ,	merya-mucála,	wtyer-dyak.
40	butê-n-a-zû,	merya-unguán,	wtyer-wdyec.
50	butê-n-a-zik,	merya-mukánat,	wtyer-wdetem.
100	butê-n-e-butê,	merya-puök,	buôt.

Druckfehler und Verbesserungen.

Seite:	Zeile:	statt:	lies:
XVII	16	Espedition	Expedition.
3	21	lóuye (náuye)	lóuyn (náuyn).
21	6	kawírönit	kawúrönit.
22	12	Suffix	Präfix.
30	13	Fem. na	Fem. na (nu).
47	9 v. u.	kwelenyé	kwelengé.
65	6	gworot	gworat.
70	8 v. u.	gici	yici.
82	6 v. u.	pó (póta)	pó (póta) ni.
90	9 v. u.	mérok	mêrok.
108	19	gwóco	gwôco.
149	3 v. u.	karídia	karídiak.
166	16	Ci, n. t.	Ci, n.,
188	3	Yujuk	Jujuk.